国家自然科学基金项目——集成化物流的协同管理研究（70562002）

舒　辉◎著

集成化物流协同管理：机理、体系与模式

Integrated Logistics Synergetic Management: mechanism, system and model

经济管理出版社
ECONOMY & MANAGEMENT PUBLISHING HOUSE

图书在版编目（CIP）数据

集成化物流协同管理：机理、体系与模式/舒辉著．—北京：经济管理出版社，2017.10
ISBN 978－7－5096－4396－9

Ⅰ.①集…　Ⅱ.①舒…　Ⅲ.①物流管理—研究　Ⅳ.①F252

中国版本图书馆CIP数据核字(2017)第173416号

组稿编辑：申桂萍
责任编辑：侯春霞
责任印制：司东翔
责任校对：陈　颖

出版发行：经济管理出版社
（北京市海淀区北蜂窝8号中雅大厦A座11层　100038）
网　　址：www.E－mp.com.cn
电　　话：（010）51915602
印　　刷：北京晨旭印刷厂
经　　销：新华书店
开　　本：720mm×1000mm/16
印　　张：15.75
字　　数：257千字
版　　次：2017年10月第1版　　2017年10月第1次印刷
书　　号：ISBN 978－7－5096－4396－9
定　　价：68.00元

前　　言

现代物流以其快速化反应、集成化功能、系列化服务、规范化作业、系统化目标、现代化手段、网络化组织、市场化经营和电子化信息，逐步成为推动现代服务业发展的新生力量。现代物流协同管理问题是信息化技术发展和物流服务多样化过程中一个新兴的物流管理问题。

相对于发达国家的物流业，我国物流业发展水平处于偏低位置，低效率、高成本等问题突出。主要表现为：整个社会的物流运行效率低，社会物流总费用在GDP中的比例高出发达国家一倍多；社会化物流需求和专业化物流供给能力同时出现不足的现象；物流基础设施能力不足，综合交通运输体系有待健全，物流园区建设和物流技术装备更新亟须重视；地方保护和行业垄断阻碍了资源整合及一体化运作；物流技术标准体系不健全，人才培养机制不完善，物流服务的组织化和集约化程度低，同样阻碍着我国物流业的发展。目前，我国物流业的发展正处在由传统物流向现代物流过渡的关键时期，信息化手段和高新技术的应用，互联网、电子商务的普及以及物联网和传感网对现代物流发展的推动作用更为突出。但在我国物流业发展的过程中，依然存在着以下问题：共性技术亟待攻关，标准化水平不高；信息化程度低，物流系统信息不共享，协同程度低；传统物流服务模式无法适应新的服务需求，物流服务质量和水平有待提高；物流管理缺乏专业化、规范化指导，物流整体效益较差等，这些现实问题阻碍着传统物流向现代物流的转型。

更重要的是，随着现代信息技术的发展，传统的物流业要跟上技术革新的步伐，必须实现技术更新、产业发展、服务提供、企业管理等不同方面的跨越式提升。为此，只有实现了协同管理，才能有效地将外部协同与内部协同相结合，最终实现物流业的整体协同运作，这才是向现代物流转型的根本所在。

由信息化技术发展和物流服务多样化所带来的物流协同管理问题已经引发了

学术界和实业界的广泛关注与重视。研究物流协同管理的目的是，在社会或生产过程中，根据物质资料实体流动的规律，应用管理的基本原理和科学方法，对物流活动进行计划、组织、指挥、协调、控制和监督，使各项物流活动实现最佳的协调与配合，以降低物流成本，提高物流企业协同运作效率和实现企业整体最优，从而达到带动整个物流产业发展的目的。正是基于这个目标，本书以集成化物流系统的协同管理作为研究对象，以期通过系统性研究为推动我国物流业转型发展提供一定的理论支持与指导。

本书以笔者主持完成的国家自然科学基金项目“集成化物流的协同管理研究（70562002）”所取得的相关研究成果为基础，并根据后续学术论文的研究成果，选择“集成化物流协同管理：机理、体系与模式”作为重点研究对象，重新整理排序、深化、扩展所形成的研究体系。它以“集成化物流协同管理的基本内涵—集成化物流的协同机理分析—集成化物流协同管理的序参量体系—集成化物流协同管理的演化过程分析—集成化物流协同管理的框架体系—集成化物流协同管理的支撑体系—集成化物流协同管理的模式”为主线，按内涵——“集成化物流协同管理的基本内涵”，机理——“集成化物流的协同机理分析”、“集成化物流协同管理的序参量体系”和“集成化物流协同管理的演化过程分析”，体系——“集成化物流协同管理的框架体系”和“集成化物流协同管理的支撑体系”，模式——“集成化物流协同管理的模式”四大模块排列，针对“集成化物流的协同管理”这一中心主题进行探讨。

集成化物流、协同管理都是当今物流领域、管理领域的前沿性研究问题，其所涉及的相关理论很多，现实运营范例很少，且现实的组织与管理、运作与实施都具有较大的复杂性，加之实证资料难以全面收集，笔者水平与能力有限，因此本书的研究成果仅仅是一个开端，尚有许多问题有待进一步深入研究，诸如集成化物流协同管理的实现机制问题，集成化物流协同管理的实施途径、方式与策略问题，集成化物流/协同管理的利益分配与补偿机制问题，等等，这些都是值得我们进一步探索的方向。为此，真诚地希望本书的出版能为业界和理论界提供一些有价值的参考与借鉴，同时也期望能为我国物流业由传统物流向现代物流的转型提供一些有益的指导与帮助。

目　录

第一章　导　论…………………………………………………………………… 1

第一节　问题的提出 ………………………………………………………………… 1
第二节　国内外研究综述 …………………………………………………………… 3
一、协同管理的内涵体系 ………………………………………………………… 5
二、供应链协同管理 ……………………………………………………………… 9
三、物流服务供应链协同管理 …………………………………………………… 15
四、集成化物流协同管理 ………………………………………………………… 17
五、研究评述 ……………………………………………………………………… 18
第三节　研究目标与意义 …………………………………………………………… 20
一、研究目标 ……………………………………………………………………… 20
二、研究意义 ……………………………………………………………………… 21
第四节　研究思路与内容 …………………………………………………………… 23
一、研究思路 ……………………………………………………………………… 23
二、研究内容 ……………………………………………………………………… 24
第五节　研究方法与创新 …………………………………………………………… 26
一、研究方法 ……………………………………………………………………… 26
二、研究创新 ……………………………………………………………………… 27

第二章　集成化物流协同管理的基本内涵 ………………………………………… 29

第一节　集成化物流的基本内涵 …………………………………………………… 29
一、集成化物流的定义 …………………………………………………………… 30
二、集成化物流的特点 …………………………………………………………… 31

三、集成化物流服务商 …… 32
四、集成化物流系统中成员企业间的结构关系 …… 34
五、集成化物流的组织结构形式 …… 35
第二节　集成化物流协同管理的基本概念 …… 37
第三节　集成化物流协同管理的核心范畴 …… 40
第四节　集成化物流协同管理的三个基本相 …… 42
一、协作相变过程 …… 42
二、协调相变过程 …… 43
三、协同相变过程 …… 45
第五节　集成化物流协同管理的主要内容 …… 45
本章小结 …… 47

第三章　集成化物流的协同机理分析 …… 49

第一节　协同学理论用于集成化物流研究的适用性分析 …… 49
第二节　集成化物流的协同学分析 …… 51
一、集成化物流的自组织属性 …… 51
二、集成化物流的协同学描述 …… 54
三、集成化物流中的协同与竞争 …… 59
第三节　集成化物流系统的协同演化过程 …… 62
一、单个物流企业的自组织演化 …… 62
二、集成化物流系统的自组织演化 …… 63
第四节　集成化物流系统协同演化过程的分析 …… 65
一、稳定性与分岔的分析 …… 66
二、系统演化的渐变和突变 …… 68
三、集成化物流系统演化过程中随机涨落力的作用 …… 71
本章小结 …… 73

第四章　集成化物流协同管理的序参量体系 …… 74

第一节　集成化物流协同管理的状态参量体系 …… 74
一、现有研究成果的解析 …… 75

二、状态参量体系的构建 …………………………………………………… 79
第二节　序参量的识别筛选思路与方法 …………………………………… 81
一、序参量的识别筛选思路 ……………………………………………… 81
二、序参量的识别筛选方法 ……………………………………………… 82
第三节　战略层协同管理的序参量识别 …………………………………… 83
一、战略层协同管理状态参量的解析 …………………………………… 83
二、战略层协同管理序参量的筛选 ……………………………………… 88
第四节　策略层协同管理的序参量识别 …………………………………… 90
一、策略层协同管理状态参量的解析 …………………………………… 90
二、策略层协同管理序参量的筛选 ……………………………………… 93
第五节　作业层协同管理的序参量识别 …………………………………… 95
一、作业层协同管理状态参量的解析 …………………………………… 95
二、作业层协同管理序参量的筛选 ……………………………………… 97
本章小结 ……………………………………………………………………… 99

第五章　集成化物流协同管理的演化过程分析 ……………………………… 101

第一节　自组织协同演化模型 ……………………………………………… 101
一、单序参量自组织协同演化模型 ……………………………………… 102
二、双序参量自组织协同演化模型 ……………………………………… 103
第二节　战略层协同管理的演化分析 ……………………………………… 105
一、总体分析 ……………………………………………………………… 105
二、“战略竞争→战略协作”的相变 ……………………………………… 105
三、“战略协作→战略协调”的相变 ……………………………………… 107
四、“战略协调→战略协同”的相变 ……………………………………… 109
第三节　策略层协同管理的演化分析 ……………………………………… 111
一、总体分析 ……………………………………………………………… 112
二、“策略竞争→策略协作”的相变 ……………………………………… 112
三、“策略协作→策略协调”的相变 ……………………………………… 114
四、“策略协调→策略协同”的相变 ……………………………………… 115
第四节　作业层协同管理的演化分析 ……………………………………… 117

一、总体分析 …… 117
二、“作业竞争→作业协作”的相变 …… 118
三、“作业协作→作业协调”的相变 …… 120
四、“作业协调→作业协同”的相变 …… 121
第五节 几点说明 …… 124
本章小结 …… 125

第六章 集成化物流协同管理的框架体系 …… 127

第一节 集成化物流系统的运作特点及基本模式 …… 127
一、集成化物流系统的运作特点 …… 128
二、集成化物流系统的基本模式 …… 128
第二节 集成化物流协同管理的框架结构 …… 133
一、战略层的功能 …… 134
二、策略层的功能 …… 134
三、作业层的功能 …… 135
四、技术层的功能 …… 136
五、四层次间的内在关系 …… 136
第三节 集成化物流协同管理的运营结构 …… 137
第四节 集成化物流协同管理的基础结构 …… 140
一、合作机制 …… 140
二、激励与约束机制 …… 141
三、基础规范 …… 143
本章小结 …… 146

第七章 集成化物流协同管理的支撑体系 …… 147

第一节 集成化物流实施协同管理的运行条件 …… 147
一、柔性化 …… 147
二、集成化 …… 148
三、信息化 …… 148
四、协调化 …… 148

第二节　集成化物流协同管理的战略支撑 …… 149
一、集成化物流系统的战略层次结构 …… 149
二、集成化物流协同管理的战略支撑体系架构 …… 151
第三节　集成化物流协同管理的技术支撑 …… 168
一、信息技术 …… 168
二、管理技术 …… 183
第四节　集成化物流协同管理的契约支撑 …… 188
一、集成化物流契约的基本性质 …… 189
二、集成化物流协同管理的契约体系 …… 189
本章小结 …… 192

第八章　集成化物流协同管理的模式 …… 194

第一节　集成化物流协同管理模式设计的基本内容和原则 …… 194
一、集成化物流协同管理模式设计的基本内容 …… 194
二、集成化物流协同管理模式设计的原则 …… 196
第二节　集成化物流协同管理的一般模式 …… 197
一、集成化物流协同管理模式的构建思路 …… 197
二、集成化物流协同管理模式的分析 …… 198
第三节　基于规则与流程融合的协同管理控制模式 …… 200
一、基于流程的管理控制与基于规则的管理控制的内涵 …… 201
二、实施基于规则与流程相结合的管理控制的必然性 …… 202
三、实施基于规则与流程相结合的管理控制的要点 …… 206
第四节　实施集成化物流协同管理的思路 …… 209
一、以加盟连锁为手段的实体网络布局 …… 210
二、以资源力量为工具的加盟企业控制 …… 211
三、以基于规则与流程相结合为方式的加盟企业管理 …… 213
四、以业务整合为核心的集中采购 …… 214
五、以全信息管理为支持的电子商务 …… 216
本章小结 …… 218

第九章　结论与展望 …… 219

一、基本结论 …… 219

二、研究展望 …… 222

附录 …… 224

参考文献 …… 227

后记 …… 241

第一章 导 论

关于“协同管理”的研究，近十几年来始终是管理学界的一个研究热点。从20世纪60年代安索夫首次从经济和管理的角度解释了“协同”（Synergy）的概念开始，到将哈肯的协同学理论引入“经济管理”领域，关于“协同管理”的研究逐渐进入人们的视野，并引起理论界与实体界的关注。在21世纪初，我国物流学界开始对应用哈肯的协同学理论研究物流领域的“协同管理”产生了浓厚的兴趣，此方面的研究成果陆续涌现。“集成化物流协同管理：机理、体系与模式”就是在此背景下，针对集成化物流协同管理的基本内涵、演化机理、框架体系及其模式所进行的一次有益探索。

第一节 问题的提出

在经济全球化、信息化、互联网化的变革浪潮席卷世界的时代，全球市场的竞争呈现出多元化的新特点：消费者需求多样化、差异化，导致产品寿命周期越来越短，产品品种、数量飞速膨胀，对交货期的要求越来越高，对产品和服务的期望越来越高，许多产品的市场已趋于饱和，技术创新越来越快，顾客需求的不确定性增大、个性化特征增强。伴随着生产制造企业的个性化需求迅速发展，全球化生产的步伐加快，导致被普遍认为是除降低企业能耗和物耗、提高劳动生产率之外的“第三利润源泉”——现代物流业，也在世界范围内发生着一场深刻的变革。从物流服务需求上看，客户越来越希望得到“一站式”、“一体化”和“门到门”的物流服务；从物流服务内容上看，物流服务已经从传统意义上单纯的配送、运输、仓储、装卸等服务项目延伸到以现代科技、管理、信息技术为支持的涵盖整个产业供应链的全方位、多功能的集成化物流服务；从物流服务地域上看，物流服务的区域已经从以国家为界限，以重点城市、中心城市为圆心的放射性区域，扩展到无国境、只要有物流需求的任何人类生存之地的全球性网络体系；从物流服务专业领域上看，开始由综合化物流为主体的物流服务趋向于综合化物流服务与专业化物流服务并驾齐驱的局面，专业化物流服务的深度与广度不断扩展；从物流服务运营模式上看，单一物流企业运营难以满足客户的物流需求，基于用户需求的物流服务链运营应运而生，为将自己的物流链延伸到世界各个有利可图的市场，物流链企业开始将目光转向物流链的外部环境，将物流链的内部节点企业和外部辅助企业及客户完全集成起来，形成多条物流服务链交织的、具有复杂结构的集成化物流。

从全球物流行业的发展态势来看，伴随着经济全球化和经济一体化进程的加快，发达国家的物流企业为满足物流需求方低成本、高质量、个性化、多功能等物流服务需求，同时也为达到降低经营成本、扩大经营规模、拓展物流服务供应链、抢占市场的目的，在不断整合优化自身物流资源的同时，正凭借其雄厚的资本、先进的物流理念、发达的管理技术和突出的人才优势，开始有计划、有步骤地在全球范围内整合物流服务供应链上其他节点企业和外部配套辅助企业的资源，从横向和纵向两个维度拓展物流服务供应链，并将其延伸到世界各个有利可图的市场，形成具有复杂结构、功能齐全的物流服务供应链网络体系。作为全球超级集成化物流服务商的美国联邦快递公司（FedEx）、美国联合包裹公司（UPS）、德国敦豪航空货运公司（DHL）、荷兰荷皇天地公司（TNT）等跨国物流巨头，通过诸如联盟、合营、兼并等方式对全球范围内物流资源进行整合的成功经验值得借鉴与学习。

有关物流资源整合的问题近十几年来一直是物流业界较为热门的话题，有人预计 21 世纪的前十几年将是物流资源整合的年代。物流资源的整合既是物流企业适应现代物流产业向全球范围内加速集中趋势的战略需要，也是物流企业调整经营管理和运作模式的重要手段。物流资源整合的方式有许多，集成化物流作为其中的热点整合方式之一，近几年已经越来越受到理论界与实业界的关注。

集成化物流是一种由目标不同甚至冲突的多个成员和组织所构成的，专门提供社会化、集成化物流服务的物流供应链组织。它是将物流服务链上的所有节点企业作为一个整体，通过一定的制度安排，借助于现代信息技术和管理技术的支持，为提供集成化的物流服务而组成的集成化供应链管理体系。其突出的特点有

两个：一是提供的物流服务是集成化的；二是提供物流服务的组织是集成化的。

集成化物流节点企业之间具有地理上的分散性、职权的自主性和充分的自治性。正是集成化物流系统所存在的这种合作与竞争、自主与联合的运营特征，构成了系统主体之间的供需动态博弈关系。然而，这种供需动态博弈关系导致在集成化物流系统的实际运行过程中，各节点企业为了自身局部利益，常常试图把不确定因素转移给其他合作伙伴来减少自身的不确定性影响，其结果是这种不确定因素往复于供方和需方之间，需方的需求不确定性与供方的供应不确定性相辅相成。最终，对于整个集成化物流来说，内耗侵吞了效益，使整体效益下降，导致集成化物流系统的分崩离析。因此，对于整个集成化物流来说，单纯在合作伙伴之间相互转移复杂性并不是有效解决问题的方法，它需要有新的管理理念、模式来适应新环境的要求。

应实施协同管理，将集成化物流系统运营管理的所有过程作为一个整体来考虑，运用系统的、集成的、协同的观点来看待集成化物流系统运作管理过程中的有关因素，将集成化物流系统供应链活动的各个环节，通过有效的计划、控制等管理方法，在信息技术和环境支撑条件下进行有机的集成，使之成为一个有机整体，以实现供应链中各企业、跨地区、跨组织复杂物流活动的一体化，解决用户需求多样化，物流服务周期缩短，相关节点企业之间的冲突合作、利益分配以及目标重构等问题，从而构建起高效的集成化物流系统。

因此，如何对集成化物流体系实施有效的协同管理，采用何种理论、模式、技术、工具和方法，是一个迫切需要研究、探讨和解决的问题。

第二节 国内外研究综述

归纳近几十年来国内外学术界对物流理论与实践的分析和研究，我们发现尽管物流理论研究所涉及的问题复杂而繁多，研究的视角也相当开阔，但许多理论和学说已先后被人们所接受，并形成了一定的共识，从而成为现代物流产业发展的重要推动力量。这些理论学说主要有物流成本中心学说、利润中心学说、服务中心学说、物流的战略学说、效益背反学说、供应链管理学说和绿色物流学说等。

在管理领域，近十几年来关于协同管理方面的理论研究呈现出蓬勃态势，研究成果不断涌现，研究角度各有千秋，其中最具有代表性的研究视角有两个：

（1）以安索夫（H. Igor Ansoff）和迈克尔·波特（Michael Porter）等为代表的基于企业“资源观”和“能力论”的研究框架。其对企业协同的研究更多的是关注企业之间的宏观协同，特别是对企业兼并和动态联盟协同的探讨与分析，并以定性研究为主导。

一是针对企业协同的问题。安索夫于 1965 年首次从经济和管理的角度解释了“协同”的概念，其经典公式是“1 + 1 > 2”。日本学者伊丹广之（1987）将协同效应分解为“互补效应”和“协同效应”。波特在其经典名著《竞争优势》中提出了自己关于协同的见解。韦斯顿在对企业兼并进行研究时提出了自己的协同理论，认为企业的协同效应主要体现在管理协同效应和营运协同效应两个方面。

二是针对供应链协同的问题。Lin J.（2004）建立了虚拟企业基于承诺的协同管理概念模型。Manthou V.（2004）建立了供应链协同的虚拟电子链。王金凤（2004）提出供应链协同的三个层次，并分析了供应链协同管理的内在动因。此外，凌鸿等（2006）、段伟常（2008）、吴建华（2012）也从不同的角度进行了一些有益的探索。

（2）以哈肯的协同学理论为主导的研究框架。协同学以各类系统所共同具有的协同作用这一特征为研究对象，并用数学方法和计算工具进行抽象化、形式化的研究，从而揭示出客体系统发展进化的一般规律，主要适用于对复杂系统的研究。

一是以探寻企业的序参量为目标的研究。刘建波和李柏洲（2005）认为企业拥有的组织学习基因是主导企业进化的序参量；舒辉和林晓伟（2011）定性分析了序参量在集成化物流资源整合协同演化的不同阶段、不同相变点的作用；孙斌（2009）针对产业集群创新系统的序参量问题进行了探讨。此外，詹姆斯·C. 柯林斯等（2003）、蒋俊东（2004）、李柏洲（2005）、孙冰等（2010）、孙新波（2012）也在这方面做了一些建设性的探讨。

二是对企业管理模式及框架的定性分析。蒋俊东（2004）提出了在管理过程中运用协同论的主要方法。范正认（2000）则从具体层面上应用协同学的自组织理论探讨了企业核心能力的演化规律。此外，周文松等（2006）、潘开灵等

（2006）也在这方面做了一些建设性的探讨。

三是针对供应链协同问题的研究。邹辉霞（2007）通过建立供应链协同的序列模型，分析了供应链系统协同的机理。许金立和张明玉（2010）构建了农产品供应链协同方式的层次体系，并在信任机制的建立和信息共享方面提出了相关建议。此外，李义镇（2003）、唐晓波和黄圆媛（2005）、徐维阳等（2014）、刘刊和白世贞（2014）也在这方面做了一些建设性的探讨。

在百花齐放的关于协同管理方面的理论研究态势中，与本研究密切相关的研究方向主要有以下四个方面：

一、协同管理的内涵体系

协同管理是把局部力量合理地排列、组合，来完成某项工作和项目。从系统论的角度来看，协同管理就是通过对系统及其子系统在时间、空间、功能、结构上的重构，使之形成“竞争→协同”的能力，产生协同效应的行为。协同管理的内涵体系既是物流与供应链的协同管理理论研究的基础，也是集成化物流协同管理研究的起点。

1. 协同管理的内涵分析

协同论的理论核心是“三个概念、三个原理”。“三个概念”即相变、序参量和涨落，“三个原理”即自组织原理、伺服原理、协同效应原理。国内外物流领域学者多根据协同理论的核心展开研究，并取得了一定的成果。

Lyu J.（2003）认为，全球化趋势需要高度协调配合的物流、信息流和资金流，而协同物流便是企业建立具有效能与效益的全球化物流机能的关键流程。[①]

Lin J. 等（2004）建立了虚拟企业基于承诺的协同管理概念模型，研究了企业间通过承诺的建立与维持、任务的合作与协调、活动的相互作用来实现协同。[②]

彭忆等（1999）在《新型企业管理模式——协同管理》一文中，借助协同学的“自组织”概念，对协同管理进行了定义，并就其研究内容做了简要分析。

---

① Lyu J. A Preliminary Study of Collaborative Management：Models of Networks Sustainability ［J］. Proceedings of the 32nd International Conference on Computers and Industrial Engineering，Limerick Ireland，August，2003：11 -13.

② Lin J.，Lin T. Object - oriented Conceptual Modeling for Commitment - based Collaboration Management in Virtual Enterprises ［J］. Information and Software Technology，2004（46）：209 -217.

徐浩鸣、康妹丽和徐建中（2003）认为，敏捷供应链是供应链系统结构演进的自组织协同，它的自组织协同演进过程受信息化、专业化序参量的共同支配。①

杨文涛（2003）认为，协同化发展，即不同的物流企业联合起来，发挥各自的优势，共同培育物流市场，以增加整体的竞争力。②

范明和汤学俊（2004）认为，企业可持续成长能力是企业进化的序参量，具有相对稳定性。可持续成长能力通过自组织过程协同生成并驱使企业各子系统的演化。③

刘建波和李柏洲（2005）认为，从企业进化的决定力量看，组织学习基因是企业进化系统的序参量，可以用来解释企业家精神、创新、知识创造、持续成长能力、核心理念和追求进步的驱动力、问题、惯例等的产生，并对这些参量起着支配作用。④

舒辉（2009）认为，从系统成员关系程度演进的角度看，集成化物流协同管理的发展演化可分为协作相变过程、协调相变过程、协同相变过程三个相变过程，并针对集成化物流企业之间复杂的协同竞争关系提出了集成化物流协同管理的主要内容：物流观念的协同管理、物流信息的协同管理、物流资源的协同管理、物流技术的协同管理、物流流程的协同管理、物流制度的协同管理。⑤

2. 协同机制分析

机制设计理论由美国经济学家赫维茨（Leonid Hurwic）、马斯金（Eric S. Maskin）和迈叶森（Rojer Myerson）创建。所谓机制设计，是指在不完全信息市场竞争条件下，设计一种局中人能够按照一定的规则和程序展开博弈、进行自由选择和实现激励相容的运行系统，以达到特定目标的一种制度安排。机制的实质是指系统内部各部分相互联系、相互作用所产生的促进、维持、制约系统运行的内在工作方式。其包括两个基本含义：一是指系统结构的构造部件和结合方式；二是指系统内部的内在本质和功能，即系统运行的必然规律。机制具有三个

---

① 徐浩鸣，康妹丽，徐建中. 面向客户的中国企业供应链纵向协同研究［J］. 工业技术经济，2003（3）：67-72.

② 杨文涛. 物流企业的协同发展［J］. 物流技术，2003（3）：24-25.

③ 范明，汤学俊. 企业可持续成长的自组织研究——一个一般框架及其对中国企业可持续增长的应用分析［J］. 管理世界，2004（10）：107-113.

④ 刘建波，李柏洲. 企业进化系统的序参量探讨［J］. 中国科技论坛，2005（4）：85-87.

⑤ 舒辉. 试论集成化物流的协同管理［J］. 标准科学，2009（10）：13-17.

明显的特点：一是机制是按照系统的内在联系，在系统内部自发产生的作用；二是机制存在于系统内部，促进、维持、控制系统的运行，使系统在机制的作用下运行；三是机制是客观的，不同的机制在运行中会产生不同的结果。依据机制设计理论，供应链协同机制设计主要研究供应链协同的目标、规则、业务流程和组织等问题，以提高供应链协同水平和协同效应。①

Zimmer K.（2002）研究了生产商和供应商之间具有不确定JIT交货的物流协同，提出通过建立奖励和惩罚两种协同机制，实现物流成本在协同企业之间的柔性分配。②

潘开灵和白列湖（2006）将管理协同的机制分为形成机制和实现机制，给出了形成机制中的评估机制和利益机制的定义与机理，并阐述了实现机制中协同机会的识别、协同价值预先的评估、沟通、整合、支配、反馈等机制。③

秦荪涛和李承娟（2004）基于多智能体的供应链框架是以智能体的方式强调供应链企业间的竞合机制，设计一种多智能体的供应链模型，研究智能体结构以及多智能体系统的组织方式和协调机制。④

吴先金和梁培植（2008）依据机制设计理论，在分析供应链机制设计的目标、规则、程序、组织联盟等问题的基础上进行供应链协同机制博弈分析，提出了建立供应链合作伙伴关系、完善供应链委托—代理关系、运用信息网络技术的机制设计策略。⑤

郝海、仲从友和时洪浩（2007）认为，建立两阶段供应链的博弈模型和供应链的最优收益计算公式，可确立不对称信息下的协同机制，分析供应链的收益结构。⑥

3. 协同管理模式分析

模式是解决某一类问题的方法论。协同管理模式就是依据客观事物普遍存在

---

① 李朝霞．企业进化机制［M］．北京：书目文献出版社，2001：106－110.

② Zimmer K. Supply Chain Coordination with Uncertain Just－in－Time Delivery［J］. Production Economics，2002（77）：1－15.

③ 潘开灵，白列湖．管理协同机制研究［J］．系统科学学报，2006（1）：45－48.

④ 秦荪涛，李承娟．基于多智能体的供应链协同机制研究［J］．科学管理研究，2004（6）：60－62.

⑤ 吴先金，梁培植．供应链协同机制设计探讨［J］．中国市场，2008（2）：126－128.

⑥ 郝海，仲从友，时洪浩．不对称信息下两阶段供应链的协同机制［J］．物流科技，2007（12）：94－96.

的因果性、对称性及矛盾性等规律，以系统为主要研究对象，为实现共同目标，在动态多变、相互促进及相互约束的数字化、智能化的管理环境下，将外部资源和内部资源集成协同，辅助实现系统内部各个不断变动的环节，依据环境变化对资源进行配置，并协调系统的总目标与各个相互依赖的环节的目标，实现系统运行的对称协调、均衡发展。

余力和左美云（2006）把计算机科学和管理科学结合起来，把个性化推荐中协同过滤算法的思想运用到管理科学中，提出了基于协同过滤推荐算法思想的协同管理模式。①

付蓬勃等（2007）认为，不同合作层次的企业协同管理模式分为战略合作模式、绩效追踪模式、联合经营模式、技术支撑模式，并在构建供应链信息共享的组织结构、激励与约束机制的基础上，对信息共享机制下的供应链效益做出了经济分析。②

舒辉等（2008）认为，集成化物流基于客户需求流的协同管理模式，即“供应商品→联网（协同）→物流服务商→联网（协同）→顾客”，并根据集成化物流系统运作模式的特点，分析了集成化物流系统协同管理模式的战略层、协调层、运作层和支持层的框架结构、管理功能与实现条件。③

4. 协同管理的协同效应分析

协同效应产生的原理主要有迈克尔·波特的“价值链”观点，沈厚才的“系统论”观点，Stevens 的“流程再造”观点，赵先德关于物流、信息流与资金流的“三流”观点和坎贝尔的“搭便车”论等，目的是获得最大的协同效益。安索夫在其所著的《公司战略》中把协同效应定义为“1 + 1 > 2”，表达了整体价值大于各独立组成部分价值的简单总和的概念。邱国栋和白景坤（2007）则从价值生成的角度提出：协同效应 = 共用效果 + 互补效果 + 同步效果。④

协同效应的分类研究有如下代表性成果：日本的战略专家伊丹广之对协同效

① 余力，左美云．协同管理模式理论框架研究［J］．中国人民大学学报，2006（3）：68 – 73.

② 付蓬勃，吕永波，任远，王永明．供应链协同管理模式下的信息共享机制研究［J］．物流技术，2007（6）：88 – 93.

③ 舒辉，何旭兰．集成化物流的协同管理模式研究［J］．科技管理研究，2008（9）：44 – 49.

④ 邱国栋，白景坤．价值生成分析：一个协同效应的理论框架［J］．中国工业经济，2007，24（6）：88 – 95.

应进行了比较严格的界定，在其所著的《启动隐形资产》中，把协同概念分解为“互补效应”和“协同效应”两部分。郑红玲和鲁丽丽（2010）认为，物流业的协同效应主要分为物流企业内的协同效应、物流业的协同效应、供应链上各节点的协同效应、区域经济的协同效应、相互交融的协同物流五类。[①] 鄢飞和董千里（2009）认为，物流网络的协同效应是在“点—点协同”、“线—线协同”、“点—线协同”、“链—链协同”基础之上形成的综合运作效应，并进行了数理模型分析。[②]

二、供应链协同管理

供应链协同管理是针对供应链网络内各职能成员间的合作所进行的管理，它以协同技术为支持，以信息共享为基础，始终从全局观点出发，采取一种“共赢”的原则，使整个供应链中的个体更加亲密、相互信任、共同进步和团结一致，从而提高整个供应链的柔性和实现整个供应链价值的最优。供应链协同管理作为供应链管理崭新的和最为现实的模式，已经受到企业界和理论界的广泛重视，其研究主要集中在以下几方面：

1. 供应链战略协同

关于供应链战略协同方面的研究文献主要涉及诸如供应链协同关键要素研究、合作伙伴选择、供应链协同价值研究、协同规划、协同风险、收益分配、激励机制等。例如，Gartner 公司的 Peterson 和 Lora Cecere（2001）建立了供应链协同矩阵，并指出了进行供应链协同需要考虑的关键要素。Frank Quinn 研究了文化方面对供应链协同的影响，分别指出了实现供应链协同各节点企业应该具有的文化理念和阻碍协同实现的特定思想行为因素，着重研究了协同的价值收益。

李宏贵（2007）认为，“战略协同就是使企业内外部协同，提高企业核心竞争力的一种企业战略”。[③]

张翠华和任金玉（2005）认为，“供应链协同管理主要涉及战略层、策略层和技术层三个层次，协同战略处于最高层次，规定了策略层和技术层研究的程度

---

① 郑红玲，鲁丽丽．协同物流的内涵及效应研究［J］．合作经济与科技，2010（6）：94－96.

② 鄢飞，董千里．物流网络的协同效应分析［J］．北京交通大学学报，2009（1）：29－32.

③ 李宏贵．中国企业借鉴协同战略理论研究［J］．现代经济，2007，6（5）：71－73.

与范围，协同策略是协同供应链管理的核心问题，协同技术是供应链实现协同的基础和前提”。①

李勇等（2004）认为，“根据企业自身战略和供应链运作战略的选择过程，提出企业可从三个层次上实现供应链管理中的战略协同：竞争战略与供应链运作战略协同、节点企业内部战略协同、节点企业之间战略协同”。②

陈钦兰（2007）认为，“供应链中企业合作协同的内外部战略影响因素有企业资源、合作协同意愿、信任、企业竞争力、协作能力、和谐程度，合作过程分为初步阶段、熟悉阶段、稳定阶段及后阶段四个合作协同阶段”。③

贾广敏（2013）对战略协同的实现、协同机会的识别和挖掘，以及实施战略协同应注意的问题进行了充分分析。④

Manthou V. 等（2004）建立了供应链协同的虚拟电子链，通过对虚拟环境下供应链协同框架的研究，对协作伙伴的角色进行了分级，对构成协同关系的关键能力进行区分，并对预测的协同进行了评估。⑤

2. 供应链策略协同

这是供应链协同管理研究的中心议题，主要包括具有直接供需关系的上下游企业间的需求协同策略、采购协同策略、生产协同策略、库存协同策略等。这方面的研究视角相当广泛，既有运用安索夫研究框架的，也有运用哈肯研究框架的。

在需求协同策略方面，Chen Frank 等（2000）认为，“物流需求信息的集中可以抑制‘牛鞭效应’，但不能完全消除”。⑥ Johnson（1968）认为，“产品设计的协同可以快速缩短产品设计时程，可增强供应链对客户定制需求的快速反应能

---

① 张翠华，任金玉．新一代的供应链战略：协同供应链［J］．东北大学学报，2005（11）：57－60.

② 李勇，杨秀苔，张异，张旭梅．论供应链管理中的战略协同［J］．经济与管理，2004（4）：57－60.

③ 陈钦兰．供应链中企业合作协同的战略因素研究［J］．山西财经大学学报，2007（3）：83－88.

④ 贾广敏．企业战略协同应用研究［J］．价值工程，2013（8）：164－166.

⑤ Manthou V.，Vlachopoulou M.，Folinas D. Virtual e－Chain（VeC）Model for Supply Chain Collaboration［J］. International Journal of Production Economics，2004（87）：241－250.

⑥ Chen Frank，Drezner Zvi，Ryan K. Jennifer. Quantifying the Bullwhip Effect in a Simple Supply Chain：The Impact of Forecasting，Lead Times，and Information［J］. Management Science，2000（46）：123－129.

力”。[①] Helo P. T.（2000）应用系统动态仿真方法分别研究了供应链中需求放大作用、能力波动作用和能力与拖延期间折中作用的影响。[②]

在采购协同策略方面，张家明（2009）应用自组织协同理论与复杂适应系统理论对供应链采购管理策略进行了研究。[③] Pınar Keskinocak（2008）运用博弈理论探讨了竞争环境下的协同采购问题。此外，还有运用其他研究方法的相关研究，如孙寿亮（2011）、马士华和关旭（2009）等。

在生产协同策略方面，孙永军等（2003）认为，“根据供应链环境下协同生产管理中生产资源具有地理分布性和管理集中性的特点，建立了生产资源的集成化多层次模型，包括生产资源集成层、控制层和定义层。在此模型基础上，提出了采用面向对象技术、基于多代理技术和虚拟聚类知识表达相结合的混合建模方法”。[④] Pankaj Chandra 和 Marshall L. Fisher（1994）认为，“研究生产与销售协调整合计划问题，应重点考察协调生产与销售计划对于现实整个企业收益的贡献”。[⑤] 美国著名的 ARC 咨询公司研究了协同生产计划策略，提出了基于车间层的多维协同。周金宏和汪定伟（2001）研究了分布式多工厂、多分销商的供应链生产计划，并试图通过系统工程方法获得最优生产计划，但在企业的实际应用中却没有达到这个目标。[⑥]

在库存协同策略方面，Yonghui Fu 和 Rajesh Piplani（2004）“建立了基于库存的评估供应方协同的模型，通过对传统供应链和协同供应链的分别建模，利用仿真对分销商实施协同前后的绩效进行评估，计算结果显示供应方协同可以提升

① H. G. Johnson. Comparative Cost and Commercial Policy Theory for a Developing World Economy, Wicksell Lectuers［M］. Stockholm: Almqvist & Wisksell, 1968.

② Helo P. T. Dynamic Modeling of Surge Effect and Capacity Limitation in Supply Chains［J］. International Journal of Production Research, 2000, 38 (17): 4521－4533.

③ 张家明．基于多智能体的制造联盟协同采购体系研究［J］．武汉理工大学学报，2009（10）：137－139.

④ 孙永军，郑水英，潘晓弘等．协同生产管理中生产资源集成化建模方法［J］．中国机械工程，2003（12）：2102－2105.

⑤ Pankaj Chandra, Marshall L. Fisher. Coordinated Production and Distribution Planning［J］. European Journal of Operational Research, 1994, 72 (3): 503－517.

⑥ 周金宏，汪定伟．分布式多工厂、多分销商的供应链生产计划模型［J］．信息与控制，2001，30（2）：169－172.

整个供应链的绩效”。① Bhatta C. S. 等（2000）建立了一个单一产品的多阶段库存和定价模型，研究了零售商垄断下的定价和订货问题，提出了实现协同的方法。② 国际著名的商业零售连锁店 Wal－Mart 等五家公司联合研究提出的协同计划、预测与补给（CPFR）是一种协同式的库存管理技术。

在计划协同策略方面，陈淮莉、张洁和马登哲（2004）认为，“多供应商、多生产厂和多分销中心供应链系统协同计划的优化问题，可以供应链成本和运行时间平衡优化为目标，根据问题的特点，采用遗传算法的三维数组编码方式，并通过基因段交配和基因移位变异相结合的方法求解供应链协同计划，用参数设置模拟各种工程应用的实际情况，帮助企业权衡产品成本和客户响应时间的关系，尤其对按订单生产的制造企业具有重要的指导意义，使该类企业面对客户的交货期与价格要求做出正确响应”。③

3. 供应链技术协同

技术协同是物流与供应链实现协同管理的基础和关键，为战略协同和策略协同提供了有力的支持与保障，主要研究的是如何利用信息协同技术和基于该技术构建的供应链协同软件（协同管理平台、ERP、SCM 等）实现供应链的信息共享和协同运作。这方面的研究主要集中于实用技术及软件的研究，很多软件公司致力于供应链协同技术的研发，并取得了极大的进展。例如，IBM 公司的协同供应链管理解决方案、SAP 公司的 mySAP 供应链解决方案等，它们为战略协同和策略协同提供了有力的支持。

于海斌和朱云龙（2004）“建立了网络企业的战略协同模型，分析了协同制造的业务特征，从协同的角度研究了制造业在全球化制造网络环境中所面临的战略问题和相关的协同技术问题，认为技术的安全和柔性与供应链合作的发展存在着相互的影响”。④

---

① Yonghui Fu, Rajesh Piplani. Supply－side Collaboration and Its Value in Supply Chains［J］. European Journal of Operational Research, 2004（152）：281－288.

② Bhatta C. S., Ramesh R. A Multi－period Profit Maximizing Model for Retail Supply Chain Management: An Integration of Demand and Supply－side Mechanisms［J］. European Journal of Operational Rcscarch, 2000（122）：584－601.

③ 陈淮莉，张洁，马登哲．基于成本和时间平衡优化的供应链协同计划研究［J］．计算机集成制造系统，2004（11）：1518－1522.

④ 于海斌，朱云龙．协同制造［M］．北京：清华大学出版社，2004：45－131.

葛亮和张翠华（2005）研究了供应链协同技术与方法，认为“合作伙伴选择、合约设计的激励、协同运作和绩效评估等方面的供应链协同技术与方法为供应链协同提供了有力支持，是供应链协同管理能顺利实施的关键，并对供应链协同技术与方法趋势做了展望”。①

4. 供应链信息协同

主要集中在对信息共享及模式的探讨方面，其研究角度各异，有从解决“牛鞭效应”角度出发探寻信息共享问题的，有分析供应链信息协同的可共享内容的，还有探寻信息共享模式的。

在从解决“牛鞭效应”角度出发探寻信息共享问题方面，Lee 等（1997）研究了供应链中的信息扭曲现象，利用随机数学模型描述了牛鞭效应产生的四种原因，揭示了信息共享对减少“牛鞭效应”的影响。②

在分析供应链信息协同的可共享内容方面，Ovalle O. R. 和 Marquez A. C.（2003）对协同供应链中可共享的信息内容进行了研究，认为可共享的信息包括库存信息、销售信息、需求预测信息、订单状态信息、产品计划信息、物流信息、生产排程信息等。③

在探寻信息共享模式方面，张修志、夏志杰和黄立平（2007）在对当前供应链信息共享的三种主要模式（信息传递模式、第三方企业模式和信息平台模式）及其优缺点进行分析的基础上，提出了基于企业信息门户（Enterprise Information Portal，EIP）的供应链信息共享模式。④

5. 供应链协调/协同机制

这方面研究的视角相当广泛，有从方法体系角度探讨的，有从内容角度探讨的，有从关联企业间的关系角度探讨的，此外，还有一些从其他角度展开探讨的研究文献。

---

① 葛亮，张翠华．供应链协同技术与方法的发展［J］．企业管理，2005（6）：151－156.

② Lee Hau L.，Padmanabhan V.，Seungjin Whang. Information Distortion in a Supply Chain：The Bullwhip Effect［J］. Management Science，1997，43（4）：546－558.

③ Ovalle O. R.，Marquez A. C. The Effectiveness of Using E－collaboration Tools in the Supply Chain：An Assessment Study with System Dynamics［J］. Journal of Purchasing and Supply Management，2003（9）：151－163.

④ 张修志，夏志杰，黄立平．基于 EIP 的供应链信息共享模式研究［J］．情报杂志，2007（3）：61－63.

在从方法体系角度探讨方面，Lei Xu 和 Benita M. Beamon（2006）认为，供应链协调机制是用来管理组织间的相互依存关系的一套方法体系，用基于属性的方法设计并系统阐述了供应链协调和运作机制的选择过程。①

在从内容角度探讨方面，Xiuhui Li 和 Qinan Wang（2007）认为供应链管理的关键问题是要建立协同机制，并提出了一个基于供应链决策结构和需求本质的供应链协调机制框架。② 钟祖昌（2008）从供应链合作伙伴的信任、供应链战略的匹配、信息共享、长期利益分配和协同效果评价五个方面详细论述了供应链子系统的协同机制。③

在从关联企业间的关系角度探讨方面，Jr Jung Lyu 等（2010）从协同供应商和存货零售商的视角研究了供应链协同补货机制，在对协同补货、协同预测、协同计划、信息技术与 CPFR 进行相关论述的基础上，提出了三种协同补货机制模型。④ 张翠华（2006）在对非对称信息下生产商与供应商之间基于惩罚和奖励的供应链协同机制的探讨中，引进了基于惩罚和奖励的激励函数，从而提出了订货量、惩罚成本和奖金三种激励方式相结合的协同机制。⑤

在从其他角度展开探讨的文献方面，B. Fugate、F. Sahin 和 J. T. Mentzer（2006）从价格、非价格和流三个方面探讨了供应链管理的实现机制，其研究结果表明：供应链管理者更愿意选择流机制来进行供应链协调，而不是价格或非价格机制；供应链导向和学习导向对流协调机制的应用非常重要；技术、资金、库存量并非是实现流机制的先决条件。⑥ F. Haghighat（2008）评价了信息技术对价格机制、非价格机制和流机制及供应链中其他流（资金流、物流等）的影响，

① Lei Xu, Benita M. Beamon. Supply Chain Coordination and Cooperation Mechanisms: An Attribute – based Approach [J]. The Journal of Supply Chain Management, 2006: 4 – 12.

② Xiuhui Li, Qinan Wang. Coordination Mechanisms of Supply – chain Systems [J]. European Journal of Operational Research, 2007 (179): 1 – 6.

③ 钟祖昌. 供应链子系统协同机制 [J]. 中国物流与采购, 2008 (2): 66 – 67.

④ Jr Jung Lyu, Jyh – Hong Ding, et al. Coordinating Replenishment Mechanisms in Supply Chain—From the Collaborative Supplier and Store – level Retailer Perspective, Int. J [J]. Production Economics, 2010 (12): 221 – 234.

⑤ 张翠华. 非对称信息下基于惩罚和奖励的供应链协同机制 [J]. 中国管理科学, 2006 (3): 32 – 37.

⑥ B. Fugate, F. Sahin, J. T. Mentzer. Supply Chain Management Coordination Mechanisms [J]. Journal of Business Logistics, 2006 (27): 129 – 161.

同时将这些影响通过概念模型的形式表示出来，认为建立供应链协调机制来协调供应链上各节点企业的活动非常必要和重要，而信息技术影响整个供应链“电路”，进而影响供应链绩效。①

6. 供应链协同绩效改善 / 评价

主要集中在对供应链协同绩效的改善与评价方面，其研究角度各异，但大多数研究主要从影响要素分析和评价方法探讨这两个角度展开。

在影响要素分析方面，Bernhard J. Angerhofer 等（2006）将供应链协同组成要素、关键参数、绩效指标进行统一建模，并通过一个实例表明决策环境是如何有针对性地提高协同供应链绩效的。②

在评价方法方面，陈久梅（2007）从时间、成本、鲁棒性、成本四个方面构建了供应链协同评价指标体系，并基于粗集理论对供应链协同效果进行了评价。③ 王红梅和史成东（2009）使用平衡计分卡、粗糙集中启发式属性约简的方法和 BP 神经网络的理论，探索建立了平衡计分卡、启发式属性约简和 BP 神经网络相结合的供应链协同管理的绩效评估模型。④ 薛红、薛军（2012）也在此方面进行了有益的探讨。⑤

三、物流服务供应链协同管理

由于物流服务供应链（Logistics Service Supply Chain，LSSC）的研究只是近几年才在国内外开始兴起的，所以这方面的研究成果并不多，从我们所能收集到的有限文献来看，主要有关于物流服务供应商的选择、物流服务供应链协同和协调机制、物流服务供应链绩效评价三个方面。有关“物流服务供应链协同管理”方面的研究则主要集中于“物流服务供应链协同和协调机制”，其研究的视角及所运用的分析方法各有不同，有运用相关经济学理论来分析的，有基于能力（资

① F. Haghighat. The Impact of Information Technology on Coordination Mechanisms of Supply Chain [J]. World Applied Sciences Journal，2008（3）：74 - 81.

② Bernhard J. Angerhofer，Marios C. Angelides. A Model and a Performance Measurement System for Collaborative Supply Chains [J]. Decision Support Systems，2006（42）：283 - 301.

③ 陈久梅. 基于粗集理论的供应链协同效果评价 [J]. 统计与决策，2007（22）：170 - 172.

④ 王红梅，史成东. 供应链协同管理的绩效评估 [J]. 计算机工程与应用，2009（1）：234 - 237.

⑤ 薛红，薛军. 连锁零售企业精益物流供应链协同管理综合绩效评价 [J]. 中国物流与采购，2012（21）：66 - 67.

源）视角来分析的，有运用数量分析方法及相关工具来分析的，还有用其他科学理论/方法来分析协同运作机理的，等等。

运用相关经济学理论分析方面，主要是针对物流服务供应链的形成机理、动因及调协（同）机制问题，如张辰彦（2007）从交易成本经济学、企业能力理论、博弈论三个角度分析了物流服务供应链协同的形成机理，阐述了物流服务供应链协同运作必须具备的三种协同机制。[①] 刘伟华（2007）利用分工理论分析了物流服务供应链分工的演进过程，提出了物流服务供应链的形成动因，并利用物流外包边界理论对物流服务供应链两级能力合作的动因进行了经济学分析。[②]

基于能力（资源）视角分析方面，马翠华（2009）从物流服务供应链节点企业间的能力合作与协同关系着整个物流服务供应链运营绩效的角度，探讨了基于能力合作的物流服务供应链的协同机制。[③] 付秋芳和赵淑雄（2012）探讨了基于多目标二层规划的服务供应链服务能力协同决策模型。[④] Cui Lianguang 等（2011）基于资源依赖的视角和产业网络方法分析了不同类型的物流企业在物流服务价值创造中的互补及交互作用关系。[⑤]

运用数量分析方法及相关工具分析方面，主要是分析物流服务供应链的协调机制问题，如桂云苗（2009）通过建立市场需求受价格敏感的随机变量条件下的集中协调、Stackelberg 主从协调、竞争联盟协调的数学模型，来解决需求不确定条件下物流服务供应链的协调问题，并分析了不同协调方法最优解的实现条件。[⑥]

运用其他科学理论/方法分析方面，主要是针对协同运作机理的探讨，如鄢飞和董千里（2009）运用期望效用函数构建协同运作模型，探讨了物流服务供应链协同的运作机理。[⑦] 鄢飞和董千里（2012）借鉴种群生态学理论，探讨了物流

---

① 张辰彦．物流服务供应链协同问题探讨［J］．科技与管理，2007（5）：33－37.

② 刘伟华．物流服务供应链能力合作的协调研究［D］．上海交通大学博士学位论文，2007.

③ 马翠华．基于能力合作的物流服务供应链协同机制研究［J］．中国流通经济，2009（2）：24－27.

④ 付秋芳，赵淑雄．基于多目标二层规划的服务供应链服务能力协同决策模型［J］．中国管理科学，2012（12）：61－69.

⑤ Cui Lianguang，Hertz S. Networks and Capabilities as Characteristics of Logistics Firms［J］. Industrial Marketing Management，2011，40（6）：1004－1011.

⑥ 桂云苗．需求不确定下物流服务供应链协调［J］．计算机集成制造系统，2009（12）：2412－2417.

⑦ 鄢飞，董千里．物流服务供应链协同运作机理分析［J］．统计与信息论坛，2009（8）：53－58.

服务供应链节点协同关系及生长演化机理。①

四、集成化物流协同管理

目前，国内外关于集成化物流协同管理方面的研究文献相当少，在我们所能检索到的有限文献中，其研究内容及角度大致可分为以下几方面：

1. 关于集成化物流演化规律的探讨

主要是运用不同的理论与方法来分析集成化物流系统的演化规律，如舒辉等（2007）利用非线性学习竞争模型来描述集成化物流系统的演化机理。② 饶智勇等（2007）利用动力学方程模拟物流系统自组织演化过程，并建立了集成化物流演化的协同神经网络模型。③

2. 关于集成化物流协同管理演进机理的探讨

主要是运用不同的自组织理论与系统动力学模型来分析集成化物流协同管理的演进机理，如舒辉（2008）利用自组织理论分析了集成化物流协同管理的演进机制，揭示了该演化过程的多样性和选择性，提出了用来分析物流系统的新方法。④ 舒辉（2008，2009）应用系统动力学模型，提出了集成化物流在实现协同管理中必须经历由协作相变过程到协调相变过程，最终达到协同相变过程的三个演进阶段（三个相变过程），并分析了其基本特征。⑤⑥

3. 关于集成化物流协同管理方面的相关探讨

主要是针对集成化物流协同管理的内容、框架方面的研究。例如，夏锦文等（2008）从核心能力的角度，提出集成化物流协同管理的内容主要体现在目标协同管理、信息协同管理、利益协同管理和企业文化协同管理等方面。⑦ 舒辉等（2008）提出了由战略层、协调层、运作层和支撑层四层次构成的集成化物流协

① 鄢飞，董千里．物流服务供应链节点协同关系及生长演化机理分析［J］．北京交通大学学报（社会科学版），2012（10）：58－64.

② 舒辉，钟杰．基于学习竞争模型的集成化物流系统协同演化［J］．复旦学报，2007（4）：532－536.

③ 饶智勇，温荣生．基于协同神经网络的集成化物流演化的预测模型［J］．科技资讯，2007（35）：97－98.

④⑤ 舒辉，唐洪雷．集成化物流协同管理的机理探讨［J］．当代财经，2008（9）：73－77.

⑥ 舒辉．试论集成化物流的协同管理［J］．标准科学，2009（10）：13－17.

⑦ 夏锦文，舒辉．基于集成化物流核心能力的协同管理分析［J］．科技管理研究，2008（7）：266－268.

同管理的基本框架。[①]

五、研究评述

从前面的文献综述可以看出，若以协同管理的视角来评判，当前无论是对供应链协同管理的研究，还是对物流服务供应链协同管理的研究，以及对集成化物流协同管理的研究都呈现出以下几点特征：

（1）从研究内容来看，一是围绕供应链节点企业间的单个（职能）要素或多个（职能）要素的协同来探讨其协同策略；二是对供应链协同和协调机制以及协同管理的研究基本上都以探寻其演化或演进的机理为主体。尽管这些研究成果在研究视角、方法上各有差异，但都没有涉及如何才能有效实现协同管理这个核心问题。

（2）从研究方法来看，目前的研究以定性研究为主体，少数针对诸如需求协同、库存协同等单个职能方面的协同运用了数量分析方法；数量模型的应用主要集中于对协同演化或演进机理的描述，但都没能建立起用于描述协同管理的模型，也没有明确提出影响物流服务供应链/集成化物流协同管理的序参量是什么，以及如何有效确定序参量的问题。

（3）从研究视角来看，目前的研究视角相当广泛，有运用相关经济学理论来分析供应链的形成机理、动因及调协（同）机制问题的，也有运用协同学理论、生态系统理论等其他理论来研究供应链的形成机理、动因及调协（同）机制问题的。当前研究最大的不足是没有从系统管理的角度来整体研究供应链协同管理的问题，基本上都是从局部层面来探寻协同问题，如策略层、技术层。事实上，要有效地实现物流服务供应链/集成化物流协同管理，从系统管理的角度来分析才是最有效、合理的。

由此可见，既有的研究成果还不能有效地解决以下三个关于物流服务供应链/集成化物流协同管理的关键问题，而这些问题的解决都将对未来进一步推广、实施物流服务供应链/集成化物流的协同管理提供理论支持与指导。

---

① 舒辉，何旭兰. 集成化物流的协同管理模式研究［J］. 科技管理研究，2008（9）：43－47.

（1）在实施协同管理的进程中，物流服务供应链/集成化物流的各成员企业将会如何相互作用与影响呢？我们知道，在一个拥有众多子系统的系统中，要实现协同管理并非是一蹴而就的事，它实际是一个在多个层面上的、动态的博弈过程，需要经历一个比较长的磨合与博弈才能最终实现。那么在物流服务供应链/集成化物流协同管理实现“三个相变（协作→协调→协同）”的进程中，各成员企业在“四个层面（战略层、策略层、作业层、技术层）”上将会发生怎样的相互作用与影响？在这“三个相变过程”与“四个层面”中，哪些要素将会起到主导支配作用（即序参量）？这些要素是通过什么样的方式与途径来影响其他系统要素，从而实现物流服务供应链/集成化物流的协同管理的？

（2）如何才能更快、更有效地促进物流服务供应链/集成化物流协同管理的实现？我们知道，物流服务供应链/集成化物流协同管理的实现受许多要素（变量）的影响，有些要素始终主宰着系统的演变进程，决定着系统的演化结果，这些要素就是系统的序参量。通过寻找出影响系统协同运作的主导要素（序参量），我们就可能采取有效的自组织策略与他组织策略，对序参量施加内部影响、外部压力，提升系统的协同度，从而促进物流服务供应链/集成化物流协同管理的快速实现。

（3）构建起完善的物流服务供应链/集成化物流协同管理框架体系是有效实施协同管理的基本点，那么一个完善的协同管理框架体系需要具备哪些条件或者要素？其支持支撑体系又是什么样的？是否有可供参考的协同管理模式？这些都是在实际推广运用“协同管理”中必须回答的现实问题。

所以，本书拟针对上述这些现实问题，选择“集成化物流”作为研究对象，以界定集成化物流协同管理的基本内涵为出发点，通过对集成化物流的协同机理与集成化物流协同管理的演化过程的分析，探索集成化物流协同管理的框架体系及其支撑体系的构成要素及关系，进而提出具有一定参考价值的集成化物流协同管理模式，以及实施集成化物流协同管理的思路。

第三节 研究目标与意义

一、研究目标

集成化物流的服务集成方案决策、服务价格制定、企业间收益分配以及需求信息处理中都存在着非线性机制，在系统动态演化中还会出现许多无序和协同的复杂现象。对于集成化物流这一复杂的非线性网络系统，传统经典数理经济理论中统计和线性的方法已无法深入刻画伴随着不断加快的经济全球化步伐而日趋复杂化的集成化物流动态演化的不规则行为，而哈肯的协同学却是解决这一类问题的有效工具。同时，在实施集成化物流协同管理的过程中，决定协同管理成效的关键要素在不同的进程、不同的管理层面上是各不相同的。因此，要实现集成化物流系统的协同管理，就必须对不同阶段、不同管理层面的协同演化机理与进程进行全面、系统的认识和掌握，唯有如此才能针对不同的阶段、不同的管理层面采取不同的运营模式。

因此，本书的总体目标是：在总结国内外物流实践经验的基础上，运用现代管理理论，从集成化物流协同管理的演化机理、运营模式两个方面，按“战略层、策略层、作业层”三个组织管理层级，从“竞争→协作→协调→协同”四个相变阶段和“协作、协调、协同”三个相变点展开探讨，并同时就协同管理的基本内涵、框架体系、支撑体系以及协同管理模式的内容展开研究，力求为加快我国物流产业从传统型向现代型的转变提供新的发展思路。

本书预期达到的目标主要有：

（1）基于协同学原理，对集成化物流协同管理的基本概念、核心范畴、基本相和主要内容进行规范化分析，以为将集成化物流协同管理作为物流资源的整合提供一种新的物流理论研究思路。

（2）从协同理论出发，借助于协同学、系统动力学分析工具，分析集成化物流系统的协同演化机理。同时，建立起具有管理系统运行特色的、能有效描述相变过程（点）的、可量化（模型化）的集成化物流协同管理的序参量方程组，用以开展对集成化物流系统“战略层、策略层、作业层”协同管理的演化过程分析。

（3）探寻集成化物流系统有效实施协同管理的框架体系、支撑体系，以及协同管理的一般模式和实施集成化物流协同管理的具体思路，为整合我国现有分散的物流资源，提高我国物流企业管理水平与运营效率，提供一种具有可操作性的、能有效达到协同管理目标的思路与策略，从而为我国物流产业整合现有物流资源、优化产业结构、创新物流管理模式提供理论导向。

二、研究意义

目前，我国物流成本居高不下、物流运营效率低下的根本原因不在于技术方面与西方发达国家存在的差距，而在于我国物流产业管理水平的低下，物流资源、设施设备等的利用效率低下，也在于物流产业进入门槛过低，导致整个物流产业过度竞争，从而使分散的物流优势资源在竞争过程中内耗浪费，产业整体效率低下。一个典型的表现就是物流服务的空载率一直在60%左右，远远高于国际市场20%的比例（全国运输车辆空载率约为37%，其中汽车物流企业车辆空载率达39%），与西方发达国家存在着较大的差距。我们都知道，物流产业是一个讲究经济规模效应、地域覆盖能力的产业。物流企业的规模越大、地域覆盖能力越强，那么它的运营成本越低，运营效率就越高。然而，就我国物流产业的发展现状来看，要更快、更有效地实现这种能力，整合现有的物流资源成为必然的主要途径之一。

但是，整合物流资源涉及的因素众多，范围广泛，要做到有效地整合物流资源需要有新的思想、新的概念、新的结构、新的模式，更需要有先进的管理理念和科学技术的支撑。整合物流资源必须要有一个系统性的管理设计，必须按一定的逻辑、比例关系正确地确定各组成要素的位置、数量与功能，从系统的角度、集成的角度、协同合作的角度吸收整合各种内外部相关的物流资源，使之往集成化物流方向发展，并通过加强对每个节点的沟通与控制来实现一体化运行。这正是要求实施集成化物流协同管理的根本所在，也是本书所要开展的“集成化物流协同管理：机理、体系与模式”研究的依据所在。

（一）理论意义

对“集成化物流协同管理：机理、体系与模式”的研究是一项带有超前性、探索性和整合性的物流理论研究，涉及众多的相关管理理论知识及数学分析工具，如协同学理论、供应链管理理论、自组织理论、他组织理论、系统动力学等。从理论上来看具有以下几方面的意义：

（1）集成化物流协同管理的实现是非常复杂的。总体上讲，目前国内外学术界对有关“协同管理”机制、模式方面的研究比较零散，缺乏深度和系统性。协同管理作为一种新型的物流资源整合、管理与组织模式，其蕴藏在实施过程中的许多关键问题还远未得到充分的考虑和解决。因此，本书对“集成化物流协同管理：机理、体系与模式”问题的深入研究，将进一步充实现代物流管理理论体系。

（2）从某种程度上说，本书的研究作为一种尝试，将协同学理论、自组织理论、他组织理论和系统动力学理论运用到物流领域，拓宽了这些理论的实际应用范围，实现了协同学理论、自组织理论、他组织理论、系统动力学理论与现代物流管理的有效结合，因而可丰富和发展现代物流管理的理论研究成果。同时，在对集成化物流协同管理演化过程的序参量方程组进行描述的过程中，力求在学科交叉研究方面做一些探索，以求在研究方法方面有所创新。

（3）基于我国物流市场现状和已有的协同管理研究成果，以及充分考虑物流行业的特殊性，初步构建起一整套集成化物流协同管理的框架体系、支撑体系及其模式，以期为物流企业有效开展物流资源整合，构建并实施物流服务供应链协同管理模式提供理论参考。

总之，本书的理论意义在于为集成化物流系统协同管理的构建、运行和管理提供理论指导，为物流资源整合提供一种新的管理理论研究思路，这是有效推进集成化物流发展的理论基础。

（二）现实意义

从现实的角度来说，有效实施集成化物流的协同管理对快速解决我国物流企业规模偏小、功能单一以及低层次的、单一的和低技术含量的物流服务供给过剩，高层次的、综合的和高技术含量的物流服务供应不足的问题，提高现代物流企业适应市场的能力，促进我国物流业的发展，从容地接受国际大型物流企业的挑战，具有很强的现实意义。

（1）有效实施集成化物流的协同管理可使物流企业在供应链整合的思想下优势互补，更好地为客户提供个性化的物流服务。实施协同管理一方面可减少内部交易成本；另一方面可对中国的物流资源进行整合，减少资源浪费，提高资源

的使用效率。因此，实施物流服务供应链的协同管理不仅能在一定程度上解决我国第三方物流企业“多、小、少、散、弱、慢”的现状与客户对物流服务全程式、个性化需求之间的矛盾，而且有助于降低交易成本，提高物流效率，实现效益最大化。

（2）有效实施集成化物流的协同管理可做到按照客观的经济关系和市场需要科学地使用物流资源，最大限度地发挥现有资源的作用，从而对整合社会闲散、重复、分割的物流资源，建立资源节约型社会产生重要的现实意义。

（3）我国早已加入世界贸易组织（WTO），国外物流企业纷纷进驻中国，使国内物流企业面临多重挑战。有效实施集成化物流的协同管理可快速整合我国现有的物流资源，培养核心竞争力，从而形成一股强大力量来抗衡国外物流企业的冲击，进而赢得市场优势。同时，能有效地加快我国物流企业实体网络布局的发展速度，用较短的时间走完国外物流巨头百年才能走完的发展道路。因此，实施集成化物流的协同管理是现代物流企业适应快速多变、日趋激烈的市场竞争的有效手段，对我国企业迎接挑战具有重要的现实意义。

总之，“集成化物流协同管理：机理、体系与模式”的研究就是针对我国物流产业所面临的一系列激烈、多变的市场竞争环境而进行的一种系统性物流理念和管理方法模式的有益探索，它将为物流企业从事全球化的市场竞争提供一种新型的指导理念和实践方向。一方面，它可以为我国新兴的物流企业建立赶超机制提供指导，从而有助于实现超速成长；另一方面，它可以促使各类传统的运输、仓储企业的资源存量实现最大程度的优化重组。由此可见，本书对整合我国现存的物流资源具有重大的现实指导意义。

第四节 研究思路与内容

一、研究思路

根据研究拟定的目标，本书将按照如下具体思路展开工作：

首先，依据研究目标，对国内外有关“协同管理”理论研究的成果进行全面的梳理，重点是针对“协同管理的内涵体系、供应链协同管理、物流服务供应链协同管理、集成化物流协同管理”方面的研究成果进行分析和总结，以期对当前关于“供应链协同管理”和“物流协同管理”方面的理论发展现状有一个更全面、更深刻的认识。

其次，基于协同学原理，对集成化物流协同管理的基本概念、核心范畴、基本相和主要内容进行规范化分析及界定。

再次，借助于协同学、系统动力学等分析工具，分别针对集成化物流系统的协同演化机理和集成化物流协同管理的演化过程展开分析与探讨。

最后，根据前期的研究成果，探讨集成化物流协同管理的框架体系及其支撑体系的构成要素及关系，同时探寻具有一般意义的集成化物流协同管理模式。

本书的技术路线如图 1－1 所示。

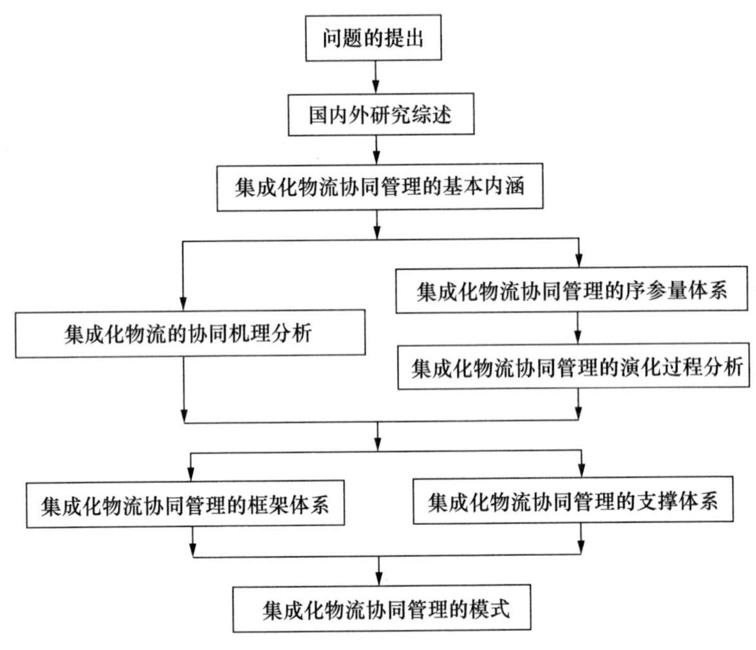

图 1－1　本书的技术路线

二、研究内容

根据前面拟定的研究目标和研究思路，本书内容主要围绕“集成化物流协同管理：机理、体系与模式”展开，在内容的编排上以系统分析的思想为基础，重点突出对协同管理基本内涵、协同演化机理、协同管理体系、协同管理模式四大板块内容的探讨与分析。整个研究内容具体分为九章，具体内容如下：

第一章为导论。具体内容主要包括提出问题，梳理当前已有的相关理论研究成果，以及提出进行“集成化物流协同管理：机理、体系与模式”研究的目标、思路、内容、方法及其重要意义。

第二章介绍集成化物流协同管理的基本内涵。具体内容将包括两大部分：第一部分主要针对集成化物流的基本内涵展开论述，主要有集成化物流的定义和特点、集成化物流服务商、集成化物流系统中成员企业间的结构关系以及集成化物流的组织结构形式；第二部分主要就集成化物流协同管理的基本概念、核心范畴、基本相变和主要内容进行归纳与界定。

第三章介绍集成化物流的协同机理分析。具体将从四个方面展开探讨：一是协同学理论用于集成化物流研究的适用性分析；二是集成化物流的协同学分析；三是集成化物流系统的协同演化过程；四是集成化物流系统协同演化过程的分析。

第四章介绍集成化物流协同管理的序参量体系。具体将按照三个步骤展开探讨：首先，对目前已有的相关研究成果进行较为全面的收集与梳理，并按战略层、策略层、作业层三个层次对初始状态参量进行汇总，形成文献研究的协同初始状态参量体系；其次，根据专家评分方式确定最终能够有效体现三层次协同管理的状态参量体系；最后，通过运用粗糙集的属性约简运算筛选出三层次的序参量。

第五章介绍集成化物流协同管理的演化过程分析。主要将根据已经确定的三层次协同管理的序参量体系，借助于 Langevin 方程，构建起适用于分析集成化物流战略层、策略层、作业层协同管理的序参量自组织模型，以分别针对集成化物流的战略层协同管理演化过程、策略层协同管理演化过程及作业层协同管理演化过程进行分析。

第六章介绍集成化物流协同管理的框架体系。具体将从四个方面展开探讨：一是集成化物流系统的运作特点及基本模式；二是集成化物流协同管理的框架结构；三是集成化物流协同管理的运营结构；四是集成化物流协同管理的基础结构。

第七章介绍集成化物流协同管理的支撑体系。主要将从四个方面展开具体的探讨：一是集成化物流实施协同管理的运行条件；二是集成化物流协同管理的战略支撑；三是集成化物流协同管理的技术支撑；四是集成化物流协同管理的契约支撑。

第八章介绍集成化物流协同管理的模式。具体将从集成化物流协同管理模式设计的基本内容和原则、集成化物流协同管理的一般模式、基于规则与流程融合的协同管理控制模式和实施集成化物流协同管理的思路四个方面展开研究。

第九章为结论与展望。将主要对整个研究工作及所取得的研究成果做一个全面系统的归纳总结，并力争形成几点有参考价值的基本观点，以供后续研究借鉴。

第五节　研究方法与创新

一、研究方法

“集成化物流协同管理：机理、体系与模式”研究，既是一个理论性很强的探索问题，也是一个极具指导性的现实应用问题。因此，本书拟采取的研究方法主要有以下几种：

1. 文献追溯法

采取文献追溯法对国内外有关物流与供应链协同管理及其相关领域方面的文献进行跟踪，重点放在对以下几方面研究成果的跟踪上：一是有关供应链协同管理及其相关机理、策略等方面的研究成果；二是有关物流服务供应链及集成化物流协同管理及其相关机理、策略等方面的研究成果；三是有关物流服务供应链协同管理的各类状态参量，特别是关键状态参量影响程度等方面的研究成果。同时关注它们研究的理论视角，目前有关协同管理的理论视角主要有两种：一种是以安索夫从经济和管理的角度提出的“协同”为基础的研究视角，它主要是以定性分析为主体；另一种是以哈肯教授创立的协同学为基础的研究视角，它既可用于定性分析，也可用于定量描述。

2. 规范分析

运用因子分析方法，探寻影响集成化物流协同管理“战略层、策略层、作业层”的要素体系；利用粗糙集的约简集运算方法模型对要素体系中的参量进行序参量的识别与近似筛选，以确定三层次的序参量（关键影响要素）。

3. 数理建模分析方法

根据序参量的识别与近似筛选的结果，尝试运用“朗之万方程”、“福克—普朗克方程”，建立集成化物流协同管理影响参量的数量模型及相应的方程（组）。并按“竞争阶段→协作阶段→协调阶段→协同阶段”的阶段划分，针对“战略层、策略层、作业层”三个层次的协同管理演化过程进行相变分析，以确定各相变阶段的发生条件及其起主导影响的序参量。

4. 理论研究与实地调查法

依据安索夫和波特等学者的协同研究框架，从管理系统的行为、功能、结构和绩效四方面，针对影响战略层、策略层、作业层三个层面协同的控制参量进行初步筛选，并通过问卷调查、实地考察等方式，对理论初步筛选的参量进行更进一步的验证、确定，以为利用协同学序参量模型分析集成化物流协同管理演化三个相变过程的特征参量，以及战略层、策略层、作业层三层面的各类参量提供基础。

二、研究创新

本书的创新之处具体表现在以下几方面：

（1）在前人分散的研究成果的基础上，对集成化物流协同管理的基本概念、核心范畴、基本相变和主要内容进行归纳与界定。提出在集成化物流系统各成员企业之间构建起“和谐关系”是集成化物流协同管理的核心范畴，并提出“协作→协调→协同”三个基本相变过程。

（2）提出了“三相变”与“四层次”的研究视角。运用“朗之万方程”、“福克—普朗克方程”建立和阐释具有管理系统运行特色的、能有效描述三个相变过程（点）的、可量化（模型化）的集成化物流协同管理的序参量方程组，并分别就集成化物流战略层协同管理、策略层协同管理、作业层协同管理的相变特征进行了针对性的分析，明确指出战略层的序参量是“虚拟利润（战略价值）和企业文化相容度”，策略层的序参量是“协同（反应）能力”，作业层的序参量是“业务数据交换效率（信息处理能力）和作业规则/标准”，它们在不同的相变阶段所发挥的功用是不一样的。

（3）提出了集成化物流系统协同管理的四层次框架结构体系及其运营结构。指出集成化物流系统的协同管理是由“战略层、策略层、作业层和技术层”四个层次构成的，同时明确提出战略支撑、技术支撑和契约支撑是集成化物流协同管理得以实现的基本运行支撑体系。

（4）提出了集成化物流协同管理的模式。认为对具体的物流业务运作过程实施基于流程的管理控制方式，而对成员企业及物流服务则采用基于规则的管理控制方式是一种比较有效的集成化物流协同管理模式。同时，提出加盟连锁物流模式是一种非常适应我国物流产业现状的新型集成化物流协同管理模式。

第二章　集成化物流协同管理的基本内涵

一般来说，需要进行协同的系统往往包含若干个相互矛盾和冲突的子系统或者对各个目标有不同评价标准的参与者。对于这些系统，如果不能通过协同管理来妥善处理各种冲突以达到一种宏观上的有序状态，那么该系统的总体功能将会由于宏观结构的失稳而无结果，甚至产生负效应，即出现系统的整体功能小于各部分子系统功能之和。集成化物流实际上就是一个将物流服务链上的所有节点企业作为一个整体资源，通过一定的制度安排，借助于现代信息技术和管理技术的支持，为提供集成化的物流服务而组成的集成化物流供应链管理体系。[①] 因此，集成化物流的运作过程具有复杂性，服务范围十分广泛，它在提供物流服务的过程中，涉及物流供应链上下游各功能型物流企业、第三方物流企业等各种类型的物流服务供应商，由于物流功能之间存在着效益背反特征，因而极易导致各物流供应商不一定能同时实现各自满意度最大的愿望，这必然会产生冲突和竞争。所以，集成化物流是一个典型的、需要进行协同管理的系统。

第一节　集成化物流的基本内涵

集成化物流是指专门提供社会化物流服务的集成化物流供应链组织。关于其内涵，目前理论界和实业界还没有一个统一的定义。本书结合现代物流和供应链的特点，并应用集成理论、供应链管理等相关理论，就集成化物流的定义、内涵、特点进行规范性的界定。

---

① 舒辉．集成化物流运作模式的探讨［J］．经济管理新管理，2005（4）：50－56.

一、集成化物流的定义

我们认为，集成化物流就是将物流服务链上的所有节点企业作为一个整体，通过一定的制度安排，借助于现代信息技术和管理技术的支持，为提供集成化的物流服务而组成的集成化供应链管理体系。

其具有以下几方面的内涵：

（1）集成化物流是基于共同的目标，通过一定的制度安排，将物流服务链上的所有企业通过集成方式形成的物流系统。

（2）集成化物流以计算机网络技术和信息技术为支撑，以全球性物流资源为可选对象，综合各种先进的物流技术和管理技术，将节点企业内部供应链以及节点企业之间的供应链有机地集成起来进行管理。

（3）集成化物流是通过充分利用人员、流程、技术和绩效标准等共享资源，实现协同运作，从而高质量、低成本、快速、高效地提供市场所需的物流产品或服务。

（4）集成化物流是由起领导作用的专业化资本或要素将物流系统所需要的其他专业化资本或要素，按一定方式进行构造和整合，形成要素紧密联系、协同运作的物流系统。

（5）在集成化物流系统中，所有企业都是物流企业或是与提供物流服务相关的企业，如第三方物流企业、运输企业、仓储企业、货代企业、配送企业，以及相关的管理咨询企业、技术信息企业等。

与传统物流系统相比，集成化物流有以下几个新特征：

（1）起领导作用的专业化资本或要素就是集成化物流服务商。鉴于其在集成化物流系统的作用和地位，集成化物流服务商应该是智能型的，而不仅仅是运作型的。因为它主要凭借的是智力资本、关系资本和网络资本，所以它不一定自己拥有物流资产、物流网络、物流技术，但是它必须拥有物流信息，拥有全球信息网络平台，并具有站在物流服务需求方的角度进行物流系统规划、设计、咨询、协调、运作、管理和控制的能力，以及组织管理物流服务链全过程的能力。

（2）集成化物流的思想精髓在于聚合优势，协同放大。集成化本身就是一个主动寻优的动态过程，要素之间通过竞争性的互补关系联结在一起，从而实现集成整体功能的倍增和涌现。在集成化物流系统中，所有节点企业都是基于共同的目标而组成一个“虚拟组织”，组织内的成员通过信息的共享，资金和物质等方面的协调与合作，优化组织目标，实现整体绩效。

（3）集成化物流是一个大跨度系统。这主要体现在两个方面：一是地域跨度大。经济全球化使得跨国公司为了实现竞争优势，开始在全球范围统筹其资源，在全球范围安排其生产和流通活动。因此，要确保客户满意，集成化物流所提供的物流服务活动的触角就必须能够延伸到“地球村”的每一个角落，只有这样才有可能快速、准确地向客户提供“一站式”的高质量物流服务。二是时间跨度长。集成化物流中的各专业化资本或要素，一般都是通过互相投资、参股、签订长期的战略联盟协议等方式建立供应链实现集成的。因此，集成化物流服务商与其供应商之间是一种战略联盟伙伴关系，它比传统物流系统中“基于交易”的业务关系在时间跨度上要长得多。

（4）集成化物流所追求的是全球化运作。这里包含两个层面的意思：第一层意思是可以实现全球范围内的物流服务，它表明了集成化物流所能达到的活动范围和生存空间；第二层意思表达的是运作方面的，也就是说，集成化物流无论提供何种服务，都具有国际化水准，因为只有做到国际化水准才具有竞争力。

二、集成化物流的特点

（1）提供的物流服务是集成化的。与传统的功能型物流企业相比，集成化物流不仅能提供仓储、运输、搬运装卸、包装、流通加工、信息处理等基本物流服务，还能提供诸如订单处理、物流方案的选择与规划、货款回收与结算、物流系统设计与规划方案的制定等增值性服务，以及按客户特定的业务流程，设计一整套完善的供应链解决方案的个性化定制服务。在此，客户所需要面对的仅是集成化物流服务供应商，由它全面负责组织、管理、协调“一站到位”的系列化物流服务的全过程。

（2）提供物流服务的运作流程是无缝化的。集成化物流是一个大跨度系统，它借助于互联网技术和信息平台，通过标准、规范、制度等机制要素，将节点企业内部供应链和节点企业之间的供应链有机地集成起来，在一个品牌的基础上，实行管理一体化、服务标准化、业务规范化，从而成为一个无缝衔接的运作整体。

（3）提供物流服务的组织是网络化的。集成化物流通过物流经营管理组织、物流业务组织、物流资源组织和物流信息组织，按照网络化方式在一定市场区域内进行规划、设计和具体实施，最终在其服务市场区域内形成一个由物流干线网络、区域配送网络和市区配送网络构成的三级物流网络体系，包括无形网络和有形网络。在这个三级物流网络体系中，网点要素（节点企业）之间通过共用的信息平台和共同的业务活动连接在一起，按照分工与合作的原则，各自发挥其所拥有的核心专长，使得每个网点要素的功能都得以放大，从而实现集成化物流反应快速化和物流服务总成本最优化的目标。

三、集成化物流服务商

全球制造和经济一体化使得传统的企业与企业之间的竞争正逐步演变为以核心企业为主导的供应链与供应链之间的竞争。所以，在集成化物流系统中，同样存在着以核心企业为主导的问题。为此，我们把核心企业称为物流服务商（或物流服务牵头者），而成员企业（非核心企业）称为物流服务供应商。所以，作为集成化物流系统核心企业的物流服务商，应该拥有起主导作用的专业化要素，它不仅是实施集成化物流服务的组织者、协调者、控制者，同时还是集成化物流服务方案的规划者、设计者。它通过建立人才、技术和管理优势，顺应市场需求，利用管理和技术的输出，对社会资源进行整合，借助物流联盟、“虚拟组织”等组织形式，实现资源、人才、信息、系统、经验和网络共享，建立起完善、强大的物流网络，为客户提供一体化的、高效的综合物流服务。集成化物流服务商可以是系统中某些专业化资本或要素的代理者，也可以是系统中物流解决方案的设计者，还可以是系统中 IT 技术的支撑者。但无论如何，作为集成化物流服务商必须是以智能型为主的，必须具备以下几方面的能力：

（1）具有世界水平的供应链策略制定、业务流程再造、技术集成和人力资源管理能力，并具有良好的关系管理和组织能力，能够同时管理多个不同的物流服务供应商。

（2）在集成供应链技术和外包能力方面处于领先地位，拥有跨服务领域的专业技能，包括整车运输、零担货运、多式联运、空运、海运和仓储等。

（3）具有全球化的地域覆盖能力和支持能力，拥有与顾客供应链节点分布相适应的全球物流服务地域覆盖网络。

（4）具有对组织变革问题的深刻理解和管理能力，能够借助具有创新性和战略思维的方法帮助顾客识别物流外包增值的机会。

（5）拥有强大的技术支持系统，能够有效地管理大量的数据流，并将其综合成有意义的报告，提出具有建设性的行动方案。

（6）拥有强大的财力资源，能够为顾客提供先进的物流解决方案，并能够与顾客一起分享合同执行的风险和效益。

（7）具有良好的社会信誉和从业道德，并获得企业的高度信任。

我们认为，集成化物流是网络物流阶段物流发展模式的高级形式，它是充分利用现有的物流资源，通过集成整合，实现聚合优势、协同放大的目的。从我国目前物流产业发展的现实情况来分析，我们认为最有可能成为集成化物流牵头者——集成化物流服务商的主体有五类，它们是具有强大实力的管理咨询公司、信息技术公司、大型第三方物流企业、大型制造企业的物流机构以及大型连锁企业总部的配送中心，表 2－1 中是对不同集成化物流主体的优劣势比较。

表 2－1　不同集成化物流主体的优劣势比较

集成化物流主体	优势	劣势
管理咨询公司	管理理念创新 供应链管理和供应链流程再造 组织变革管理	实际物流运作能力 信息技术应用和维护能力 解决方案的具体实施能力
信息技术公司	信息技术解决方案创新 信息技术解决方案实施 电子供应链解决方案的支撑	实际物流运作能力 供应链管理技巧 变革管理能力
大型第三方物流企业	实际的物流运作能力和行业经验 供应链信息系统应用 多客户管理和多供应商管理能力	供应链管理技巧 变革管理能力
大型制造企业的物流机构	实际的物流运作能力和本专业经验 供应链信息系统应用 多客户管理和多供应商管理能力	供应链管理技巧 变革管理能力
大型连锁企业总部的配送中心	实际的物流运作能力 供应链信息系统应用 多客户管理能力	供应链管理技巧 变革管理能力

四、集成化物流系统中成员企业间的结构关系

由集成化物流的定义可以知道，从本质上讲，集成化物流是通过一定的制度安排，将物流服务链上的所有节点企业集成起来所形成的物流供应链服务体系。所以，集成化物流系统中的成员企业是为了一个共同的目的，即建立起联盟层次上的竞争优势，进而实现“多赢”而走到一起的。为此，集成化物流系统的形成并不是以股权、人员或者财务纽带为必要条件，而主要依靠一系列正式或非正式的契约，而且即使存在这样的纽带，其目的也不是出于“控制”，而是为了“支援”。因此，成员企业之间的关系是一种基于平等意识的“号召—响应”关系。但由于各成员企业所发挥的作用不同，其成员间的结构关系也是有所不同的，一般分为三个层次①：

第一层次为核心层成员。它（们）是集成化物流系统中实力最强的组织，在某些资源及能力上相比其他成员拥有绝对的竞争优势。因此，它（们）是系统的指挥中心、管理中心，主要负责建立物流信息系统，制定统一管理体系标准和标准化作业流程。负责管理、协调和控制成员间的运作联系，以及拓展物流市场、与顾客签订物流代理业务合同等相关事宜。

第二层次为紧密层成员。它们与物流服务商之间呈现出某种互补性，或能力互补，或地域互补，主要是分布在各地域或各物流环节起操作中心作用的物流企业，或具有独特核心能力的物流企业，它们负责完成指挥中分配给本地区的物流相关环节的业务，并接受统一指挥和调度。同时，为了利于业务的开展，它们可以发展自己本地区的联盟成员并对其进行管理。通过自身的建设以及联盟，它们必须拥有服务于物流各环节的功能，以便能有效、全方位地处理分配给本地区的物流业务。

第三层次为非紧密层成员。主要为众多从事单一物流功能的操作性企业，借助于集成化物流的公共信息平台，具体执行由指挥中心分配的相关物流业务，并接受相关的监督、调控。

在许多情况下，集成化物流系统中的各类成员可能不是“一对一”的上下游关系，而是“一对多”或“多对多”的关系，并且这些关系还可能出现相互

---

① 舒辉．论集成化物流的组织结构［J］．科技进步与对策，2004（5）：100－102.

交叉。相同的成员在不同的集成化物流系统中可能处于不同的位置，也可能发挥着不同的作用，尤其是对非紧密层成员企业而言更是如此。所以，集成化物流更多地应视为一种“网链”。

五、集成化物流的组织结构形式

根据集成化物流服务商的数量、地位、成员企业间的联接方式和特点，集成化物流的组织结构形式大致有以下三种[①]：

1. 流程集成化物流组织

根据流程管理的观点，物流是典型的流程。因为物流的目的在于将物品成本有效地运送到有合适顾客的地方，这种工作需要时刻不停地进行，甚至有可能是在全球范围内进行。所以，物流集成化应该管理好整个物流流程，而不是如何组织好各个物流功能。很显然，流程集成化组织是一种以流程为基础的水平型组织模式，它具有以下几个特点：

（1）强调从顾客的角度来分析问题和解决问题，将组织的所有努力都集中于对顾客的增值活动，因为顾客需要就是物流活动存在的基础。

（2）流程集成化组织反映了物流流程的要求，实现了组织结构和物流运作的统一，并为物流集成化提供了组织上的保证。

（3）物流流程的整合强化了各流程节点企业的核心能力，并为物流企业提供了有利于核心竞争能力发育的环境。

然而，流程集成化组织作为水平型的组织应该具备三个条件[②]：一是大力开发适宜自我指导工作队工作的环境，进行员工授权，以产生最大的绩效；二是管理流程而非功能，提高组织效率；三是通过迅速而精确的信息共享，提高组织集成化程度，即用信息技术代替组织层次。

2. 虚拟集成化物流组织

虚拟企业（Virtual Enterprise，VE）是指组织结构动态化、以互联网（Internet）为平台的企业组织，它们是以企业间的专业化分工为基础，以企业的核心

---

① 舒辉．论集成化物流的组织结构［J］．科技进步与对策，2004（5）：100－102.

② 唐纳德·J. 鲍尔索克斯，戴维·J. 克劳斯．物流管理［M］．林国龙等译．北京：机械工业出版社，1999：462.

能力为依托，把分布在不同企业的优势资源，甚至可能是同行、竞争对手的优势资源迅速集成起来，为赢得某一市场机遇，按照某个协定或标准，通过信息技术、网络技术实现的平台，以实现共享优势、降低成本并满足市场需求为目的，所组成的临时性网络组织。它是在发现市场机遇后，由盟主企业组织相关的企业，通过电子信息网络将这些企业的相应生产、技术、经营资源集成起来，共同完成市场目标的分布式网络动态组织联盟，一旦目标实现，则这一组织随即解散。

虚拟物流组织根据物流流程的需要，通过电子信息网络，将可以一起工作的企业的物流能力集成起来，从而使物流服务能力发生倍增效用，以满足顾客的需求。变动性大是物流企业的一个显著性特点，这意味着物流企业和某些企业的合作结束后，会马上转入和另一些企业的合作。这恰恰与虚拟企业的工作特点相同，因此，可以说物流企业是天然的虚拟企业。

虚拟物流组织具有以下几个特点：

（1）虚拟物流组织以任务信息为联系彼此的纽带，跨越传统的企业边界，在供应商、顾客和其他行动者之间构建了一条紧密的共享信息与知识的价值链。

（2）虚拟物流组织中成员企业之间的关系是合作共生的关系，每一个合作者的存活和利益依赖于其他合作者的行动。

（3）虚拟物流组织中成员企业通过充分利用电子网络信息平台，使它们的物流运作相互连接，这不但使物流管理具有透明性，而且还可能将成员企业间的分割和利益冲突降到最低限度。

虚拟物流组织相对于传统的物流企业而言，具有在人才、信息、服务、速度、竞争、效率以及成本等方面的优势。

3. 加盟连锁型集成化物流组织

加盟连锁型集成化物流组织是以网络技术为支持，以加盟连锁的形式进行物理网络扩张的网络型组织。

与一般的商业加盟连锁企业组织的运作方式不同，加盟连锁型集成化物流组织的对外服务是由集成化物流服务商为整体代表，对外提供整体性的物流服务，而各加盟企业（作为成员企业）只承担相应的某个物流服务流程环节的、特定的物流业务工作。也就是说，所有从事加盟连锁型物流运作的物流企业都是在一个品牌的基础上，通过运营管理的集成化、运作服务的标准化、业务流程的规范化的方式，实现为顾客提供无缝化物流服务的目标。

由此可见，集成化物流的组织结构形式具有以下特征：

（1）从组织地位来看，集成化物流服务商在行业中具备地区性或全球性的垄断优势地位，因此在系统中处于主导地位，不仅是实施集成化物流服务的集成者、组织者、协调者、控制者，同时还是集成化物流服务方案的规划者、设计者，而成员企业则处于依附地位，其利益获得需要依靠核心企业。

（2）从信息共享来看，集成化物流服务商凭借其在系统中的绝对优势地位，推行其统一的信息平台及诸如货运管理系统（TMS）、仓储管理系统（WMS）、供应链意外管理系统（SCEMS）和国际贸易物流系统（ITLS）等先进的物流管理系统的应用技术，并制定统一的标准，强制要求各环节的节点企业根据其要求进行业务流程重组，以获得系统内的完全信息，实现系统资源整合。由于基本实现了信息共享环境下的集中决策，因此，其“牛鞭效应”的影响相对较小。

（3）从利益分配来看，物流服务商凭借其集成者的身份不仅可以获得要素的租金，而且可以得到其在规划、设计、协调、控制被集成者（成员企业）方面所花费智力的回报，即集成利润（是一种超额利润）。对各个非核心企业来说，只能获得很少的利益，主要是要素被使用的租金，但仍然要高于单个企业所获得的利益回报。

（4）从组织行为来看，物流服务商以本企业战略为核心，控制优势资源，对非核心竞争力业务予以外包、重组，控制整个系统的集成化整合，并实施在管理上集成化、在服务上标准化、在业务上规范化的运作机制。

第二节　集成化物流协同管理的基本概念

我们知道，管理实现了社会发展在有序界内的良性循环，是在对人类往昔和现今的生存与发展模式扬弃的基础上，社会发展的主模由无序向有序转换的过程。同样，管理使企业成为了一个有机的整体，它使企业的每一个员工、每一项任务、每一单位资源都紧密关联、协同起来，从而达到整体协同，发挥出最大的效益。

集成化物流系统的管理实质上是跨企业的协同管理，它包括整个物流供应链中所有上下游物流企业的信息共享及业务协同。所以，只有通过协同管理才能使物流供应链各环节间同向合作、相互配合，克服或明显减少或避免各环节中的无效作业、浪费和内耗，调动各方面的积极性，提高相关要素和相关环节在协同工作中的工作效能，产生互补效应，从而使物流供应链功能放大，产生增值效益。协同可以使系统中的任何一项活动都不再是独立的，每一个单元的工作也不再是单打独斗，而是建立在协同的基础上，依靠团队和内外部各种资源的协同配合，从而获得资源的最大效用，使系统内部资源与外部资源能够在统一的平台上高度共享、协同完成各种复杂的物流业务处理。

从系统论的角度来看，协同管理就是通过对系统内部的各子系统进行时间、空间和功能结构的重组，从而产生一种具有“竞争→协作→协调→协同”的能力，且其效应远远大于各子系统之和的新的时间、空间、性质和功能结构。这种在时间、空间、性质和功能等诸方面都发生根本性变化的新结构系统即自组织，它将原来有序度低的分散组织成员变成有序度高的动态组织系统，使之在时间、空间、性质和功能上出现新的结构，发挥出强大的竞争力，产生出倍增效应。而这种“竞争→协作→协调→协同”的能力，则是协同管理赖以自发形成有效结构机制的源泉。

集成化物流的协同管理过程是系统成员企业之间的互动反应过程。一个成员的行为变化必然引起其他成员企业的回应，发生相应的行为变化，这又反过来影响到该成员企业的行为，形成复杂的互动互应网络关系。同样，集成化物流系统与其所处的外部环境（如客户需求环境、宏观政策环境）之间也有互动互应，系统的每一变化都会引起环境的回应，如物流服务水平的提高必然导致用户更高层次的要求，环境的每一变化也引起系统的回应。正是在这种内外互动互应的过程中，集成化物流系统通过不断地试探、学习、自我评价、自我整合，寻找新的结构和行为模式，接受环境的评价和选择，推动着集成化物流系统自组织程度不断地向着更高层次迈进，从而实现由“协作”向着“协调”迈进，最终达到“协同”的目标。

所以，集成化物流系统的协同管理，就是通过建立“竞争→协作→协调→协同”的协同运行机制，使物流供应链环节中的各成员企业产生和谐关系，形成一个紧密的自组织体系，从而将各成员企业的各种资源、技术、制度要素高效而紧

密地协同起来，使之能够为完成共同的物流服务目标而进行协同运作，消除在物流服务过程中产生的各种壁垒和障碍，实现系统利益最大化，达到协同效应之目的。

集成化物流的协同管理是运用协同论的基本思想和方法，研究集成化物流的协同规律并实施管理。因此，其协同管理的基本内涵集中体现在以下几个方面：

（1）企业间的协同，当今市场经济趋于国际化，地域经济转向全球化，业务控制趋于数字化，消费者需求趋于个性化。为了满足客户和市场的需求，集成化物流服务链上企业之间的协同不仅是一种短期行为，更应该具有长期合作的环境，帮助相关企业提高其服务的创新能力，优化企业内部的工作流程，合理调配企业及物流链上的资源，更好地实现企业间的并行运作，提高企业整体的快速响应能力。这对集成化物流的功能结构提出了明确的要求。它应具有分形、自制的特点，即集成化物流上的一些环节有自己的子物流链，子物流链上的一些环节也有可能有自己的子物流链，从而构成物流链网络。

（2）系统协同进化的思想，集成化物流协同管理强调的是整个系统的协同进化，强调合作、互惠互利和共同发展，强调合作式竞争、优势互补的超系统综合。集成化物流服务链以“群赢”和互利为前提条件，企业不仅要重视核心企业的需求，而且要充分考虑相关企业的需求，协同创造价值，协同创造效益。

（3）系统自组织的思想，通过对影响集成化物流稳定性的控制参量进行管理，使集成化物流企业之间形成非线性相互作用，最终实现自组织，达到集成化物流新的有序状态。

（4）集成化物流协同管理是一个组织化的连续统一体。其演化过程包括三个相变过程：第一个相变过程是协作相变过程，即集成化物流系统成员企业间协作的开始，这是集成化物流系统从非组织化到组织化（集成化物流系统）的演化过程，它意味着集成化物流系统的起源和形成的开始；第二个相变过程是协调相变过程，它是集成化物流系统成员企业间协同关系层次跃升的过程，是由组织程度低向组织程度高的演化过程；第三个相变过程是协同相变过程，它是集成化物流系统成员企业间的组织结构和功能在相同组织层次上由简单到复杂的演化过程。

第三节　集成化物流协同管理的核心范畴

物流作为社会经济活动的重要环节，担负着原材料提供商与产品生产者之间、产品生产者内部各部门之间、生产者与商家之间，以及商家与顾客之间的实物配送服务。而在这个物流过程中，包含着一系列诸如运输、仓储、包装、装卸、流通加工、配送、信息处理等物流作业环节，并连接多个生产企业、运输企业、仓储企业、货代企业、配送企业及消费者。此外，物流系统从采购、生产、分配、销售到消费者不是孤立的行为，而是一环扣一环的，是相互制约、相辅相成的。

同样，由于集成化物流系统所提供的物流服务是“一站式”的高质量物流服务，因此从运作环节来看，其所提供的物流服务是在一个必须经过许多环节、由许多物流企业组成的物流运作渠道中展开的，其中存在着众多的环节与环节、企业与企业之间的各种转换，如从运输工具到仓库的转换，从汽车到火车的转换，从一个企业向另一个企业的转换等，这些转换在现代物流运作中都是不可避免的，也需要耗费大量的物流时间。从辐射范围来看，为了能够覆盖更为广泛的地域，其所提供的物流服务需要由很多不同的物流服务体（节点企业、成员企业）共同来完成物流服务任务，这样做的结果就是将原本是一个完整的物流服务的操作人为地分为若干小块。这种服务方式一方面推动了物流专业化和功能化的进程，但另一方面给物流的整体运作管理带来了冲突。这是因为对一个客户而言，物流服务是作为一个整体出现的，但对集成化物流服务来说，则是由各个成员企业分别提供固定的、不同的物流服务来完成的，因而缺乏整体性，这也就使单个物流服务商有可能为了实现自身利益的最大化，采取不考虑其他物流服务商的运作时间和进程的运作方式。例如，原本一个包裹需要卡车在需求的精确时刻到达，而该物流服务商为了追求自身的规模经济，一般要收集很多货物，等达到它们的运载能力极限时才开始启运，即包裹运输会被延迟，直到卡车装满时才进行，其结果是使个体物流运作很难与整个物流网络的运作计划和步调保持一致。由此可见，一项物流服务能否最终达到客户满意要求，并不是由一个物流环节（如运输、储存、流通加工）所决定的，而是由整个物流供应链上所有相关成员

共同努力的行为所决定的。为此，如何才能确保物流链上各个节点企业间能同时做到“要停则停、要流则流”的物流服务境界，则成为集成化物流系统必须解决的难题。为此，就必须在物流供应链各个节点企业间建立起“利益共享、责任共担”的和谐关系。这是因为：

（1）关系是人类社会普遍存在的一种现象，也是一种社会资源。由于关系渗透于人类生活的方方面面，体现着事物之间的联系，反映着事物的本质，因而也是管理的范畴之一。关系是一种资源，良好的关系能创造出巨大的效益，恶劣的关系将给组织带来很大的损失。所以，在集成化物流系统的协同管理中无视关系的存在，就必然难以有效地调和各利益主体间的矛盾，造成高投入、低收益的局面。

（2）关系是管理对象。它与人、财、物、信息、时间、士气和方法等一起构成了一个有机联系、相互作用的管理对象系统。在这个系统中，关系是其他管理对象发挥作用的前提和结果，它们之间只有在产生了有机联系、形成了密切关系之后，才有可能产生出整体效果。在集成化物流系统中，所有节点企业都是基于共同的目标而组成一个“虚拟组织”，组织成员间是通过信息共享，资金和物质等方面的协调与合作，来优化组织目标，实现整体绩效。因此，在组织成员间建立起“和谐关系”，则必然成为集成化物流系统实施协同管理的首要目标。

（3）关系是动态不拘的。各种事物之间的相互关系、有机联系处于不断的发展变化之中，有些变化是可以控制的，有些则是难以控制的；有些变化是可预测的，有些则是难预测的。集成化物流系统是一个大跨度系统，其本身的运作过程就是一个主动寻优的动态过程，要素之间通过竞争性的互补关系联结在一起，从而实现集成整体功能的倍增和涌现。① 因此，关系的变化是必然存在的，也是动态不拘的，而关系的变化必定会影响系统的协同程度，作用于系统的资源配置，引起系统战略及计划的调整。

（4）协同管理的过程实质上就是形成关系、改善关系和改变关系的过程。世间万事万物只有产生联系、建立关系才能相互作用、彼此影响。协同管理就是调整组织中存在的各种各样的关系，诸如权力关系、资源关系、利益关系、情感关系等，其过程则是化解矛盾与纠纷、理顺关系与平衡、增进理解与信任，目的

---

① 舒辉. 集成化物流——理论与方法［M］. 北京：经济管理出版社，2005：36.

就是在组织中形成统一的思想和行动。

在集成化物流系统的服务运作活动中，关系是普遍存在的、变化的。因此，集成化物流系统的协同管理过程就是在各种纷繁复杂的关系体系中寻找关系、区分关系、把握关系，并以不同的方式去处理不同的关系，特别是解决重要关系，以形成新的关系，并改善、改变系统的整体关系状态，建立起集成化物流系统的关系协同机制。

集成化物流系统的关系协同机制一般可从两个方面来构建：一是以关系终止成本、关系的福利和机会主义行为为基点，围绕关系资本信任与承诺的理性范畴来展开，这是基于理性认识角度的构建思路；二是以沟通和共享的价值观为基点，围绕关系资本的感性范畴来进行，这是基于感性认识角度的构建思路。

所以，在集成化物流系统各成员企业之间构建起“和谐关系”，是集成化物流系统实施协同管理的最高目标，也是集成化物流协同管理的核心范畴。

第四节　集成化物流协同管理的三个基本相

社会的演化是在社会内部涨落与外部边界条件的协同作用下出现系统失衡时所做出的选择。然而，管理实现了社会发展在有序界内的良性循环，是在对人类往昔和现今的生存与发展模式扬弃的基础上，社会发展的主模由无序向有序转换的过程。集成化物流系统作为一个在组织化和有序化上程度更高的人类社会子系统，是一个组织化的连续统一体，其完全能够通过“有意识的管理”这一自组织的更高形式，通过“竞争→协作→协调→协同”的协同运行机制，“自觉地”实现从无序性的结构到有序性的结构，从低层次的有序性结构再到更高层次的有序性结构，从而实现集成化物流系统结构和功能的整体跃迁。从系统成员关系程度演进的角度来看，集成化物流协同管理的发展演化大致可分为三个相变过程（这也是序参量发生突变的过程）。

一、协作相变过程

协作相变过程，即集成化物流系统成员企业间协作的开始。此时的集成化物流系统是从非组织化到组织化（集成化物流系统）的过程演化、从无序状态向

有序状态的演化，它意味着集成化物流系统的起源和形成的开始。

成员企业在形成集成化物流系统前，是一个个独立的经济体，彼此可能毫不相干，也可能是合作伙伴。即便是曾经的合作者，但由于客观上存在唯我利益最大化的追求，相互间在进行产品或服务供需交换时，必然会出现利益差异或冲突，竞争不可避免。但是由于单个成员企业自身资源的局限性，无法从容应对市场机遇，因此，单个成员企业需要借助其他企业的优势资源，迅速实现资源的有效集成。成员企业非常清楚，其利益的最大化是与集成化物流系统整体利益紧密联系的，也就是说，只有集成化物流系统创造出更多的价值，成员企业才能获得更多的利益。因此，刚刚被纳入集成化物流系统的成员企业，为了自身的可持续利益，会寻求相互间的组合搭配，这种协作通过集合各成员企业的资源和能力，使得整体的物流服务效率变得比单个企业所提供的物流服务效率的简单累加更为有效。此阶段是集成化物流系统的初级阶段形式或萌芽阶段形式，成员企业之间的协同称为协作。

其最基本的特征如下：一是各个独立的物流企业为某个特定的物流服务进行组合搭配，它通过集合各个独立物流企业的“价值和能力”，使协作整体的物流服务效率变得比单个企业所提供的物流服务效率的简单累加更为有效；二是其协作还停留在作业层面，主要内容为产品品种、价格以及其他有关订单处理方面的协作；三是系统的管理是针对某项具体的物流服务业务操作，或某项技术运作的支持而展开的管理工作，所以这时系统的管理尚处于某项具体服务业务（运作）协同层次的管理层面。

二、协调相变过程

协调相变过程，是集成化物流系统成员企业间协同关系层次跃升的过程，是由组织程度低向组织程度高的演化过程。

当成员企业转向从全局出发，将集成化物流系统看成一个整体，采取一种“共赢”的原则，使彼此更加亲密、相互信任和团结，以此真正发挥成本优势，占领市场份额，提高整个物流系统的整体价值和能力的时候，集成化物流系统就进入第二个阶段，即协调相变阶段。

这一阶段的集成化物流系统主要是在集合各成员企业资源和能力基本要素的基础上，进一步考虑这些基本要素在时间上、地域上、数量上和质量上的配合，从而尽可能地实现现有资源利用效率的最大化。因此，这一阶段的各成员企业在竞争与协同过程中进行自我调整也是必然的。也就是说，萌芽状态时各企业参与竞争与协同的目的各不相同，并力图将竞争与协同所导致的系统演化的方向朝着符合各自目的的方向发展，但系统整体的竞争和协同往往迫使某些企业改变原先的目的，于是有些企业的目的可能趋于一致。这就好比有许多人在一个有限的舞池中跳舞，也没有人指挥大家怎样跳舞，一开始舞池中的次序肯定是混乱的，大家会你碰我、我碰你。然而，在跳舞的过程中有些舞对就会发现，只要与他们旁边一对舞伴跳舞的方向一致，就不会发生碰撞。这种行为很快就会像滚雪球一样逐渐扩大，于是，舞池中的秩序逐渐形成，大家都按某一方向绕舞池的中心旋转。当然，也会有个别舞对反方向跳舞，但是他们很快就会发现逆潮流的问题，而不得不改正过来。这也正如大江东去中的水分子一样，一方面存在着热运动，另一方面融汇在东去的大潮流之中，即融合在“序参量”支配下的总的运动模式之中。这种舞池向左或向右的旋转模式的形成，就是支配全体跳舞者的跳舞序参量，而这一通过跳舞者自发行为的相互作用形成的序参量，一旦形成就反过来支配了跳舞者的行为。也就是说，跳舞者不得不伺服着自己在跳舞中自发形成的跳舞模式，遵循着这个自己在跳舞运动中通过子系统相互作用制定的并且是逐渐形成的规则。规则一旦形成，就要求所有参加跳舞的舞对遵循这样的规则。在各成员企业的通力合作下，集成化物流系统的价值和能力逐渐建立。这种价值和能力不是由采购、生产、分销、销售构成的分离的、单一的价值和能力，而是建立在高度配合的基础上，整合人、财、物、技术、信息等各项资源，协调研发、生产、营销等全部过程，为最终顾客提供增值服务的价值和能力。集成化物流系统“价值和能力”这两类序参量一旦建立，各成员企业就开始伺服于序参量指示的新的演化方向和途径，好像能够互相识别和遥相呼应似地同时按某种方式行动，参加到协调的集体运动中来。此阶段集成化物流系统中成员企业之间的配合称为协调，其协调的主要内容为运输能力、库存水平、供货提前期以及送货时间等。

其最基本的特征如下：一是此时的集成化物流系统已经开始按照一定的规则与契约协调运作，其系统成员企业间的关系也由协作关系演进为协调关系，其协同程度也由于通过这次相变的跃升得以提升到一个更新的高度；二是集成化物流系统的管理开始在集合各成员企业“价值和能力”这两类基本要素的基础上，进一步考虑这些基本要素在时间上、地域上、数量上和质量上的配合，从而尽可

能地实现现有资源利用效率的最大化；三是强调集成化物流系统的一切经营活动都要连接、联合、调和所有活动及力量，并和谐地配合，以便于系统的经营活动能按照预定目标顺利进行，并且确保系统能提供客户满意的服务。这时的系统管理已进入策略协同层面的管理阶段。

三、协同相变过程

协同相变过程，是集成化物流系统成员企业间的组织结构和功能在相同组织层次上由简单到复杂的演化过程。

进入协同管理阶段的集成化物流系统，其系统成员企业间的关系也由协调关系演进为协同关系，这意味着形成了新的有序结构，从而相应地产生了新的“游戏规则”，各成员企业在新的“游戏规则”约束下，决定着自己的行为方式。此时的集成化物流系统不仅注重系统内部自身资源优势，而且关注系统与环境变化的关系；不仅重视系统内部资源的优化配置和合理利用，而且十分重视系统外部资源的充分利用，重视把系统内外部资源结合起来纳入系统的协同范畴；强调通过创造一定的创新、文化氛围，统一系统的战略价值观，使系统的“自组织”能力和竞争能力得到不断的提升。由此可见，此时的系统管理十分注重利用相连的要素和环境条件，造就系统的整体趋势和“自组织”结构，从而形成系统性质的飞跃变化，实现系统整体功能的倍增和涌现。此时，各成员企业能够随着集成化物流系统的某个目标或者某项事务而被灵活地组织起来，为这个目标或事务“各司其能”并发挥最大的价值。换言之，各成员企业能够随集成化物流系统的内外部需要而及时地响应，并突破各种障碍实现一致性协同。这表明系统管理进入了全面性战略协同的管理状态。

第五节 集成化物流协同管理的主要内容

集成化物流协同管理主要针对集成化物流企业之间复杂的协同竞争关系进行管理，其主要内容包括以下几方面：

（1）物流观念的协同管理。在集成化物流中，各企业都有各自的企业目标，但是对于整个系统来说，只有一个目标，即如何为客户提供个性化的、优质的、可持续发展的物流服务。各个物流企业都必须将企业目标与系统运行目标相匹配。因此，物流观念的协同是集成化物流协同的基础，也是集成化协同管理的首要问题。

（2）物流信息的协同管理。物流信息的高度共享对物流系统来说并不一定是件好事，原因有两点：一是这有可能导致泄露成员企业的相关商业机密；二是物流系统的各成员企业在系统中的地位与功能是存在层次性的，这也就决定着其需要的信息也是具有层次性的。对物流信息的协同管理意味着为了使系统的各子系统或要素能更好地产生协同并使系统发挥整体功能，授权成员企业可以方便地查到其所需要的相关信息以支持其事务的处理，并能利用信息创造新的价值。

（3）物流资源的协同管理。集成化物流的运转基础是物流资源，没有一定的物流资源，如基础物流设施、物流设备，集成化物流的运转也就无从谈起。但是如何有效地利用这些资源，将分散在集成化物流各个企业内的资源进行整合，实现物流资源的协同运行，就必须对物流资源进行协同管理。

（4）物流技术的协同管理。物流资源的高效使用常常离不开现代物流技术的支撑，各个企业现有的物流技术五花八门，不同企业之间对物流技术的使用也存在很大的差距，企业间物流技术的协调和利用直接关系到物流资源的高效使用，因此有必要对物流技术进行协同管理。

（5）物流流程的协同管理。在多样化的今天，客户需求的个性化十分突出，集成化物流服务的流程不是一成不变的，常常需要根据客户的需求进行调整，而集成化物流可以使用的物流资源总是有限的，因此如何在保证客户需求的基础上，对物流流程进行有效的协同管理，成为集成化物流协同管理的重要内容。

（6）物流制度的协同管理。集成化物流系统作为一个自组织系统，其形成与运作模式可在无外部特定干预的情况下，实现自我创生、自我生长、自我适应和自我更新。这是因为为了实现系统的协同运作，系统中的各成员企业共同制定了“游戏规则”。而这个统一的规则对集成化物流系统来说，既是行政管理的手段、加盟准入的门槛，以及交流与沟通的平台，也是在一个品牌基础之上，确保整个系统在管理上程序化、服务上标准化、业务上规范化的基石。

鉴于集成化物流运作过程的复杂性及服务范围的广泛性，其管理必将是一种跨边界的活动，是一个资源优化配置的过程，目标是把集成化物流系统中价值链形成过程的各要素组织成一个紧密的自组织体系，共同实现统一的目标，使系统

利益达到最大化。因此，集成化物流的管理模式必须是协同管理模式，只有实施协同管理，才能真正地做到将集成化物流系统中的各成员企业紧密地联接起来，形成一个“无缝化”的网络，以更好地协同各成员企业间的运作步调。但同时必须认识到，集成化物流要实现协同管理，就必须通过“有意识的管理”这一自组织的高级形式，通过“竞争→协作→协调→协同”的协同运行机制，“自觉地”实现从无序性的结构到有序性的结构，从低层次的有序性结构再到更高层次的有序性结构，从而实现集成化物流系统结构和功能的整体跃迁。

本章小结

集成化物流是指专门提供社会化物流服务的集成化物流供应链组织，是一个将物流服务链上的所有节点企业作为一个整体，通过一定的制度安排，借助于现代信息技术和管理技术的支持，为提供集成化的物流服务而组成的集成化供应链管理体系。与传统物流系统相比，其具有物流服务集成化、物流服务运作流程无缝化、物流服务组织网络化等特点。集成化物流服务商是集成化物流的牵头者，必须以智能型为主，并具备七方面的能力。根据各成员企业在集成化物流系统中所发挥作用的不同，成员间的结构关系分为核心层成员、紧密层成员和非紧密层成员三个层次。流程集成化物流组织、虚拟集成化物流组织、加盟连锁型集成化物流组织是最为常见的三种集成化物流组织结构形式。

集成化物流系统的管理实质上是跨企业的协同管理，是通过建立“竞争→协作→协调→协同”的协同运行机制，使物流供应链环节中的各成员企业产生和谐关系，形成一个紧密的自组织体系，从而将各成员企业的各种资源、技术、制度要素高效而紧密地协同起来，为完成共同的物流服务目标而进行协同运作。企业间协同、系统协同进化思想、系统自组织思想及组织化连续统一体是集成化物流协同管理基本内涵的集中体现。

在成员企业间构建起“和谐关系”是集成化物流协同管理的核心范畴。形成关系、改善关系和改变关系是协同管理的本质。集成化物流关系协同机制的构建可从两方面展开：一个是基于理性认识角度的思路，即以关系终止成本、关系的福利和机会主义行为为基点，围绕关系资本信任与承诺的理性范畴的构建思路；另一个是基于感性认识角度的思路，即以沟通和共享的价值观为基点，围绕关系资本的感性范畴的构建思路。

从成员关系程度演进的角度分析，集成化物流协同管理的发展演化大致需要经历“协作→协调→协同”三个相变过程，各个相变过程具有各不相同的显著特点。物流观念、物流信息、物流资源、物流技术、物流流程、物流制度等方面的协同管理是集成化物流协同管理的主要内容。

第三章　集成化物流的协同机理分析

集成化物流无非是资源的整合和信息的共享。而其思想的精髓在于聚合优势、协同放大，集成化本身就是一个主动寻优的动态过程，要素之间通过竞争性的互补关系联结在一起，从而实现集成整体功能的倍增和涌现。作为一个复杂的开放系统，集成化物流中的各成员企业之间不是简单的线性关系，而是相互影响、相互制约的非线性关系。因此，集成化物流的协同演化方向不是一成不变的，而是有多种可能的结局。

第一节　协同学理论用于集成化物流研究的适用性分析

协同学是德国著名理论物理学家哈肯教授首先提出来的一门系统科学理论，是研究由大量子系统组成的系统在什么样的条件下产生相变以及相变的规律和特征的一门综合性科学。其应用范围十分广泛，一切开放系统，无论是宇观系统还是宏观系统，或是微观系统，无论是自然系统还是社会系统，由于内部子系统之间的非线性作用，都可以在一定的条件下呈现出非平衡的有序结构，都可以应用协同学。其中相互作用最为明显、也最有决定性作用的那些结构复杂、因素众多的系统是协同学的主要研究对象。集成化物流系统作为一种人造物流系统同样具备以上特征，因而协同学理论应用于集成化物流系统的研究具有可行性。

根据集成化物流的定义、内涵、特点的规范性界定，我们可以认为，集成化物流系统从本质上来看，它是由物流中心、运输企业、制造商、零售商及用户等实体组成的供需网络，是跨越企业中多个职能部门活动的集合，它包括订单的发送和获取、原材料的获得、产品的制造、产品的运输储存及最终用户整个过程。由此可见，集成化物流实质上是由许多具有地理上的分散性、职权上的自主性和管理上的自治性的企业，通过合作与竞争、自主与联合并存，形成的由各实体构成的复杂、动态的网络。这就决定了集成化物流本身具有相当的复杂性，这主要体现在以下几方面：

（1）集成化物流系统实体的复杂性。集成化物流系统实体的复杂性表现为其组成实体的分散性、实体差异性及规模的巨量性。同时，集成化物流系统是由多个企业构成的，这些企业本身包含众多组成成分，尤其是其中包含大量的人员来运作企业，从人的行为复杂性角度以及复杂巨系统的特点来看，也可以说它是一个巨系统。

（2）集成化物流系统结构的复杂性。这表现在两方面：一是集成化物流系统实体关系的复杂性；二是集成化物流系统网络形态的复杂性。物流系统的结构从实体相互关系的角度分为两种形式：一种是紧密型，这种物流系统的各实体之间关系紧密，由一个集中控制的集团总部协调整个物流系统的运转，公司制物流系统有明确的系统边界，而且系统边界较小。另一种是动态联盟型，这种物流系统的系统边界模糊，而且系统边界较大，系统成员间大多不存在很明确的控制与被控制关系，而是一种松散的合作关系。一般来讲，物流系统呈现复杂的网状结构，具体讲有链状、树状、双向树状和星状等结构。对于集成化物流系统而言，其实际的物流运作网络经常呈现上述结构复合的形态。

（3）集成化物流系统环节之间交互作用的复杂性。集成化物流系统中的子系统之间存在复杂的信息流、物流和资金流的交互作用，存在竞争、协同的关系。集成化物流系统的运行对象遍及全社会的物质资源，资源的大量化和多样化带来集成化物流系统的复杂性。大量的人力、物力和财力资源的组织与合理利用是一个非常复杂的问题。在物流活动中，始终贯穿着大量的物流信息，如何把大量的信息收集好、处理好并为物流活动服务，是一个非常复杂的问题。

由此可见，集成化物流系统是物流企业适应市场变化和客户多样化需求而自发形成的复杂系统，运用协同学理论来研究集成化物流系统具备适用性。

第二节 集成化物流的协同学分析

协同学认为，系统、子系统与外部环境相互之间存在着物质、能量、信息的交换和协同合作关系，其演化过程可以用非线性不稳定性加以描述，是一个组织从无序到有序、再从低级有序到高级有序的连续的协同演化过程。而其演化规律则是通过支配原理找出系统的主导变量——序参量，通过调整控制参量产生涨落来影响序参量，使其主导系统按自组织的协同演化规律和原理演化发展。任何一个系统一旦形成自组织就具有了一定的自组织协同演化规律和原理，必然受到这种演化规律和原理的制约与支配。集成化物流作为一个自组织也必然受到协同演化规律的制约与支配。

一、集成化物流的自组织属性

集成化物流作为社会经济范畴的一个开放型系统，除具有与一般自组织系统相同的开放性、“竞协”性、层次性、非线性和随机性等一般性特征外，还具有作为物流系统自身独有的自组织特性。

1. 集成化物流系统的自组织一般特征

集成化物流作为一个系统，具有以下五个特征：

（1）开放性。开放性是自组织的必要条件。协同学认为，系统只有通过与外界进行物质、能量和信息交换，使外界输入的负熵流大于其内部产生的熵流，并导致系统的总熵减少，才有可能形成组织程度高的有序结构。集成化物流系统无时无刻不在与外界进行物质、能量和信息交换，并形成正负熵流。因此，集成化物流系统具有开放性的特征。

（2）“竞协”性。自组织的过程充满着竞争与协同。竞争是指系统中各主体要素之间相互作用、相互排斥的关系；协同是指系统中各主体要素之间相互依存、相互支持的关系。自组织是系统中各主体要素“竞协”作用的结果，这是自组织的基本规律之一。“竞协”关系导致的最终结果是“双赢”（Win－Win）。由于集成化物流系统的有限性和局限性，集成化物流系统的各主体要素之间、主体要素和结构之间、结构和功能之间、功能和外部环境之间等都是一组对立统一的关系，具有“竞协”的两面性。

（3）层次性。任何复杂的系统都是有一定层次的，层次与层次之间相互联系又相互区别。区别不只是量的区别，更主要的是质的区别；联系也不是简单的汇总或计算关系，而是一种动态的网络状联系。各层次系统的相互作用形成高层次的各种大系统或超系统，而多层次系统的作用与共存，则按照等级组成更高层次的系统总体。集成化物流系统是由战略层、策略层、作业层和技术层四个层次构成的系统，具有自组织的层次性特征。

（4）非线性。非线性是指相互作用的不对等性、非均匀性和非对称性。由于非线性相互作用具有相干效应，因而系统中诸要素的相互作用可以使过程的结果反过来作用于过程的原因和过程本身，这就是反馈作用。非线性相互作用是形成系统有序结构的内在根据，它在自组织中主要发挥正反馈和负反馈两种效应。负反馈产生协同效应，它使主体要素丧失独立性，使它们相互制约、协调同步，又使系统与环境协调同步，从而显示出一种整体效应。正反馈产生振荡，它能放大某种作用，同样也能放大某种涨落，使涨落力大于系统保持稳态的惯性力。非线性的相互作用在主体要素或序参量之间表现为支配其他参量、同化其他参量的循环反馈过程。正是由于这种不断循环的正负反馈作用，系统才得以不断更新。从集成化物流系统内部各诸要素之间、要素和结构之间、结构和功能之间、功能和外部环境之间等的关联关系来看，它们之间是一种非线性关系，并且相互作用，产生正负反馈效应，引导集成化物流系统的使用效率不断提升或下降。因此，集成化物流系统符合自组织的非线性特征。

（5）随机性。非线性正反馈能够迅速放大微弱的偏差或偶然涨落，使系统具有多种形态，使系统进化结果具有多样性和随机选择性，即系统自组织可能走向自组织更高级的有序状态，也可能退回无序混沌的状态。集成化物流系统的形成和破裂正是自组织随机性的例证。因此，集成化物流系统具有自组织随机性的特征。

2. 集成化物流系统自组织的独特特征

集成化物流系统作为社会经济范畴的一个开放型系统，其具有的独有特征主要体现在以下几方面：

（1）主观能动性。集成化物流发生的涨落不能看成是处于人的控制范围之外的纯“随机现象”，而是具有高度能动性和自觉性，不仅能对环境的变迁做出

积极的反应，而且其行为要受到物流产业运行规则的支配。从集成化物流的构成看，它包含功能型物流企业、第三方物流企业、物流设备供应商、物流信息系统供应商、物流咨询公司等企业，且同类企业通常不止一个，而每个企业内部又包含了众多部门、环节，尤其是其中包含大量的人员来运营企业，彼此相互关联的上下游企业借助于整合了的物流系统，实现将产品的包装、运输、仓储、装卸以及由此所发生的信息管理与信息传递的所有过程整合为一体化运作过程。在集成化物流中，所有企业既对内有交互作用，又与外界环境有相互作用，特别是由于市场需求的变化，下游物流企业受到上游物流企业进度的影响，物流服务集成商也时刻与客户发生交互作用，响应客户的个性化需求，体现出一种会随着环境的变化而不断改善、协同进化的态势。当一个小的“涨落”出现时，就可能引起集成化物流管理模式的改变，而大的“涨落”或许会引起一场集成化物流的管理变革。由于集成化物流具有随着环境的变化改变自己的组成实体、运作模式以及相关服务的特性，所以认知集成化物流自组织的主观能动性，将有助于我们更好地运用和遵循协同演化的规律与原理，做好对集成化物流的协同管理。

（2）自组织程度自我决定性，即集成化物流服务商（物流服务牵头者）的主观能动意识决定集成化物流系统的自组织程度。集成化物流系统的自组织程度取决于具有主观能动意识的人，特别是集成化物流服务商（物流服务牵头者）。集成化物流系统中的“竞协”关系是以人为中心而展开的。人是整个集成化物流系统活动的决定者和被决定者、组织者和被组织者。集成化物流系统的序参量和控制参量都与人有关，都可以表现为人的行为方式。这就意味着，属于社会系统的集成化物流系统不会像自然系统那样，其运作过程只能被动地取决于控制参量的自由组合而形成的“阈值”或“随机”的涨落，集成化物流系统的运作过程取决于具有主观能动意识的人的默契合作下的“阈值”和“涨落”，从而能动地影响集成化物流系统的自组织程度和相应的有序状态。

（3）集成化物流系统具有对环境“适应”和“选择”的能动性。集成化物流系统中充满了人及人的活动。系统中各要素的相互作用既不具有“可叠加性”——总体效应只是部分效应的简单相加，也不具有“均匀性”——在不同的条件下，同一作用的效果一致，更不具有“对称性”——人与人的相互作用大小相等。在集成化物流系统中，人可以运用自身的智慧，通过改变环境或改变自身的行为来增强对环境的适应能力。正是这种“改变”的能力扩大了“适应”

的范围，反过来，“适应”又促进了“改变”的深度。集成化物流系统中的这种“改变”和“适应”充满了非线性正负反馈的作用，这种作用使一些不利的因素被衰减、抑制或同化，而一些有利因素得以增强、放大和发展。人改变环境或者改变自身的行为本身就意味着创新，但这种创新与自然界的自我更新不同，它带有价值的衡量和判断，因而本质上是一种自觉或自发的选择行为。集成化物流系统运作过程对环境的这种具有能动性的“适应”和“选择”，推动集成化物流系统不断创新，真正实现适应环境变迁的动态协同运作。

综上所述，集成化物流系统是一种自组织，除具备一般自组织的开放性、“竞协”性、层次性、非线性、随机性等一般特征外，也具备作为社会经济范畴的一个开放型系统应有的主观性、能动性、适应性和选择性等自组织特性。因此，协同演化模型适用于集成化物流系统的演化过程分析。

二、集成化物流的协同学描述

在以互联互通为新特征的全球经济时代，物流产业的竞争已经不再是单个企业间的竞争，而是由多个相关的物流企业主体所结成的供应链系统间的竞争。集成化物流作为一个由多个相互关联的独立或半独立经济实体基于优势互补所形成的网络体系，通过对各个经济实体的个体行为进行协同规划，从而实现对一个或多个物流服务主体提供一体化物流服务。因此，在集成化物流系统中，每一个经济实体都处于一个由自己和其他经济实体相互作用而形成的系统环境中。

根据系统学理论，在任何一个系统中，系统成员之间都存在着两种相互作用，即正相互作用和负相互作用。物流系统也不例外，它的发展进化主要表现为系统内企业之间正相互作用的不断增加和负相互作用的不断减少，从而能够缓和系统内企业生存和发展的压力。集成化物流系统正是由企业主体之间经过长期适应和相互作用逐步发展而形成的，它们能够在适应环境的过程中不断调整自身的结构，协同各自的行为准则，从而实现整体效益的倍增。

（一）自组织的过程

组织化方式可以分为自组织和他组织两种，自组织是无外界特定干预的自演化；他组织（也称为被组织）是在外界特定干预下的演化，其实质性概念是“外界特定干预”。集成化物流系统在其演化初期需要经过各种程序，外界特定干预是十分明显的，具有明显的他组织性。而在其演化后期，集成化物流系统可在没有“外界特定干预”的条件下，在其系统要素“人”的主观能动作用下，围绕物流服务自发地形成一个价值网链系统，并不断地向更高级的有序形态演化，这时集成化物流系统就具有自组织性。

集成化物流系统自身的协同演化需要协调各个要素和各个层次。虽然整个自组织模式是各主体要素相互作用选择的模式，或者说集成化物流系统应该是协同工作的，但对于具有独立经济利益的每一个主体要素而言，并不意味着都是协同的模式。因而在整个集成化物流系统运作过程中，存在着自组织和他组织的协调与相互作用，这就是集成化物流系统的他组织性。

集成化物流的这种自组织演化的内在动力是物流系统中主体要素（企业主体）之间协同与竞争的相互作用的结果：企业主体之间的竞争会促使系统趋于非平衡，并有助于系统内部创新行为的产生，而协同则有助于使系统趋于稳定和有序。协同与竞争这两种力量总是同时存在的，只不过不同时期二者的力量对比不同而已。在集成化物流中，企业主动避开你死我活的争斗，寻找自己在系统中的独特位置，不仅有利于自身的生存和发展，还有利于整个系统的自组织演化。对于集成化物流系统及其主体要素而言，需要通过认识并遵循“自组织”的这个规律，以“他组织”方式逐步对其进行动态调节，使集成化物流系统能够自组织地朝着优化配置的方向发展。可见，集成化物流系统整体具有自组织性，局部具有他组织性。

（二）以自组织涨落为动力

涨落是集成化物流系统具有把物质、能量和信息转化为维持自身存在、谋求自我发展的自组织能力的体现。自组织作为一种行为，其任务是扶持、放大良性涨落或抑制、衰减恶性涨落。集成化物流系统运作过程是一个自组织过程，即一个与外界发生物质、能量和信息交换的开放性过程。在运作过程中，集成化物流系统与外界的交换并不是简单的输入和输出，而是集成化物流系统从外界环境中吸收优化的外部资源。这种与外部交换的行为会引起集成化物流系统的涨落。在集成化物流系统中“人”这一要素的主观能动作用下，通过自组织行为扶持、放大良性涨落或抑制、衰减恶性涨落，促使系统不断自觉创新，并不断向新的有序结构发展。新的有序结构相应地产生新的“游戏规则”，集成化物流系统各主体要素在相同的“游戏规则”约束下决定自己的行为模式，但其行为必须与集成化物流系统的运作目标相适应，当发生冲突时，现有的有序性将会被打破，出现局部非线性失稳的现象。在系统的自组织"双赢"原则的作用下，良性涨落会发生消化作用，使集成化物流系统向着下一个有序方向演进。

新的有序只是一个时点，系统始终处在非平衡的有序状态中，"涨落"现象总是会发生。正是由于集成化物流系统有不断的"涨落"出现，系统有不断的"序参量"产生，因而集成化物流系统才能在运作过程中得以不断创新，才不至于在一个永恒的有序中消亡。

由此可见，集成化物流的自组织是由随机性"涨落"诱导产生的，并以自组织涨落为动力。涨落使系统偏离其历史演化的平均状态，系统中各组成部分为了适应这种奇异、不确定事件的发生，需要自动协调相互之间的行为，从而形成一种稳定有序的结构，即"通过涨落达到有序"。

（三）以序参量为决定因素

序参量是指那些在系统从无序向有序转化的临界区域中衰减较慢或几乎不衰减的参量（称为慢弛豫参量，可以是一个，也可以是多个），它（它们）主宰系统最终结构和功能的模式。

1. 序参量是集成化物流系统协同演化过程中发生相变的决定因素

在集成化物流协同演化过程中，各要素的相互作用和外部环境的变化都会导致集成化物流系统序参量的产生，并由序参量主导系统不断地向新的有序状态跃进。协同学把系统从无序到有序或者从有序到无序的动态过程称为"相变"，决定系统相变的因素称为序参量。系统在相变点（相变临界值）处的内部变量分为快弛豫变量和慢弛豫变量两类，慢弛豫变量是决定系统相变进程的根本变量，即系统的序参量，它的数量较少，衰减变化较慢；快弛豫变量数目相对较多，衰减变化较快，它服从于慢弛豫变量，对系统的结构、功能变化不起主导作用。慢弛豫变量主宰着整个系统演变的方向，它扮演着两种角色：一是支配其主体要素，二是为各要素所支持。系统由无序走向有序的关键在于系统内部序参量之间的协同作用，它们左右着系统相变的规律与原理。

这个过程就是序参量的形成过程。在这个过程中，有些影响因素越来越明显地主导着整个系统演变的方向，而有些因素的作用则随着时间的推移逐渐淡化。起主导作用的因素就是集成化物流系统的序参量，其他因素则是集成化物流系统的控制参量，二者都是集成化物流系统演化和发展的影响因素。因此，在集成化物流系统演化和发展过程中形成的序参量是系统演化和发展的主宰力量，但可以通过调整控制变量对其能动地施加影响。

2. 序参量通过涨落实现对集成化物流系统相变的主导作用

序参量的大小可以用来标识系统有序的程度。各要素的相互作用和环境条件变化都可能造成全新的序参量或序参量系统。当系统动态变化达到临界点时，序参量增长到最大，此时出现了一种新的宏观有序的有组织的结构。系统自发地偏离某一平衡态（点）的现象称为涨落，涨落对系统的重要作用在于：在控制参量的适当导向下，局域性的涨落在非线性正负反馈的作用下会产生放大效应，它的行为将影响序参量支配原系统的一部分或全部行为，使其向新的有序结构发展。由于涨落的特殊作用，它被当作系统更新的根据或源泉。这就是说，系统的创新转换实际上是通过系统对涨落的调节控制来实现的，即通过涨落达到有序或高级有序。

影响序参量主导作用的因素或条件分为良性和非良性两种，即控制参量可分为良性控制参量和非良性控制参量两种。当良性的因素或条件（良性控制参量）作用加强时，序参量就会支配集成化物流系统及其要素朝正向发展并产生协同效应，使集成化物流系统整体处于有序状态或向有序状态发展；反之，当非良性的因素或条件（非良性控制参量）作用加强时，序参量则会使集成化物流系统及其要素出现内部关系不协调、结构不合理、自组织水平低、整体功能差等现象，使集成化物流系统处于混乱无序的状态甚至倒退发展。如果集成化物流系统长期处于无序状态，则必然会导致整个集成化物流的巨大浪费，甚至影响国民经济这个大系统的发展。

3. 集成化物流系统的协同演化存在着多个序参量的共同作用

协同学认为，系统可能受到多个序参量的共同控制。这一思想帮助我们更深入地理解集成化物流系统中的序参量。在当前的经济政治环境下，影响集成化物流系统的关键因素可能不止一个，而是多个，并且是分层次的，它们共同构成集成化物流系统的序参量体系，从而对集成化物流系统的协同运作共同起着“支配”作用。这些序参量的相互作用也是一种“竞协”关系，存在三种表现形式：一是互不干扰，各行其是；二是一方支配另一方，同化对方；三是双方“协商”，按“约定”的方式相互适应。在现实社会中，第一种是理想化的，而第二种和第三种往往是互补的，集成化物流系统就是第二种和第三种互补的形式。

（四）以相变为协同演化进程的标志

协同学中把构成系统的各个要素之间所具有的不同状态之间的转变称为相变。其中系统所处的状态是相（Phase）。当系统相变突然发生时，就产生突变，这是一种临界现象，也是普遍存在的现象。

从协同学的角度看，自组织概念作为一种组织有序演化过程的概念抽象，包含着三个相变点：

1. 独立组织到他组织的相变

这次相变是组织的起源阶段，标志着组织从混乱到有序、从非组织状态到组织状态，需要研究的是组织的起点和临界问题。对集成化物流系统而言，这意味着系统成员企业间协作的开始，此时集成化物流系统的各成员企业由原来的独立组织向他组织（接受集成化物流服务商的领导或指导）演化、从无序状态向有序状态演化，这意味着集成化物流系统的起源和形成的开始。

2. 他组织到自组织的相变

这次相变是一个组织层次得以提升的过程，是由组织程度低向组织程度高的自组织过程演化的起点，主要是指系统在临界点附近通过涨落发生突变产生耗散结构，这种新结构、新功能涌现的行为常称为自组织行为。对集成化物流系统而言，这标志着集成化物流系统成员企业之间的合作关系层次出现了跃升，由他组织向着自组织演化，即开始出现按照一定的规则与契约协调运作的局面，其系统成员企业间的关系也由协作关系演进为协调关系，其协同程度由于这次相变的跃升得以提升到一个更高的程度。

3. 自组织到高阶自组织的相变

这次相变是在相同组织层次上由简单到复杂的演化过程，标志着组织结构与功能在相同组织层次上从简单到复杂的质量增长。对集成化物流系统而言，这标志着集成化物流系统成员企业之间的合作关系由协调关系演进为协同关系，意味着新的有序结构形成，新的“游戏规则”产生，从而导致系统性质的飞跃性变化，各成员企业在“游戏规则”约束下自主决定着自己的行为方式，自觉实施实现系统整体功能倍增和涌现的协同行动。

（五）集成化物流本质上是一个非线性系统

在集成化物流的协同演化过程中，几乎每一个环节都是非线性的关系。系统内部的各成员企业都具有不同的经济利益，它们将从“经济人”视角出发来追

求自身利益的最大化，因此它们在系统内的竞争是不可避免的，主要表现为对系统内利益分配的争夺和对领导地位的争夺。同时，由于自身在资源和能力等方面的局限性，它们之间在某些领域又存在着紧密的合作关系，这样必然会导致它们彼此之间的沟通和协调，而它们沟通和协调的方式又会因企业自身目标和环境的变迁而处于不断的适应与调整过程之中。集成化物流是边界模糊并具有松散结构的系统。系统内的企业主体之间以及它们与外部环境之间存在着复杂的正反馈、负反馈和正负反馈复合的非线性作用，从而使系统能够产生稳定平衡的、周期的和不稳定发散的动态行为以及混沌行为。系统的整体行为往往由多个正负反馈过程复合而成，既不是简单的正反馈结果，也不是简单的负反馈结果。正负反馈的共同作用常常使系统行为具有不确定性，提供给人们一些“伪信息”，从而增加对系统进行预测的难度。

综上所述，集成化物流系统的演化是一个协同演化的过程，其局部过程仍然存在着自组织和他组织相互并存、相互转化和相互作用的现象。这种现象是集成化物流系统协同演化过程中正常的、常见的、局部的现象。集成化物流系统既有社会系统的自组织共性，也有其独特的个性，是一个既有自组织因素又有他组织因素的组织，在形成组织的过程中，他组织方式多于自组织方式。但这并不能说明系统没有自组织性和自适应性，也不能说明他组织是不合理的、无法通过自组织方式达到其优化的目的。协调或消灭这种行为和现象是集成化物流系统协同的主要内容。

三、集成化物流中的协同与竞争

在集成化物流系统中，各企业主体之间的联系广泛而密切，构成了一个网络，因此每个企业主体的变化都会受到其他单元变化的影响，并会引起其他企业的变化。从现代系统科学的角度看，这种价值链系统的变化正在呈现出两种趋势：一是系统内部实体的多样性与差异性明显增加；二是由于协同与竞争关系的同时存在，使实体间相互作用的非线性化程度大大增强，以致系统呈现出复杂性特征。

1. 集成化物流系统中的协同与竞争关系

在集成化物流系统中，企业之间一方面出于相互冲突的利益而进行竞争，另一方面出于共同利益而采取友好的态度进行协调与合作。协同与竞争这两种在逻辑上完全相反的机制的并存与相互作用，导致企业之间的关系呈现出多样性与复杂性，并使集成化物流的演化表现出非线性、动态性和自组织性等复杂特性。

在现实世界中，企业之间的协同机制主要产生于价值创造阶段，即投入阶段，而不涉及对共同利益的分配问题。企业之间以价值创造为基础的协同机制往往是动态的，主要体现为企业主体和公共目标都会随着时间而不断变化。协同机制的产生主要源于企业主体之间以公共目标为基础的协同与共享。具体来讲，这种协同与共享涉及的领域主要有资源共享、信息的有效传播与共享、行为的协同与一致。

其中，资源共享是建立在资源的相似性或互补性的基础之上的，主要包括实体性的物质和金融资源，以及非实体性的技术、人力资源、管理技巧、企业形象和声望等，资源共享是企业之间协同机制最集中的表现。信息的有效传播与共享是建立在信息网络技术飞速发展的基础之上的，它是企业之间进行沟通与交流的基本途径，它能够将一些空间上相互分散的企业、部门或组织以公共目标为基础组合在一起，并促使这些企业或部门为了公共目标进行统一决策和协同行动，从而创造更多的商业机会。企业行为是企业在生存和发展过程中各种具体的价值创造活动，行为的共享主要涉及行为的统一性和协同性两个方面。统一性是指企业之间为了达到某个公共目标而投入相应的人力、物力资源来共同行动，是以具体任务为单位的横向协同模式；协同性主要是指相关企业为了整体目标的最大化而就行动的不同阶段予以协同，是一种纵向协同模式。行为共享是相关企业结成稳定有序结构并最大限度地减少摩擦和提高效率的根本保证。

企业之间出于整体利益最大化而采取的协同机制所导致的最直接结果是协同价值创造活动的产出，即协同收益。根据企业之间协同收益的特点，可将其分为两大类，即竞争性的和非竞争性的。其中，竞争性的协同收益是指联合价值创造活动中的这类结果或产出对所有的企业主体都有价值，如利润、市场份额等；非竞争性的协同收益是指联合价值创造活动中的这类结果仅对所有主体中的一部分有价值，如企业的吸收学习能力、灵感、声誉等。作为独立的经济主体，在集成化物流中企业之间的竞争将主要针对竞争性协同收益的分配问题而展开。因此，在集成化物流中，竞争性协同收益与非竞争性协同收益的对比关系将决定系统内生稳定性的大小，且竞争性协同收益的分配机制将对系统的整体运行效率和稳定性产生重要影响。

2. 集成化物流协同与竞争之间的动态平衡①

协同与竞争机制之间的动态平衡模式主要取决于系统公共目标和企业主体自身目标之间的平衡（见图3－1）。其中，公共目标是企业主体之间进行协同的基础，是企业之间长远和公共利益的支点，它的作用是引导相关企业主体以长期或短期、契约式或股权式、水平式或垂直式、相关或非相关、松弛或紧密等多种方式，在资源、形象、行动与信息等领域进行协作与共享，在价值创造的相关环节上进行交流与合作；企业主体自身目标是企业主体之间进行竞争的基础，这种竞争与价值的实现过程紧密相关，它的作用是引导企业主体就关键资源、技术、利润和市场份额等领域展开激烈争夺，以实现自身利益的最大化。公共目标和企业主体自身目标之间的对比，决定着系统中协同与竞争两种机制的作用强度。当公共目标所带来的收益大于企业主体自身目标的收益时，系统中的协同作用就会大于竞争作用；反之，竞争作用就会在系统中起主要作用。企业协同竞争系统的发展演化，取决于协同与竞争这两种机制之间的动态平衡。

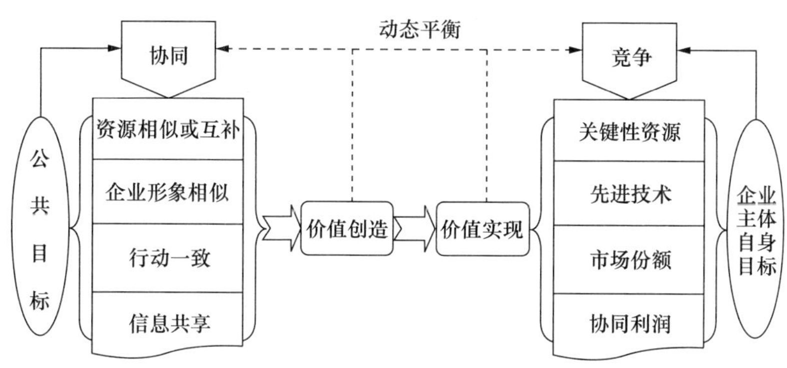

图3－1　协同与竞争之间的动态平衡模式

在集成化物流中，协同并不是对竞争的替代或妥协，单纯对协同或竞争的强调并不能引导系统走向成功。由于外部环境和系统中成员实力的动态变化，系统将按照“协同—竞争”双螺旋式动态发展的轨迹变化，在此过程中系统的和谐与不和谐都是常态，不和谐或彼此的分歧有利于企业对相互间的协同竞争关系进

① 钟杰. 集成化物流协同管理研究［D］. 江西财经大学硕士学位论文，2008.

行重新审视和调整，和谐则有助于系统目标的实现和效率的提高。企业之间进行协同竞争的过程也是各方不断学习的过程，是各方优势得以加强和提升的过程，是技术、知识等创新和共享的过程，是企业之间“外部学习”和企业“内部学习”的有机结合，有助于企业核心竞争能力和整体素质的提高。

第三节　集成化物流系统的协同演化过程

集成化物流系统是一个复杂的开放系统，它的各成员企业之间不是简单的线性关系，而是相互影响、相互制约的非线性关系。因此，从本质上来说，集成化物流系统的协同演化过程就是其原有结构稳定性的丧失和新的有序结构建立的过程，但其演化的方向不是一成不变的，而是有多种可能的结局。从耗散结构等自组织理论，特别是协同学出发，可以来探讨这种自组织系统结构有序演化的规律性。

一、单个物流企业的自组织演化

物流企业属于服务行业的企业。在服务行业，客户满意率是影响服务业企业生存与发展的关键性因素，高客户满意率是服务领域内所有企业的追求目标，对物流企业来说更是如此。但是要想获得高的客户满意率，企业必须经过长期的不懈努力才能实现。为此，我们把客户满意率（或客户满意程度）作为单个物流企业演化过程的状态变量，记为 x，显然 x 是时间的函数，即：

$$\frac{dx}{dt} = -ax \tag{3-1}$$

其中，a 为控制参量，即企业在现有规模下所能达到的客户满意程度。其定态解为 $-ax=0$；而热力学分支解 $x=0$ 显然是（3－1）式的定态解，只要初始时 $x_0=0$，以后 x 将永远处于零的无序状态。这对我们的研究没有什么意义。

为了研究其解的稳定性，让我们在初始 $t=0$ 时给 x 一个小的非零扰动，即[①]：

① 沈小峰，胡岗，姜璐．耗散结构论［M］．上海：上海师范大学出版社，1987：47－59.

$x_0 = \alpha \neq 0$ （3－2）

看一下这个扰动是随时间消失还是变大。前者将使系统回到热力学分支稳定解，证明热力学分支是稳定的；后者将使系统进一步远离热力学分支，从而可以讨论它的不稳定性。在初始条件 $x_0 = \alpha \neq 0$ 下，方程的解是：

$x = \alpha e^{at}$ （3－3）

显然，$x = 0$ 的稳定性决定于控制参量 a 的值。当 $a < 0$ 时，（3－3）式 e 的指数为负，随着 $t \to \infty$，$x \to 0$，这样企业系统对微扰的响应是力图消除微扰的影响，使系统回到 $x = 0$ 的解上来，这时热力学分支是稳定的。当 $a > 0$ 时，（3－3）式 e 的指数为正，随着 $t \to \infty$，$x \to \infty$，这样企业系统状态参量离 $x = 0$ 的距离越来越远，热力学分支不再稳定。①

这也就是环境的涨落对系统的作用，这样偶然性因素就可能给企业带来质的变化。但是，前提是企业要达到一定的阈值，当企业在阈值附近时，外界的一个小小的扰动就会使企业发生突变。

单个物流企业在初创的时候，即使外界对系统有偶然性涨落冲击，但是企业并不会发生质的变化，而只能造成企业慢慢累积这些冲击。企业一旦积累到了一定的阈值，这时外界的一个小小的扰动就会形成巨涨落，从而使企业性质发生变化，这意味着此时支配企业的也就是它的序参量，并使其状态发生根本性的改变，促使形成一个新的有序结构。

二、集成化物流系统的自组织演化

集成化物流系统无非是资源的整合和信息的共享。其思想的精髓在于聚合优势、协同放大，集成化本身就是一个主动寻优的动态过程，要素之间通过竞争性的互补关系联结在一起，从而实现集成整体功能的倍增和涌现。在集成化物流系统中所有节点企业都是基于共同的目标而组成一个联盟性组织或“虚拟组织”。组织内的成员企业以价值为导向，通过信息的共享，能力上的互补以及资金、物质等方面的协调与合作，来优化组织目标，实现整体绩效。

描述系统自组织演化的模型也称为该自组织系统的基本演化方程，通常为非

① 沈小峰，胡岗，姜璐．耗散结构论［M］．上海：上海师范大学出版社，1987：47－59.

线性动力学方程。[①] 仍以 x 记为客户满意率，作为系统的状态参量。在集成化物流系统中，存在着物流服务商和物流服务供应商之间的相互作用。为了简化分析，我们在此认为只有资源互补和信息共享这两方面的因素对系统的状态参量起到直接的、重要的、主导的影响作用，而其他因素对系统状态参量的影响是非常小的，可以不予考虑。所以，我们假设物流服务商和物流服务供应商在资源互补和信息共享方面对客户满意率的作用分别为 I_r 和 I_p，则它们相互作用的结果是 $I_r \times I_p$。而在某个特定的集成化物流系统中，资源互补和信息共享都依赖于原来的资源基础和信息技术条件。因此，我们认为 I_r 和 I_p 的具体形式是线性的，并分别以 λ_1 和 λ_2 的比例增长。设 t 时刻的客户满意率是 x，则：

$$I_r = \lambda_1 x; \ I_p = \lambda_2 x \tag{3-4}$$

它们相互作用的结果是：

$$I_r \times I_p = \lambda_1 x \times \lambda_2 x \tag{3-5}$$

另外，对于一个特定的集成化物流系统而言，发展程度总是有限的，随着集成化程度越来越完善，其资源互补程度和信息共享程度的发展速度也会越来越慢，因而客户满意率的变化会受到减速因子（1 - x）的作用。也就是说，集成化物流系统是复杂的非线性系统，存在着正负反馈机制，即不仅具有正反馈的增强效应，也存在负反馈的减弱限制作用，即：

$$\frac{dx}{dt} = a_1 \lambda_1 \lambda_2 x^2 (1-x) + f_1(x, t) \tag{3-6}$$

其中，$\lambda_1 \lambda_2 x^2$ 表示系统中资源互补程度和信息共享程度对客户满意率的促进作用，以及系统中正反馈的增强效应。同时，该系统是一个复杂的非线性系统，不可能一直保持高速增长的满意率，这意味着既存在正反馈，也存在负反馈，本书中用 $a_1(1-x)$ 表示，其中 a_1 是一个比例系数，由系统规模决定。另外，式中的 $f_1(x, t)$ 说明集成化物流系统中也存在着限制集成化物流系统发展的因素，如物流服务商和物流服务供应商的价值观的相近程度、企业文化的融合程度，以及各子系统本身原有的管理模式等，这些因素的存在对集成化物流系统的发展有一定的不利作用，也就是一些阻碍变革的因素。用 $-bx$ 表示其降低客户满意率的作用，称为阻尼项，b 称为阻尼系数，$b>0$。并令 $a = a_1 \lambda_1 \lambda_2 > 0$，表示集成化

① 叶金国．技术创新系统自组织论［M］．北京：中国社会科学出版社，2006：60－69.

物流系统的集成机制作用于客户满意度的比例系数，也就是综合正负反馈的结果系数，称为集成机制系数。

则（3-6）式可以写为：

$$\frac{dx}{dt}=ax^2(1-x)-bx;\ a>0,\ b>0 \tag{3-7}$$

（3-7）式也就是集成化物流系统的基本演化方程。①

为了研究问题的方便，我们用 q 表示集成化物流系统的协同参量，主要来衡量集成化物流系统的协同运行情况。显然，这个集成化物流系统的协同参量和状态变量是非线性关系，且协同参量的衡量还与集成化物流系统的原状态有关，为简单起见，可以对（3-7）式进行变换：$q=\sqrt{a}x-\frac{\sqrt{a}}{3}$，则：

$$x=\frac{1}{\sqrt{a}}q+\frac{1}{3};\ \frac{dx}{dt}=\frac{1}{\sqrt{a}}\frac{dq}{dt} \tag{3-8}$$

将（3-8）式代入（3-7）式，整理可得：

$$\frac{dq}{dt}=-q^3+\left(\frac{a}{3}-b\right)q+\frac{2a-9b}{27}\sqrt{a} \tag{3-9}$$

此外，集成化物流系统还受随机“涨落”力的影响，用 F（t）表示。

于是，集成化物流系统的基本演化方程有如下形式：

$$\frac{dq}{dt}=-q^3+\left(\frac{a}{3}-b\right)q+\frac{2a-9b}{27}\sqrt{a}+F(t);\ a>0,\ b>0 \tag{3-10}$$

第四节　集成化物流系统协同演化过程的分析

集成化物流系统的演化实际上是破坏原有物流系统的稳定，通过集成化物流系统内部的非线性作用机制，并借助涨落机制使集成化物流系统的规模和水平得以重新组合，获得新的结构和要素的比例关系。其中，一种稳定的集成化物流系统在发生自组织演化时，通常在临界点附近会面临选择，可能演化到多种稳定的

① 叶金国．技术创新系统自组织论［M］．北京：中国社会科学出版社，2006；哈肯．高等协同学［M］．郭治安译．北京：科学出版社，1989.

状态，这就是系统的分岔。

一、稳定性与分岔的分析

令$\frac{2a-9b}{27}\sqrt{a}=0$，则（3－9）式可以简化为：

$$\frac{dq}{dt}=-q^3+\left(\frac{a}{3}-b\right)q \tag{3-11}$$

显然，由$\frac{dq}{dt}=0$可以得到其定态解为：

$$q=0 \text{ 和 } q=\pm\sqrt{\frac{a}{3}-b}$$

当$a<3b$时，$\frac{a}{3}-b<0$，即解$q=\pm\sqrt{\frac{a}{3}-b}$无意义，此时只有一个定态解$q=0$，则在$q=0$附近，原方程可整理为：

$$\frac{d\Delta q}{dt}=\left(\frac{a}{3}-b\right)\Delta q \tag{3-12}$$

通过计算可以得到方程的解为$\Delta q=\Delta q_0 e^{(\frac{a}{3}-b)t}$。

由于$a<3b$，$q=0$的解是稳定的，也就是说，有些集成化物流系统在创立之初，由于失误，从无序到了某个有序，但是很短暂，又重归于无序。这是我们要避免的情况。在现实生活中，出现这种结果的企业多数是由于初期的准备工作没有做好，如市场调查、客户分析、物流网络规划设计等工作没有完全解决而仓促做出决策，类似于政府的政绩工程。也有些情况是由外界条件所决定的，可能在系统创立时，集成机制系数大于阻尼系数，但是由于政府干预或者市场波动等因素，如在目前我国物流市场很不规范的情况下，物流市场无序竞争十分激烈，所以很容易导致阻尼系数迅速增大，从而可能致使系统演化过程归于失败。

当$a>3b$时，尽管$q=0$仍然是（3－11）式的定态解，但它已不再稳定，因为e的指数$\frac{a}{3}-b$为正，所以对$q=0$的微小偏离都会使系统离热力学稳定状态越来越远。但是这种偏离会不会永远无穷发展下去呢？不会。这是因为非线性项$-q^3$会把系统的序参量限制在一个有限而非零的值上。另外，我们注意到在$a>3b$时，$\frac{a}{3}-b>0$，则$q=\pm\sqrt{\frac{a}{3}-b}$成了实数，具有物理意义。现在，我们可以对新

的定态 $q=\pm\sqrt{\frac{a}{3}-b}$ 进行线性稳定性分析。在 q_0 附近（$q_0 \neq 0$）时，外界一个小小的扰动可使非线性的系统状态方程转化为：

$$\frac{d\Delta q}{dt}=f'(q_0)\Delta q=-2\left(\frac{a}{3}-b\right)\Delta q \tag{3-13}$$

其解为 $\Delta q=\Delta q_0 e^{-2(\frac{a}{3}-b)t}$。

可以明显看出，随 $t\to\infty$，$\Delta q\to 0$，所以 $q_0=\sqrt{\frac{a}{3}-b}$ 是稳定的，同样的方法可证明 $q_0=-\sqrt{\frac{a}{3}-b}$ 也是稳定的。这样，我们可以看到，偶然的涨落并不可能使系统的状态参量向无穷发散，而是收敛到了其不为零的耗散结构分支上。

综上分析，我们可以看到，$a-3b=0$ 就是系统的分岔点。当系统逐渐接近并超过这个点时，系统从原来的稳定状态失去稳定性而成为不稳定性分支。新的稳定状态是对称的两个分支。这表明该系统的进化要经历原有结构稳定性的丧失和新的结构的确定这样一个有序度增加的过程，并且在进化过程中，其演化的路径不是确定的，而是具有多样性和选择性。

$a-3b=0$ 作为集成化物流系统的分岔点，说明集成化物流系统演化过程中的临界点是由集成机制系数 a 和阻尼系数 b 这两个因素的变化关系所决定的。当 $a-3b<0$ 时，集成化物流系统处于初始阶段，资源互补性和信息共享程度还比较低，系统在较低的有序程度下满足市场要求，同时也在为向新的有序结构演化进行积累。当集成系数 a 增大或阻尼系数 b 减少，而使 $a-3b>0$ 时，即集成化物流系统的有利因素的增加和不利因素的减少到了一定程度时（超过了临界点），原有的系统结构就会失去稳定性，这时系统也就出现了分岔现象，表明系统在即将达到新的稳定的、有序程度更高的状态时，具有多样性和选择性。这种多样性和选择性对集成化物流系统来说，具体表现为可通过纵横两个方面的集成来实现。从纵向的集成来看，主要是使系统的信息共享程度得到增加，这就意味着必须建立起一个电子商务合作平台，必须有一个可供即时通信的商务交流工具以及标准化的物流信息，只有这样才能确保在系统中各个成员企业都能够在需要的时候获得所需要的任何信息，如运输安排调度，自动排定货物的分拣、装卸，运送车辆、线路的选择，用户通过电子商务平台所下的订单、网上支付，对货物的随时查找跟踪等方面的信息；从横向的集成来看，主要集中于资源互补方面，在集成化物流系统中，各成员企业之间的凝聚和配合主要是靠拥有的资源来实现的，它们之间呈现出某种资源的互补性，或能力的互补性，或地域的互补性。这种互补性使得组织中的每个成员企业都相信自己能够从组织中获取自己所缺的资源，从而愿意保持长期的合作。这种长期性的合作可以使系统的资源得到优化整合，发挥出整体效益。通过这两个方面的整合，可以使系统的有序度增加，从而使系统演化到一个新的、更高的稳定阶段。

二、系统演化的渐变和突变

根据（3－9）式，可以得到该集成化物流系统的势函数（势函数揭示的是集成化物流系统的协同情况）为：

$$V(q)=-\int\left[-q^3+\left(\frac{a}{3}-b\right)q+\frac{2a-9b}{27}\sqrt{a}\right]dq$$

即：

$$V(q)=\frac{1}{4}q^4-\frac{1}{2}\left(\frac{a}{3}-b\right)q^2-\frac{2a-9b}{27}\sqrt{a}q=\frac{1}{4}q^4-\alpha q^2-\beta q \tag{3-14}$$

其中，$\alpha=\frac{1}{2}\left(\frac{a}{3}-b\right)$；$\beta=\frac{2a-9b}{27}\sqrt{a}$。

显然，$q=0$ 是其一个解，我们假设集成化物流系统的初始状态用 $q=0$ 来描述，则如果在集成过程中没有任何活动，它将保持在 $q=0$ 的状态，也就不可能产生自组织，但这很显然是与现实情况不相符的。因为集成化物流系统是一个开放系统，它要与外界发生资源或信息的交流，物流服务商和物流服务供应商之间随时随地都会有信息、资金、物质的相互交流，它们之间始终呈现出一种不断的相互作用关系，因此必然会出现诸如信息交流不及时、供给能力不足、资金不足、相互衔接不好等方面的冲击或者不停的随机扰动，即出现涨落。这些涨落的出现又会不断地冲击着系统，当出现巨涨落时，便会产生新的有序状态，即符合边界条件的涨落会得到响应和放大，并转变为支配系统的序参量。这样，就会驱使系统寻找更新的稳定结构，这就是系统从无序到有序再到新的有序的不断演化的过程。

根据集成化物流系统的势函数方程（3－14），我们可以得到集成化物流系统

演化的变化趋势曲线图（见图3－2）。从图3－2可知，曲线形状是由（3－14）式中的二次项系数所决定的（即其从负到正的变化过程，对应着图中曲线Ⅰ—Ⅱ—Ⅲ的变化过程），势函数曲线斜率越来越小，原平衡点 $q=0$ 处则会越来越平坦，也就意味着集成化系统的自组织恢复能力越来越弱，系统状态的演化范围就越来越大。

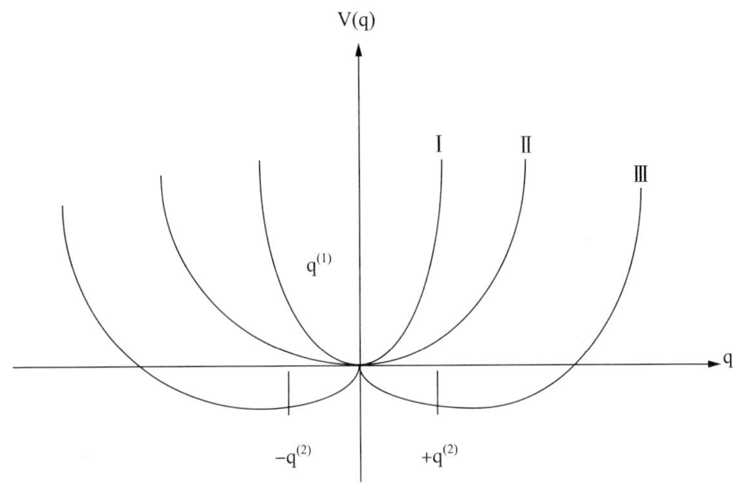

图3－2　集成化物流系统的非平衡相变

我们可以认为图3－2中的Ⅰ—Ⅱ—Ⅲ曲线态势对应的是集成化物流系统处于协作、协调和协同管理的三个不同阶段。当处于协作管理阶段时，集成化物流系统的管理基本上是一种由独立性很强的各成员企业（在此暂且认为是成员企业，但实际上是一个很松散的联盟）进行的组合搭配，这种协作通过集合各成员企业的资源和能力，使整体的物流服务效率变得比单个企业所提供的物流服务效率的简单累加更为有效，虽然这并不是真正意义上的集成化物流系统，但我们可以把这一阶段称为集成化物流系统的初级阶段形式或萌芽阶段形式。在协调阶段，集成化物流系统的管理主要是在集合各成员企业资源和能力的基本要素的基础上，进一步考虑这些基本要素在时间上、地域上、数量上和质量上的配合，从而尽可能地实现现有资源利用效率的最大化，这是集成化物流系统的中级阶段形式。协同管理是集成化物流系统的高级形式，处在协同管理阶段的集成化物流系统不仅注重系统内部自身的资源优势，而且关注系统与环境变化的关系；不仅重视系统内部资源的优化配置和合理利用，而且十分重视系统外部资源的充分利用，重视把系统内外部资源结合起来纳入系统的协同范畴；强调通过创造一定的创新、文化氛围，使系统的自组织能力和竞争能力得到不断的提升。下面我们对集成化物流系统在协作→协调→协同演化的条件下进行分析：

（1）当 $\alpha<0$ 时，即 $a<3b$，则势函数曲线如图 3－2 中的Ⅰ部分所示，此时系统处于协作管理状态。这种状态下集成化物流系统的演化行为犹如一个处于势函数谷中的粒子，粒子不断受到随机涨落的冲击，每次冲击都迫使粒子离开 $q=0$ 的平衡位置，而沿势函数斜坡向上运动，但每次冲击之后最终又都回到原来的位置上，系统并没有发生质的改变，可以认为，此时系统处于自稳定状态。原因在于系统还没有累积到临界点附近，偶然性涨落并不会对系统产生大的影响，依然只是一种松散的联盟，这种组合搭配始终是以整体的物流服务效率比单个企业所提供的物流服务效率的简单累加更为有效为目标的。

（2）随着 α 从负到正变化，也就是系统的累积过程，对应着图 3－2 中的Ⅱ部分，此时系统进入了协调管理状态，每次偶然涨落的冲击，虽然没有改变系统状态，但是促使系统向着临界点累积，即图中曲线斜率越来越小，系统的恢复能力也越来越弱。所以Ⅱ部分是Ⅰ部分向Ⅲ部分转化的中间状态。随着集成化物流系统越来越完善，各个子系统之间的耦合加强，资源互补程度和信息共享程度越来越强，随着时间推移，其涨落不断地冲击系统，系统的能量得以不断积聚。这意味着系统更加关注对各成员企业的资源及能力在时间上、地域上、数量上和质量上的合理配合，配合越趋合理，其间的协调关系就越趋于向整体协同方向发展。

当形成巨涨落时，系统会越过临界点，则此时 $\alpha>0$，即 $a>3b$，说明系统内部各个子系统之间的耦合胜过了其独立运动而成为主导，形成了新的有序结构，最终会驱使系统从 $q^{(1)}$ 状态演化到新的状态（$+q^{(2)}$ 或 $-q^{(2)}$ 或其他状态），这是由系统进化时的选择性和多样性所决定的，表明集成化物流系统进入了一个全新的状态——协同状态。

当系统向着新的有序结构进化时，$+q^{(2)}$ 状态和 $-q^{(2)}$ 状态相比，显然系统更应该演化到 $+q^{(2)}$ 状态。为了使系统顺利向 $+q^{(2)}$ 演化，意味着应该尽量提高系统的集成机制系数，而尽量减少阻尼系数。提高系统集成机制系数可以通过提高资源整合程度和信息共享程度来实现；减少阻尼系数则主要在于打破企业原有

的经营习惯或者管理模式，而促使其接受新的企业文化、新的管理系统。集成化物流系统的自组织行为是一个不断演化的过程，在其进行状态选择时，偶然性涨落也就是随机力是其选择的决定性因素。由此可见，适当的外界输入会使系统向着更有利的方向演化。

三、集成化物流系统演化过程中随机涨落力的作用

现实生活中，在自组织演化过程中存在大量从旧结构向新结构跃迁的现象，如从初始的稳定状态（$q=0$）演化到新的稳定状态（$\pm q^{(2)}$），甚至从一种稳定状态（$-q^{(2)}$）演化到另一种稳定状态（$+q^{(2)}$）。耗散结构理论认为，决定和改变自组织系统这种演化命运的是小的扰动，根据非线性机制的放大作用，小扰动（微涨落）会发展成为巨涨落，即随机涨落力，这说明在系统的演化运行过程中，随机力的作用是不可忽视的。即：

$$\frac{dq}{dt}=-q^3+\left(\frac{a}{3}-b\right)q+\frac{2a-9b}{27}\sqrt{a}+F(t);\ a>0,\ b>0 \tag{3-15}$$

可以看出，（3－15）式是一个随机微分方程，此时的状态变量 q 已经变成了随机变量，而且在一般情况下，方程并不能精确求解。为了求解简单，我们假设式中常数$\frac{2a-9b}{27}\sqrt{a}=0$，$F(t)$ 为高斯分布形式的白噪声①（这与许多实际问题接近），即 $F(t)$ 满足下式：

$$E[F(t_1)F(t_2)\cdots F(t_{2n-1})]=0$$

$$E[F(t_1)F(t_2)\cdots F(t_{2n})]=(2D)^n\sum[\delta(t_{i_1}-t_{i_2})\delta(t_{i_3}-t_{i_4})\cdots\delta(t_{i_{2n-1}}-t_{i_{2n}})]$$

其中，$\delta(t-t')$ 为 δ 函数，D 为扩散系数，当 $\gamma\neq\mu$ 时，$i_\gamma\neq i_\mu$，求和是对 δ 函数乘积的所有可能的不同组合进行的。在此条件下，集成化物流系统的演化方程可以等效于如下的福克—普朗克方程：

$$\frac{\partial\rho(q,t)}{\partial t}=-\frac{\partial}{\partial x}\left[\left(\frac{a-3b}{3}q-q^3\right)\rho(q,t)\right]+D\frac{\partial^2}{\partial x^2}\rho(q,t) \tag{3-16}$$

其中，$\rho(q,t)$ 是集成化物流系统 t 时刻的概率分布密度。②

① 高斯白噪声指噪声的幅度分布服从高斯分布，而它的功率谱密度又是均匀分布的。在集成化物流系统中，指外部条件对系统的冲击可能是技术引起、制度引起或者竞争协作关系引起的扰动。

② 叶金国．技术创新系统自组织论［M］．北京：中国社会科学出版社，2006：89－91.

虽然方程仍不能精确求解，但是可以应用随机微分方程的理论近似求解。我们可以得到以下几个结论：

（1）由于随机涨落力的作用，使系统方程从不稳定状态向稳定状态演化，以及从一个稳定态向另一个稳定态跨越。

（2）系统由于非线性机制的作用，演化过程中存在分岔点，并且系统在分岔点上不能以确定的方式实现从旧结构向新结构的跃迁，其演化的方向是由随机涨落力来决定的。

（3）演化过程可由系统的概率分布密度函数 $\rho(q, t)$ 的变化来描述，其演化的过程可以参见图 3－2。

（4）系统在分岔点时可以通过采取措施，如推行企业商品条码化、改进信息系统等，来提高集成化物流系统的协同效果，从而增大系统向某一更好的稳定态演化的概率。

（5）集成化物流系统中的随机涨落力主要来源于集成化物流系统外部的竞争和协同等非线性作用。

通过对集成化物流协同演化过程的分析，我们发现在集成化物流系统从一种状态结构转变为另一种状态结构的自组织演化过程中，既有确定性因素的作用，又有随机性涨落的作用，演化的过程是确定性和随机性的统一，并且其演化过程也是选择性和多样性的统一，原因在于各个子系统的耦合关联情况不是唯一的。集成化物流系统是一个复杂的开放系统，具有自组织演化的条件，即开放性、远离平衡态和非线性作用机制。所谓的开放性是指集成化物流系统与外界存在着能量交换，既表现为集成化物流系统有效整合各种物流资源的能量，又表现为有效处理信息的能量。远离平衡态是指集成化物流系统各要素之间存在着较大差异。系统内部各子系统在员工的管理方式、行为习惯、价值观念等诸多方面存在着较大的差别，这就导致了系统是一个远离平衡态的系统，进而使内部各子系统之间的相互作用和相互影响呈现非线性关系。非线性作用机制是指系统内部各子系统之间存在正反馈的增强效应，同时也存在负反馈的削弱效应，是复杂的非线性关系，它们之间的相互作用使各系统产生相干效应和临界效应，并推动整个系统走向有序。

本章小结

由于集成化物流系统具有实体的复杂性、结构的复杂性、环节之间交互作用的复杂性等特性，所以，作为系统科学理论之一的协同学理论适用于进行集成化物流的协同机理分析。

作为一个社会经济开放型自组织系统的集成化物流，除具有开放性、“竞协”性、层次性、非线性、随机性等一般自组织系统的特征外，还具有主观能动性、自组织程度自我决定性、环境“适应”和“选择”能动性等独特特征。从本质上来说，集成化物流是一个非线性系统，自组织过程、以自组织涨落为动力、以序参量为决定因素、以相变为协同演化进程的标志是对集成化物流的协同学描述。集成化物流系统中的“协同与竞争”过程既是各方不断学习的过程，也是系统不断演化的进程。

从本质上来说，集成化物流系统的协同演化过程就是其原有结构稳定性的丧失和新的有序结构建立的过程，借助于自组织演化模型，可以对单个物流企业、集成化物流系统的自组织演化过程进行量化描述。集成化物流系统的势函数可作为分析其是否处于“协作”、“协调”、“协同”管理态势的有效工具。在系统的演化运行过程中，随机力的作用是不可忽视的，在演化过程的分岔点上，系统的演化方向是由随机涨落力决定的。

第四章　集成化物流协同管理的序参量体系

从集成化物流协同管理的基本内涵可知，集成化物流系统的协同管理通过建立“竞争→协作→协调→协同”的协同运行机制，使物流供应链环节中各成员企业的各种资源、能力、技术、制度要素在战略层、策略层、作业层①上达到协同，从而实现物流运作环节的无缝对接，消除物流服务过程中可能产生的各种壁垒和障碍，实现系统利益最大化，达到物流服务的目标。

集成化物流系统的管理是分层次进行的，战略层、策略层、作业层各自担负着与其职权相对应的物流管理任务，然后通过集成化物流服务商的集成、指挥与调控，同步实施物流一体化服务。战略层协同使集成化物流及所有子系统有一个共同的方向；策略层协同确保各子系统在战略实施的过程中使各项管理活动放大整体战略价值；作业层协同则是对具体的物流作业活动进行管理，以保证物流活动的效率化。对于每个层次而言，均由“计划—实施—控制—评价—反馈”循环构成，只是它们的循环周期及具体工作重点不同而已。

第一节　集成化物流协同管理的状态参量体系

集成化物流协同管理得以成功实施的一个重要前提就是对集成化物流协同管

① 集成化物流系统协同管理的框架结构主要由战略层、策略层、作业层和技术层四个层次组成，但由于技术层主要涉及“技术、工具”方面的内容，是一个“技术性”平台，即提供“软件技术”和“硬件技术”，属于“物质系统”，不涉及“人”的因素。因此，在集成化物流系统的演化过程中不会随着“相变”而发生“自组织”现象，这也就意味着不存在“集成化物流技术层协同管理的演化”问题。所以，在本章没有对“集成化物流技术层协同管理的演化”进行分析。

理的关键影响状态参量进行深入分析，进而为有效实施集成化物流的协同管理提供策略。影响集成化物流协同管理的状态参量有一般参量、关键参量以及序参量，为了准确地把握影响集成化物流协同管理的关键状态参量，我们对目前已有的相关研究成果进行了较为全面的收集与梳理，为构建集成化物流协同管理的状态参量体系奠定基础。

一、现有研究成果的解析

为了能够较为科学、全面、准确地获得有关集成化物流协同管理的状态参量，我们采取以下方式展开收集、整理工作：

（一）收集要领

集成化物流协同管理状态参量的初始采集主要是以文献阅读的方式，即通过对国内外相关领域的文献进行查阅、整理以及分析，来获取集成化物流协同管理的初始状态参量。具体步骤如下：

（1）文献检索。借助于期刊全文数据库，对相关主题的中英文文献进行检索。中文检索的关键词为“集成化物流 + 协同/管理”、“物流供应链 + 协同/管理”、“供应链 + 协同/管理”、“联盟 + 协同/管理”；英文检索的关键词为“Integrated Logistics + Synergy/Management”、“Logistic Supply Chain + Collaboration/Management”、“Supply Chain + Synergy/Management”、“Supply Chain + Collaboration/Management”、“Union + Synergy/Management”、“Union + Collaboration/Management”等。

（2）剔除不相关文献。通过对文献的阅读剔除那些没有涉及集成化物流，物流供应链，供应链，联盟的协同/协同管理状态参量、影响因素以及关键参量的文献。

（3）剔除非内生参量。有关协同状态参量包含很多方面，但是序参量是系统的内生变量，贯穿于系统的各阶段。因此，集成化物流协同管理的状态参量也应是集成化物流系统的内生变量，应从系统内部产生。

（4）归类整理。仔细阅读文献，对相关内生状态参量进行摘取、整理，通过对其内涵和内容的辨识与分析，按照概念的相似度和属性进行合并，并进行汇总。

（二）初始状态参量汇总

1. 文献表述状态参量的汇总

通过文献研究，按照战略层、策略层、作业层三个层次对初始状态参量进行汇总，形成文献研究的协同初始状态参量体系（见表4－1）。

表4－1 协同初始状态参量体系

文献表述的状态参量		文献作者	归并状态参量
战略层	战略目标一致性、战略目标关联度、共同的战略目标、目标一致性、合作目的和意图的清晰程度	包文娟（2014），李靖（2012），张翠华（2005），蔡椒琴（2007），舒彤（2009）	战略价值
	竞争能力、技术能力、核心能力、核心竞争力	包文娟（2014），庞永（2007），夏锦文（2008），舒彤（2009）	核心能力
	资源互补程度、企业资源、客体协同和设施设备协同、资源互补度、资源互补、资源依赖	李靖（2012），庞永（2007），王汉君（2010），侯汉平（2006），舒辉（2008），张令荣（2011）	资源互补性
	企业文化	齐秀辉（2009），庞永（2007）	企业文化相容度
	利益分配机制、成本分担机制、利益分配、共同利益	包文娟（2014），舒彤（2009），陆杉（2007），董绍辉（2010）	利益分配机制
	合作伙伴关系、主体协同、被信任的联盟伙伴表现出的忠诚程度	包文娟（2014），王汉君（2010），张翠华（2005），舒彤（2009）	合作伙伴关系
	协同决策、同步决策	Simatupang T. M. （2005），包文娟（2014），Kim B. （2000）	共同决策
	供应链柔性、建立新交易程序成本、安全和弹性	包文娟（2014），曾文杰（2010）	供应链柔性
	信任机制、企业间相互信任程度、信任	包文娟（2014），Kaufman A. （2000），舒彤（2009），Kim B. （2000）	信任机制
	核心企业的能力、核心企业主导	包文娟（2014），黄媛媛（2005）	核心企业的能力

续表

	文献表述的状态参量	文献作者	归并状态参量
策略层	信息共享程度、信息协同、信息共享、信息传递、信息透明度、设计数据共享	李靖（2012），王汉君（2010），侯汉平（2006），舒辉（2008），舒彤（2009），曾文杰（2010），董绍辉（2010），陆杉（2007），Lamming R.（1996），Ellram L. M.（1995）	信息共享度
	资源共享能力、资源共享、资源整合能力	包文娟（2014），齐秀辉（2009），蔡椒琴（2007）	资源整合能力
	人员沟通质量、管理能力、沟通、协同沟通	杨浩军（2009），庞永（2007），Kim B.（2000），蔡椒琴（2007）	组织沟通能力
	服务柔性、网络协同能力、环境适应能力、系统协同能力	杨浩军（2009），李靖（2012），齐秀辉（2009）	协同反应能力
	信息标准化	周玫（2009）	标准化程度
	基础设施投资额、配套基础设施投入、资源投入要素、跨组织基础设施、信息技术的利用	包文娟（2014），李靖（2012），舒彤（2009），蔡椒琴（2007），杨瑾（2006）	资源投入强度
	企业制度、完善的操作性强的契约	庞永（2007），戚文婷（2008）	契约满意度
	供应链组织结构形式、组织结构、精简的组织结构	包文娟（2014），舒彤（2009），陆杉（2007），吕晖（2011）	组织结构
	激励机制、激励联盟、风险平衡、风险共享	包文娟（2014），Kim B.（2000），Bowersox D. J.（2003），杨瑾（2006）	激励机制
	技术创新能力、个人创造性、技术创新能力、技术改进	包文娟（2014），蔡椒琴（2007），舒彤（2009），曾文杰（2011）	技术创新能力
	市场信息预测能力、需求预测、共享采购及供应的相关信息	包文娟（2014），李勇（2006），Bowersox D. J.（2003）	市场信息预测能力

续表

	文献表述的状态参量	文献作者	归并状态参量
作业层	信息质量、交付信息交流	杨浩军（2009），程世平（2008）	业务数据交换效率
	交付速度、单证传递时间、延迟交货时间	程世平（2008），周玫（2009）	物流效率
	低成本配送、运输成本、存货持有成本、物流行政管理成本、调整运作流程成本	程世平（2008），周玫（2009），舒彤（2009）	物流成本
	服务可靠性、交付可靠性、服务水平指标、服务履行情况	杨浩军（2009），程世平（2008），周玫（2009），张令荣（2011）	服务可靠性
	服务响应性、订单反应时间、对目标市场的反应	杨浩军（2009），程世平（2008），周玫（2009）	服务响应性
	订单计划	韩亚欣（2006）	订单计划
	库存水平	韩亚欣（2006）	库存水平
	需求共享/预测	韩亚欣（2006）	需求共享/预测
			作业规则/标准[①]

需要特别说明的是，表4-1中关于作业层的协同状态参量主要选自一般物流管理情景下对物流作业绩效水平、服务水平的评价指标。这是因为目前从作业层层面研究协同管理情况下的状态参量的文献几乎没有，而这种选取策略并不会影响到在协同管理环境下衡量物流系统作业层状态参量的真实性。

2. 状态参量的归并化

表4-1所示的文献表述的协同初始状态参量汇总中，具有同一内涵或概念相似的状态参量有许多名称，为此，我们进行了统一化归并处理，以适用于对集成化物流协同管理的状态描述，表4-1中的“归并状态参量”就是最终的处理结果。

① 将“作业规则/标准”作为作业层的状态参量是笔者根据现行物流企业的具体物流操作作业标准而增加的，目前还未见到有学者在物流管理研究方面将此状态参量作为作业层面的评价指标，但在企业运营管理中，“作业标准”已经成为最为普遍的作业层状态评价指标。所以表4-1中该状态参量在“文献表述的状态参量”和“文献作者”栏中没有具体内容。

二、状态参量体系的构建

1. 状态参量的筛选思路与方式

从表4－1中可以看到，描述集成化物流战略层协同管理的状态参量有10个，它们分别是战略价值、核心能力、资源互补性、企业文化相容度、利益分配机制、合作伙伴关系、共同决策、供应链柔性、信任机制、核心企业的能力；描述集成化物流策略层协同管理的状态参量有11个，它们分别是信息共享度、资源整合能力、组织沟通能力、协同反应能力、标准化程度、资源投入强度、契约满意度、组织结构、激励机制、技术创新能力、市场信息预测能力；描述集成化物流作业层协同管理的状态参量有9个，它们分别是业务数据交换效率、物流效率、物流成本、服务可靠性、服务响应性、订单计划、库存水平、需求共享/预测、作业规则/标准。由此可见，用于描述集成化物流协同管理的状态参量共有30个。

为了使我们所归并整理的状态参量能够更好地反映物流服务供应链协同管理的现实情况，特采用专家打分的方式，邀请相关物流供应链管理方面的专家与企业管理者对每个状态参量进行进一步的筛选、补充以及归类，并计算专家对状态参量的认可度，专家认可度在70%以上的状态参量予以保留，其余状态参量直接剔除。

$$\text{专家认可度}=\frac{\text{认同该参量能够作为协同管理状态参量的专家数}}{\text{访谈的专家总人数}}\times 100\%$$

为确保所筛选的状态参量能够切实地反映现实运用状况，我们有针对性地选择了20名从事物流供应链管理方面的研究型专家学者和企业管理者，通过问卷调查的方式，请他们对30个集成化物流协同管理的状态参量进行评价。状态参量问卷调查表采用简洁结构的问卷方式，即在所提供的“认可、不认可、不确定”三种答案中选择其一即可。

在20名评价人员中，有7名研究型专家学者，都属于教授级学者且都具有从事物流供应链管理方面科研与教学工作15年以上的经验；13名为企业中高层管理者，他们都具有从事企业物流供应链管理方面7年以上的工作经历，其中来自物流企业的管理者9名、非物流企业的管理者4名。

在历时一周的问卷调查表发放与回收中，所有20名评价专家都能及时有效地返回问卷结果。表 4 -2 是由 20 名物流供应链管理方面的专家与企业管理者对 30 个集成化物流协同管理的状态参量进行评价的统计结果汇总。

表 4 -2　各状态参量的专家认可度

战略层		策略层		作业层	
状态参量	专家认可度（%）	状态参量	专家认可度（%）	状态参量	专家认可度（%）
战略价值	95	信息共享度	95	业务数据交换效率	90
资源互补性	85	资源整合能力	90	物流效率	85
企业文化相容度	95	组织沟通能力	80	物流成本	95
利益分配机制	90	协同反应能力	95	服务可靠性	90
合作伙伴关系	75	标准化程度	85	服务响应性	80
核心能力	80	资源投入强度	70	订单计划	65
共同决策	65	契约满意度	75	库存水平	55
供应链柔性	50	组织结构	50	需求共享/预测	60
信任机制	60	激励机制	60	作业规则/标准	95
核心企业的能力	55	技术创新能力	65		
		市场信息预测能力	55		

2. 状态参量体系的确立

从表 4 -2 中可看出，在战略层的状态参量中共同决策、供应链柔性、信任机制、核心企业的能力 4 个参量，策略层的状态参量中组织结构、激励机制、技术创新能力、市场信息预测能力 4 个参量，作业层的状态参量中订单计划、库存水平、需求共享/预测 3 个参量，它们的专家认可度都小于 70%。因此，根据专家认可度在 70% 以上的状态参量予以保留，而低于此值的状态参量直接剔除的筛选原则，我们将这 11 个状态参量都予以删除，从而最终形成包含 19 个状态参量的集成化物流协同管理的状态参量体系（见表 4 -3）。

表 4 -3　集成化物流协同管理的状态参量体系

战略层	策略层	作业层
战略价值	信息共享度	业务数据交换效率

续表

战略层	策略层	作业层
资源互补性	资源整合能力	物流效率
企业文化相容度	组织沟通能力	物流成本
利益分配机制	协同反应能力	服务可靠性
合作伙伴关系	标准化程度	服务响应性
核心能力	资源投入强度	作业规则/标准
	契约满意度	

第二节 序参量的识别筛选思路与方法

依据协同学思想，在组织的演化发展过程中，一直有一个无形的“导演”在主导着它，使它从无序向有序演变，而这个无形的“导演”就是序参量。因此，状态参量体系的建立，为进一步深入分析集成化物流系统协同管理由“竞争→协作→协调→协同”的协同演化机理提供了基础。

一、序参量的识别筛选思路

序参量是实施集成化物流系统的协同管理，实现“独立组织→他组织→自组织→高级自组织”协同演化进程的无形的“导演”。因此，如何获得序参量就成为有效剖析集成化物流系统协同管理演化过程的关键所在。

为此，我们将采取以下步骤进行序参量的识别筛选工作：

1. 集成化物流系统的子系统化

鉴于集成化物流系统是一个人造的经济社会系统，为了研究的方便性，我们将其进一步分解为三个层面的子系统，即战略层协同管理子系统、策略层协同管理子系统和作业层协同管理子系统。

2. 状态参量数据的分层化收集

根据集成化物流子系统化的思路，对集成化物流协同管理状态参量体系中的各状态参量实施分层化采集。为此，根据表 4 - 3 中的 19 个状态参量，设计出

"物流服务供应链关键状态参量调研问卷"（见附录），分战略层、策略层、作业层三个层面进行问卷调查，以获取有针对性的第一手数据资料。

3. 序参量的分层化识别筛选

由于集成化物流系统在战略层、策略层、作业层的协同管理演化过程的阶段和相变各不相同，因此，我们将利用分层所获得的状态参量数据，分别对战略层、策略层、作业层的序参量进行识别筛选，以精准确立各子系统的序参量。

二、序参量的识别筛选方法

对具有离散型数据特点的集成化物流系统而言，序参量的识别筛选目前学界并没有成熟、公认的方法，一般采用图解法（如探索图、系统动力学模型图）、参量权重系数法（如 DEMATEL 方法）、模型法等，本书将采用离散型筛选方法对集成化物流系统协同管理的序参量进行识别与选取。

1. 序参量的模型

设（U，E，V，f）为一个集成化物流系统，对象集 $U=\{u_1, u_2, \cdots, u_i\}$，其中 u_i 为 n 个物流服务供应链协同状态参量调查问卷的相关案例；属性集 $E=\{X_1, X_2, \cdots, X_m, w_1, \cdots, w_l\}(m, l\in Z^+)$，$E=X\cup W$，其中条件属性集 $X=\{X_1, X_2, \cdots, X_m\}$，决策属性集 $W=\{w_1, \cdots, w_l\}$，f 表示对象集与属性集的对应关系，即 $f: U\times E\rightarrow V$ 的映射关系，其中 V 是函数 f 的值域。

2. 状态参量的赋值

以系统的初始值为标准确定在 f 条件下 V 的取值范围。如：

$u_i\in U$，$X_j\in X$，$f(u_i, X_j)=1, 2, 3, 4, 5$

即对象集和条件集分为五个等级：1 表示非常不重要；2 表示比较不重要；3 表示一般；4 表示比较重要；5 表示非常重要。

$u_i\in U$，$w\in W$ 且 $F(u_i, w)=1, 2, 3$

即案例结果分为三种情况：1 表示失败；2 表示达标；3 表示成功。

当然，可根据具体研究对象的不同，对其状态参量赋予不同的数值。

3. 分析

分析对象集 $U=\{u_1, u_2, \cdots, u_i\}$ 中每个案例的具体情况，按 $f: U\times E\rightarrow V$ 对每个 $f(u_i, X_i)$ 或 $f(u_i, w_i)$ 的属性集进行赋值，建立指标数据模型表。

4. 属性约简运算

设属性集 E 的等价关系 R_E 的频率分布为：

$$R_E: \begin{Bmatrix} U_1 & U_2 & \cdots & U_k \\ p_1 & p_2 & \cdots & p_k \end{Bmatrix}$$

可用信息熵来测度属性集 E 的等价关系 R_E 的不确定性，即：

$$H(R_E) = -\sum_{i=1}^{k} p_i \log_2(p_i)$$

如果分类不变，则信息熵不变，因而变量的约简也就转换为寻找信息熵不变的最小变量子集的过程。设有 k 维定性变量集 $T=(t_1, t_2, \cdots, t_k)$ 的 n 次观测值，可利用信息熵找到分类不变的最小变量子集。先计算出由 k 维定性变量集 T 形成的等价关系 R_T 的信息 $H(R_T)$，然后分别计算 $H(R_{T-(t_1)})$，$H(R_{T-(t_2)})$，…，$H(R_{T-(T_k)})$ 的信息熵，如果 $H(R_E)=H(R_{T-(t_j)})$，则 $R_{T-(t_j)}$ 为分类不变的等价关系，可知变量 $t_i(1\leqslant i\leqslant m)$ 是可被约简的，得到信息熵不变的变量子集。接下来再计算 $T'=(t_1, t_2, \cdots, t_{i-1}, t_{i+1}, \cdots, t_k)$，对于信息熵不变的等价关系，每去掉一个变量就计算其信息熵，直到找到使信息熵不变的最小变量集为止。

5. 结果

经过筛选得到的最小属性约简集 $\{X_1, \cdots, X_c\}(c\geqslant 1, c\in Z^+)$ 的变量，可以近似地作为系统的序参量。

第三节　战略层协同管理的序参量识别

在集成化物流协同管理中，战略层属于集成化物流系统的指挥中枢、决策中心，体现着集成化物流系统存在的价值，决定着“做与不做”、“为什么做”的战略性问题。

一、战略层协同管理状态参量的解析

战略层协同管理是集成化物流系统最高层次的协同管理，主要涉及集成化物流系统协同管理的框架性、整体性、远景性问题，对集成化物流系统协同管理起着决策性作用，同时对策略层、作业层起着指导性的纲领作用，规定着策略层协

同管理和作业层协同管理的范围与协同的程度。战略层协同管理的目标是选择合适的物流企业，以适合的方式组织成具有竞争力的集成化物流系统，并立足于整个集成化物流系统，统筹规划一系列对整个集成化物流系统有决定性影响的战略性措施，关注的是集成化物流系统的长远效果，而不是一时一事的利益，并且是实现从市场需求到产品的输出进而满足顾客需要这一全过程整合的核心任务。根据前面的文献汇总与专家评定结果可知，影响集成化物流战略层协同管理的状态参量有虚拟利润（战略价值）、核心能力、资源互补性、企业文化相容度、利益分配机制、合作伙伴关系六个。

1. 虚拟利润（战略价值）

一般而言，价值是对集成化物流系统经营活动预期取得的主要成果的期望值，在集成化物流系统生命周期的各阶段，集成化物流系统的成员企业都希望系统能够向价值增大的方向发展，因而价值（Value）就成为控制企业间建立合作竞争关系的一个重要参数。但这个价值必须能够真实地反映集成化物流系统的长期利益，即必须是能够体现集成化物流系统的长远性、具有战略性的价值，这就是所谓的战略价值。那么如何度量这个战略价值呢？集成化物流系统是一个连续投入产出的转换系统，较长的价值链必然会导致“时滞效应”的发生，今天的效益往往是得益于昨天的工作，而今天播下的种子将在明天结果。所以，仅仅用当期利润来衡量当期的经营绩效是很不准确的，也是很不科学的。它应该由当年的工作在当年产生的经济效益和当年的工作在未来产生的经济效益组成，而这个经济效益就是虚拟利润，即“当期虚拟利润 = 当期利润 - 前期潜力增长贡献 + 当期潜力增长额”，它真实地体现了战略价值的本质内涵。所以，只有当虚拟利润是连续稳步增加时，集成化物流系统才能持续发展，虚拟利润是表征集成化物流系统可持续发展战略的一个特征值。用虚拟利润来度量战略价值既是合理的，也是科学的。

战略价值作为集成化物流系统宗旨的具体化阐述，是集成化物流系统定位的体现，是集成化物流系统日常经营活动的导向。在集成化物流系统战略协同中，集成化物流系统应具有各成员企业共同认可并为之努力的战略价值。

2. 核心能力

核心能力是企业先进技术的和谐组合，是使企业能在一系列产品和服务上取得领先地位所必须依赖的关键能力，是在企业众多能力中处于核心地位、较竞争

对手具有领先地位的独特的能力。这种能力是一种积累性学识，其积累过程涉及企业不同生产技巧的协调、不同技术的组合、价值观念的传递。所以，核心能力是企业持续竞争优势的源泉，至少具有三个方面的特征：一是特别有助于实现顾客所看重的价值；二是竞争对手难以模仿和替代，故而能取得竞争优势；三是具有持久性，即一方面能保证企业竞争优势的持续性，另一方面能使核心能力具有一定的刚性。借助于核心能力，企业可以很快发现产品和市场的机会，获得更多的超额利润。

对任何一个物流企业而言，要想成为集成化物流系统中的一员，就必须具备一定的核心能力。由于集成化物流系统是在整合社会物流资源和能力的基础上提供物流服务，因此物流供应商在质量、成本、时间和服务等方面所具有的竞争优势，将在集成化物流系统的运营中起到非常重要的作用。在现代物流企业中，最主要的核心能力有三种：一是物流运作能力，主要表现为订单完成率高、运作成本低、运作时效性好、适应新业务快、意外处理能力强、服务软性化强等。二是物流管理能力，它分为内部管理能力和外部管理能力，其中内部管理能力表现为订单管理、库存管理、运输优化；外部管理能力包括信息服务、客户关系管理、公共关系管理、品牌提升。三是物流体系创新的能力，主要表现为物流创新服务与策划、物流体系综合规划等。

3. 资源互补性

成员企业的资源互补性是集成化物流系统组建时的前提和动力，也是各物流企业是否愿意成为集成化物流系统中一员的关键因素，同时还是决定集成化物流系统能力的最初因素。集成化物流系统的服务目标就是给顾客提供“一站式”的物流服务，为此必定会将承接的相关物流服务工作整合起来完成，并实行成员企业的分工与协作。在这个合作的框架内，具有不同核心资源的成员企业负责完成分工体系中的某个具体物流服务环节，再通过各环节的有机整合完成一项具体的物流服务业务。这种合作形式强化了成员企业的互补关系，提升了彼此的专业化分工程度或地域性分工程度。每个成员企业负责承担物流服务项目中某一物流环节的物流运作，或者某一地域范围内的物流运作，并做到最优化，从而使成员企业在这方面的物流运作能力不断提高。从另一个角度讲，每个成员企业都是时间和空间上的独立体，由于各个成员企业的发展路径不同，因而所拥有或控制的物流资源状况以及物流能力也就不可能完全一样，任何企业都不可能在所有类型的资源中都拥有绝对优势，即使是同一类资源在不同的企业也表现为很强的异质性。特别是某些异质性资源已根植于企业内部，既不可完全流动交易，也不可能通过市场交易来获得，如企业的无形资源。因此，对集成化物流服务商而言，要使集成化物流系统获得更大的发展，就必须寻求与资源互补型物流企业的合作，弥补单个企业（主要是相对于集成化物流服务商而言）的资源缺陷。而对成员企业来说，加入集成化物流系统既可巩固企业原有的资源优势，又能够共享集成化物流系统的整合资源。

对集成化物流系统而言，其所关注的资源互补性主要涉及四个方面的内容：一是实体资源。主要是指物流服务所需的机械设备、包装器材、运输车辆、装卸搬运工具和仓库设施等。二是核心技术。主要是指物流企业通过特有的技术要素和技能，或各种要素和技能的独特组合形成的不可模仿的技术，如货运组织方式、存货控制能力等。三是人力资本。主要是指人对知识、技能的掌握程度，在实践中往往体现为人所具有的综合能力。四是客户资源。主要是指物流系统服务对象的资源，如客户界定、客户需求、客户关系等级、客户生命周期等。

4. 企业文化相容度

企业文化是处于一定经济文化背景下的企业，在长期生产经营过程中逐步生成和发展起来的日趋稳定的独特的企业价值观、企业精神，并以此为核心所生成的行为规范、道德准则、生活信念、企业风俗、习惯、传统等，以及在此基础上形成的企业经营意识、经营指导思想、经营战略等，是企业全体员工在加工自然资源、生产物质产品的过程中所创造的精神形态文化、制度形态文化和物质形态文化构成的复合体。由于企业文化是“软”性的，所以大部分是无意识的、不明显的。多数企业只有在面对其他企业的文化时才注意理解自己的文化内涵。由于企业文化具有一定的稳定性和惯性，所以对外来的文化冲击会很自然地做出抵御的反应。在集成化物流系统的各成员企业中，由于所处的行业不同、组织方式不同、经营管理理念不同、各自认同的核心价值观不同，因而形成了不同的企业文化。在集成化物流系统运营的过程中，具有不同文化特质的节点企业（即成员企业）之间会产生一定的文化冲突。节点企业之间的文化冲突必然会影响它们之间的沟通交流和协同运作，进而影响集成化物流系统的正常运行。因此，企业文化相容度是集成化物流系统战略协同管理的重要内容。

对集成化物流系统而言，其所关注的企业文化相容度主要涉及三个方面的内容：一是价值观；二是管理体制；三是经营战略。倘若成员企业在价值观、管理体制、经营战略等方面存在太大的差异，成员企业间的合作便容易产生冲突，因而最终可能导致集成化物流系统的解体。因此，成员企业的价值观一致或接近，管理体制和经营战略相互兼容，是集成化物流系统得以可持续发展的重要基石。只有这样，才能减少文化差异引起的冲突和不必要的沟通成本，建立平等、互信、富有成效的合作机制，增强集成化物流系统的整体能力。因此，成员企业价值观、管理体制、经营战略的兼容性是保证集成化物流系统稳定和可持续发展的关键因素。

5. 利益分配机制

利益分配机制是指集成化物流系统中成员企业共同分担成本、风险以及利益的过程，它既包括制定激励机制又包括确定成本、风险及收益。

在市场经济下，利益分配是推动集成化物流系统协同管理的动力和维系系统稳定性的纽带，集成化物流系统的利益分配是一个综合性的问题，其出发点是解决系统成员企业间利益分配不公平不合理的问题，包括确定利益创造主体、系统成员企业对利益增长的贡献大小等。它应该是根据事先约定，对系统整体产生的收益在成员企业之间进行分割和分配的过程，是对各个成员企业利益关系的反映，主要包括利益分配的目的、原则、要素、模式、比例等问题。合理的利益分配策略不仅体现了公平公正，而且在利益的获取方式上也体现了各个成员企业的参与、监督与决策。利益产生具有双重效应，一方面使集成化物流系统的成员企业之间产生合作要求，另一方面又会因为利益分配的多少、偏向问题直接影响到系统的健康发展与稳定。所以，利益分配需要建立一个共同分享收益的机制，也就是收益需要与投资、风险、努力以及专业知识相符。它使合作与承诺在一个足够的水平上，同时减少了破坏性行为（如机会主义）的发生。合理的利益分配策略的实施需要通过集成化物流系统间的有效监督与绩效评价来完成。绩效评价能够帮助集成化物流系统优化供应链结构，同时使得各成员企业间的关系更加稳定可靠。

成员企业间的信息不对称是影响集成化物流系统利益分配的主要因素，它分为外生性信息不对称和内生性信息不对称。前者主要是由集成化物流系统成员企业固有的性质造成的，如企业核心竞争力的独特性、员工素质、工作能力、企业重要程度、企业的谈判能力等。这些信息在系统利益分配过程中难以量化衡量，一般在利益分配中抽象为成员企业对系统的贡献度。后者是由系统成员企业的诚信问题产生的，如不认真完成所分配的物流任务、偷懒、投机主义行为，所以，建立相应的监督机制、奖惩机制可以有效地减少内生性信息的不对称。

6. 合作伙伴关系

合作伙伴关系是指集成化物流系统的成员企业之间所形成的合作关系，在这个合作关系中，系统各成员企业通过相互合作而实现特定的目标或效益。良好的合作伙伴关系能够给集成化物流系统带来很多利益，能够帮助系统减少运营过程中的不确定性因素，降低运营成本，实现集成化物流系统对市场的快速响应，提高系统的整体协同反应能力，并能够有效地增加客户的满意度，同时还能增强系统的整体稳定性。集成化物流系统合作伙伴关系的建立不仅需要各个成员企业在结构上形成合作关系，更需要各成员企业从观念上进行转变。合作伙伴关系的建立和维系是以良好的信用与信誉为基础的，一旦某成员企业的信用缺失，集成化物流系统的协同管理将难以实现，合作伙伴关系也将很难保持稳定性，所有系统成员企业都将因此承担更大的合作风险。

战略层面的合作伙伴关系意味着各成员企业之间的合作将是基于最大限度地运用各种内部资源和外部资源，以相互信任、相互依赖为基础，以“利益共沾、风险共担”为前提，以培育发展核心能力为目标，形成稳定的、隐性的非正式长期合作协议关系。这种关系的建立将更加有利于加深集成化物流系统成员企业间对业务流程的理解和认识，促进成员企业间深度了解合作伙伴的能力，提升成员企业间信息共享的意识，进一步巩固成员企业间的合作基础，从而增加集成化物流系统获取未来业务的可能性，促使成员企业间形成长期业务承诺协议，实现成员企业间长期目标利益的动态平衡。

二、战略层协同管理序参量的筛选

根据本章第二节的内容可知，战略层作为集成化物流系统中的一个子系统 (U, E, V, f)，其对象集 $U = \{u_1, u_2, \cdots, u_i, \cdots, u_{20}\}$，其中，$u_i$ 为 20 个物流服务供应链协同状态参量调查问卷的相关案例；属性集 $E_1 = \{X_{1-1}, X_{1-2}, X_{1-3}, \cdots, X_{1-6}, w\}$，$E = X \cup W$，其中条件属性集 $X_1 = \{X_{1-1}, X_{1-2}, X_{1-3}, \cdots, X_{1-6}\}$，决策属性集 $W = \{w\}$，f 表示对象集与属性集的对应关系，即 $f: U \times E \rightarrow V$ 的映射关系，其中 V 是函数 f 的值域。

1. 状态参量的赋值

以集成化物流系统的状态参量的阶段末期算数加总值为初始值（标准），对战略层子系统集合 E_1 中的元素进行赋值：5 = 非常重要；4 = 比较重要；3 = 一般；2 = 比较不重要；1 = 非常不重要。

2. 建立指标数据模型表

根据20个物流服务供应链协同状态参量的相关案例问卷调查结果，针对战略层子系统的6个状态参量战略价值 X_{1-1}、核心能力 X_{1-2}、资源互补性 X_{1-3}、企业文化相容度 X_{1-4}、利益分配机制 X_{1-5}、合作伙伴关系 X_{1-6}的具体赋值情况，可整理为如表4-4所示。

表4-4 战略层子系统状态参量赋值

	X_{1-1}	X_{1-2}	X_{1-3}	X_{1-4}	X_{1-5}	X_{1-6}
u_1	4	4	3	5	4	2
u_2	5	4	4	3	3	2
u_3	4	4	5	4	4	3
u_4	3	3	4	5	4	4
u_5	4	5	4	5	4	4
u_6	5	3	4	2	3	3
u_7	5	2	3	5	3	3
u_8	4	5	4	4	4	2
u_9	4	5	3	1	3	3
u_{10}	3	5	4	3	3	4
u_{11}	4	3	4	3	4	5
u_{12}	4	5	4	2	3	3
u_{13}	5	4	3	2	4	4
u_{14}	5	4	3	1	2	3
u_{15}	5	3	4	4	3	2
u_{16}	5	2	4	4	3	3
u_{17}	5	2	3	1	4	3
u_{18}	5	3	3	1	3	2
u_{19}	4	2	3	2	3	5
u_{20}	4	2	4	3	5	2

3. 属性约简运算

信息熵 $H(E_1) = -\sum_{i=1}^{6} p_i \log_2 p_i = 4.32$，$H(X_{1-1}) = 1.37$，$H(X_{1-2}) = 2$，$H(X_{1-3}) = 1.22$，$H(X_{1-4}) = 2.32$，$H(X_{1-5}) = 1.46$，$H(X_{1-6}) = 1.51$。因为信息熵 $H(E_1) \neq MaxH(X_{1-i})$，$i = 1, 2, \cdots, 6$，且 $H(E_1) = H(X_{1-2}, X_{1-4}) = 4.32$，所以，$(X_{1-2}, X_{1-4})$ 为 E_1 的变量约简集。

4. 战略层协同管理序参量的确定

从属性约简运算结果中，可以看到核心能力 X_{1-2}、企业文化相容度 X_{1-4} 在集成化物流系统的战略层子系统中具有重要影响。它们的变化波动一般保持在一定的区间内且变化缓慢，一旦跃入一个新的波动区间，则将会导致战略层子系统进入一个新的发展阶段，这符合序参量的特质。故可以确定核心能力 X_{1-2}、企业文化相容度 X_{1-4} 为集成化物流战略层子系统的序参量组。

第四节　策略层协同管理的序参量识别

在集成化物流协同管理中，策略层属于集成化物流系统的协调中心、操作中心，体现的是集成化物流系统存在的价值实现问题，要解决的是“能否做到”、“如何做”、“何时做”的策略性问题。

一、策略层协同管理状态参量的解析

策略层协同管理是集成化物流系统中间层次的协同管理，介于战略协同与作业协同之间，是战略协同层次所有战略性决策的具体执行过程，主要涉及集成化物流系统协同管理的战术性问题，包括需求预测、物流服务（产品）设计、能力规划、流程调度、销售、服务、财务等，对集成化物流系统协同管理的整体效果起着承前启后的支撑作用，它体现了集成化物流系统协同管理的整体运营能力与整体规划水平，规定着作业层协同管理的范围和协同的程度。策略层协同管理的目标是根据战略层的要求，对集成化物流系统确立相关的规则（标准）与契约安排，明确集成化物流系统运营的方式、流程等，以形成一定的物流能力。为了实现集成化物流系统运作的同步性和协调性，在集成化物流网络信息平台的支

持下，制定各物流服务环节的同步运作计划与流程，然后依据计划流程指导各环节同步地运行，同时利用物流信息系统对集成化物流系统的整体运作过程进行监控，并对各物流服务环节的运作能力进行评价。

总体来说，策略层的任务是按照一定的规则与契约负责协调好集成化物流系统的内外部关系。一方面，它要对整个策略层、作业层起协调作用，通过将外界环境的不确定性转化为集成化物流系统投入所需的经济技术合理性，以保证系统物流活动的有效性；另一方面，需要协调好集成化物流系统内部各成员企业间的关系，使各成员企业相互信任，彼此合作，并优化任务、活动在企业间的分配，统一、协调、解决集成化物流系统中总成本最低化、客户服务最优化、总库存最小化、总周期时间最短化、物流质量最优化之间的冲突，从而实现集成化物流系统绩效最大化，与此同时，还需要对作业层的具体业务作业起到战术性指导作用。根据前面的文献汇总与专家评定结果可知，影响集成化物流策略层协同管理的状态参量主要有信息共享度、资源整合能力、组织沟通能力、协同反应能力、标准化程度、资源投入强度、契约满意度（满意契约）七个。

1. 信息共享度

集成化物流系统的运营是跨系统、跨行业和跨地区的运营，需要在不同的物流系统之间实现信息交流。如何实现系统成员企业之间快速、及时、透明的信息传递和共享，实现成员企业间的信息互联互通是集成化物流系统在策略层必须面对的首要任务。有效的信息共享可以消除集成化物流系统中的信息条块分割、信息孤岛现象，实现系统成员企业之间在需求信息、生产信息、运输信息、配送信息、库存信息、订单信息上的有机集成与共享，从而为集成化物流系统的运营提供正确的决策。

信息共享度有三个维度：信息共享机制、信息系统技术水平和信息标准化。

2. 资源整合能力

集成化物流系统的资源整合是对客户资源、能力资源、信息资源和物流流程等资源进行整合，以期优化集成化物流系统的资源结构，提升集成化物流系统的功能，实现集成化物流系统对复杂资源的高效、快速、灵活运营与控制。若资源整合机制设计不合理，将使集成化物流系统的整体资源优势得不到充分发挥，进而影响到整个集成化物流系统的运营效果。这是因为集成化物流系统的竞争优势源于各成员企业核心能力的互补性、集成性和协调性，所以，资源整合能力的高低将是影响集成化物流系统能否充分有效地整合成员企业各自分散的资源，以实现整体目标的关键所在。

3. 组织沟通能力

由于集成化物流系统是由众多具有独特能力与互补资源的物流企业所组成的一个复杂的物流系统，所以在具体的物流服务运营过程中各自凭借其核心能力承担着所属节点的物流服务业务。而集成化物流系统对客户所提供的物流服务则是一体化的，如何确保将这种“内部分散的物流服务作业”整合成“对外的整体服务”，就需要在系统中建立起畅通的沟通渠道和灵活的协调与沟通机制，保持良好的组织沟通能力，以利于将各种冲突消灭在萌芽状态，从而保证集成化物流系统的市场活力和持续竞争力。

4. 协同反应能力

协同反应能力是指集成化物流系统针对环境的变化，通过信息、管理、文化的协同作用所表现出的整体响应能力，它是环境剧烈变化和系统各要素协同作用的结果。其本质就是集成化物流系统作为一个有序系统有效地响应环境的变化，通过系统内部的有效协同使系统向更有序的状态演变而形成的平衡环境和控制环境的能力。类似于举重运动，协同反应能力不仅取决于系统（相当于运动员的体能），还取决于管理（相当于运动员的训练水平）和组织文化（相当于运动员的心理素质）。良好的协同反应能力使集成化物流系统具有快速主动演化的能力，从而能够更好地整合、利用系统的各种资源，以应对激烈的市场竞争。

5. 标准化程度

标准化程度直接影响集成化物流系统协同运作的效率以及所提供物流服务的质量。集成化物流系统协同运作的本质就是将各个分散的物流服务环节集成化，追求整体系统的优化，使原有的物流服务渠道“提速”、“节能”。将各个物流服务环节有效地“直通”需要有一套完整的物流标准来加以保障。标准化程度越高，物流服务渠道的“提速”、“直通”效果就越好，物流服务质量就越有保证。集成化物流系统的标准化程度主要体现在物流信息标准化、物流设施和设备标准化、物流服务标准化方面。

6. 资源投入强度

核心能力的塑造和资源的积累都源自企业在人、财、物、技术方面的投入强度，对集成化物流系统而言也是如此。各成员企业在资源投入方面越多，就越有利于其核心能力的培养与加强，也就越有利于其在系统中的地位巩固。同样，随着系统整体资源投入强度的增强，集成化物流系统在市场竞争中的优势就会越加明显，其在物流方案策划、物流服务效率与质量方面也就越加具有优势。所以，集成化物流系统整体资源投入强度与其市场竞争能力的强弱、物流服务效率与质量的高低具有正向关联性。

7. 契约满意度（满意契约）

在集成化物流系统中，集成化物流服务商与供应商（成员企业）之间是委托—代理关系，它们的契约是属于委托—代理不完全契约，因而，它们之间能否实现长期有效的合作发展，在很大程度上取决于当事双方对契约条款的认可程度与满意程度。如果集成化物流服务商与供应商（成员企业），特别是成员企业，对契约中所包括的有关各方权益及保护、应尽义务与职责、信息使用规则、合作程序、违约责任等方面的内容越满意，那么对整个系统未来的物流服务运营就越有利，反之将会影响到它们未来的有效合作，甚至也有可能导致整个系统的解体。

二、策略层协同管理序参量的筛选

根据本章第二节的相关内容可知，策略层作为集成化物流系统中的一个子系统(U，E，V，f)，其对象集 $U=\{u_1, u_2, \cdots, u_i, \cdots, u_{20}\}$，其中，$u_i$ 为20个物流服务供应链协同状态参量调查问卷的相关案例；属性集 $E_2=\{X_{2-1}, X_{2-2}, X_{2-3}, \cdots, X_{2-7}, w\}$，$E=X\cup W$，其中条件属性集 $X_2=\{X_{2-1}, X_{2-2}, X_{2-3}, \cdots, X_{2-7}\}$，决策属性集 $W=\{w\}$，f 表示对象集与属性集的对应关系，即 $f: U\times E\rightarrow V$ 的映射关系，其中 V 是函数 f 的值域。

1. 状态参量的赋值

以集成化物流系统的状态参量的阶段末期算数加总值为初始值（标准），对策略层子系统集合 E_2 中的元素进行赋值：5 = 非常重要；4 = 比较重要；3 = 一般；2 = 比较不重要；1 = 非常不重要。

2. 建立指标数据模型表

根据20个物流服务供应链协同状态参量的相关案例问卷调查结果，针对策略层子系统的7个状态参量信息共享度 X_{2-1}、资源整合能力 X_{2-2}、组织沟通能力

X_{2-3}、协同反应能力 X_{2-4}、标准化程度 X_{2-5}、资源投入强度 X_{2-6}、契约满意度 X_{2-7}的具体赋值情况，可整理为如表4－5所示。

表4－5 策略层子系统状态参量赋值

	X_{2-1}	X_{2-2}	X_{2-3}	X_{2-4}	X_{2-5}	X_{2-6}	X_{2-7}
u_1	4	4	3	5	3	3	4
u_2	5	4	4	4	4	2	4
u_3	4	3	3	3	3	4	4
u_4	3	3	3	2	3	2	3
u_5	4	4	3	5	3	3	4
u_6	4	4	3	5	3	3	4
u_7	3	3	3	3	3	4	4
u_8	4	4	3	5	3	3	4
u_9	5	4	4	4	4	2	4
u_{10}	5	4	4	4	4	2	4
u_{11}	4	4	3	5	3	3	4
u_{12}	4	3	3	3	3	4	4
u_{13}	4	4	3	5	3	3	4
u_{14}	5	4	4	4	4	2	4
u_{15}	4	4	3	5	3	3	4
u_{16}	3	3	3	3	3	4	4
u_{17}	4	3	3	2	3	2	3
u_{18}	4	4	3	5	3	3	4
u_{19}	3	3	3	3	3	4	4
u_{20}	4	4	3	5	3	3	4

3. 属性约简运算

信息熵 $H(E_2) = -\sum_{i=1}^{7} p_i \log_2 p_i = 1.81$，$H(X_{2-1}) = 1.16$，$H(X_{2-2}) = 0.93$，$H(X_{2-3}) = 0.72$，$H(X_{2-4}) = 1.81$，$H(X_{2-5}) = 0.72$，$H(X_{2-6}) = 1.54$，$H(X_{2-7}) = 0.47$。因为信息熵 $H(E_2) = \text{Max}H(X_{2-i}) = H(X_{2-4}) = 1.81$，$i = 1, 2, \cdots, 7$，所以，$X_{2-4}$为 E_2 的变量约简集。

4. 策略层协同管理序参量的确定

从属性约简运算结果中，可以看到协同反应能力 X_{2-4}在集成化物流系统的策略层子系统中所具有的重要影响。它的变化波动一般保持在一定的区间范围内且变化缓慢，一旦跃入一个新的波动区间，则将会导致策略层子系统进入一个新的发展阶段，这符合序参量的特质。故可认定集成化物流策略层子系统的序参量是协同反应能力 X_{2-4}。

第五节　作业层协同管理的序参量识别

在集成化物流协同管理中，作业层属于集成化物流系统中执行具体业务的工作中心，体现的是集成化物流系统价值实现的效率化问题，要解决的是“谁来做”、“在哪里做”、“做什么”的具体业务性问题。

一、作业层协同管理状态参量的解析

作业层协同管理是集成化物流系统中最低层次的协同管理，主要涉及集成化物流系统协同管理的技巧性问题，关注的是集成化物流系统运营的高效率化、低成本化问题，体现为集成化物流系统中成员企业间具体业务作业流程的协同整合程度。它对集成化物流系统协同管理起着“落地性”作用，是战略层决策的具体执行者，策略层的规划设计等方案需要通过作业层来具体实施。作业层协同管理的目标是追求技术与经济的合理性，通过实时的信息流通与共享，使得在物流作业过程中成员企业间的业务配合能够达到时空上的同步性。在时间上的同步性要求各成员间要紧密衔接，遵循共同的时间参考；在空间上的同步性表现为各成员间在地域上的连接实现“无缝化”。

总体而言，作业层协同管理是按照规定的流程，借助于先进的物流技术（如条形码技术、EDI、GPS、GIS 等），对具体的物流作业活动进行协同管理。首先是根据指挥中心/操作中心的指令，制订具体的作业计划，如运输计划、配送计划、仓储计划、库存计划等；其次在集成化物流作业信息系统和先进的物流设施设备的支持下，按照契约的职能分工合作原则，有条不紊地按时、按质、按量完

成物流服务作业，以保证整个系统物流服务活动的效率化。作业层的协同管理对整个集成化物流系统的协同管理至关重要，其协同结果对集成化物流系统的协同效果有决定性影响。根据前面的文献汇总与专家评定结果可知，影响集成化物流作业层协同管理的相关状态参量主要有作业规则/标准、物流效率、物流成本、服务可靠性、服务响应性、业务数据交换效率（信息处理能力）六个。

1. 作业规则/标准

作业规则/标准主要是为了规范集成化物流系统各成员企业在物流服务过程中的具体操作，以确保整个系统向客户提供的各项物流服务工作都具有统一的要求和规范化的标准。作业规则/标准明确规定了各物流环节的范围和目的、组织和构成、程序和措施、监督和质量要求、效果和评价、相关工作的协作关系等，从而为保证在规定的成本和时间内完成规定质量的物流服务提供统一的依据。

2. 物流效率

对集成化物流系统而言，物流效率指的是系统能否在一定的服务水平下满足客户的时间要求，这反映出集成化物流系统在作业层面整体协同水平的高低。决定物流效率的因素有两个：一是流体（即物品）在集成化物流系统内各成员企业之间的物流交换效率；二是流体在成员企业内的物流效率。决定流体在成员企业内物流效率的主要是运输系统的效率，而决定流体在成员企业之间交换效率的则是各成员企业的协同程度。

3. 物流成本

物流成本是指集成化物流系统运作所消耗的成本，是物流活动产生的支出。集成化物流系统的输入是外部环境向物流系统提供劳动力、能源、设备、信息等，物流系统的各项输入在价值形态上统一表现为物流成本。由于物流系统运行中的一个典型特点是存在效益悖反关系，不同物流活动之间在成本目标、运作上存在冲突，在设计反映物流成本的指标时，不能独立考察运输成本、仓储成本、装卸搬运成本、包装成本、流通加工成本、配送成本、物流信息成本等，而应从集成化物流大系统角度考察物流总成本的支出情况。运用以物流总成本为主的经济指标来衡量集成化物流系统，可以达到降低物流总成本的目的。

4. 服务可靠性

服务可靠性是指集成化物流系统所提供物流服务的最终结果与对客户的服务承诺或客户对服务的需求相一致，物流服务的结果在多次的服务中表现出一致

性。只有系统成员企业之间的作业保持高度可靠性、协调性，才能最大限度地降低物流运营中的不确定性，从而提高集成化物流系统的运营效率。因此，服务可靠性是对集成化物流系统服务质量整体评判的一个关键性指标，它主要体现在订单处理正确率、账货相符率、货物准确率、货物完好率、货物准时送达率等方面。

5. 服务响应性

服务响应性是指集成化物流系统能够帮助客户解决实际中出现的问题，并以尽量迅速有效的方式提供物流服务。它用来衡量集成化物流系统将流体在正确的时间、正确的地点，以正确的种类和数量送达客户的能力，体现了系统准确满足报价或预计交付时间和数量的能力水平。服务响应性越强，表明系统所能够提供的有效物流服务越好，系统整体生产能力所具有的柔性就越强，这就意味着系统具有很好的市场适应能力，能够很好地适应市场需求的快速变化。

6. 业务数据交换效率（信息处理能力）

在集成化物流系统的作业层存在着大量的业务数据交换问题，这包含战略层对作业层下达的任务指令、策略层对作业层下达的协调指令、作业指令，以及各成员企业间在具体业务操作过程中相互传送的各类业务数据与信息。这些业务数据与信息能否快速、准确、及时地传送到需求者手中，将直接影响到其后续的作业安排与进度，从而影响到作业层的整体物流效率。所以，业务数据交换效率越高，则表明集成化物流系统的信息处理能力越强。

二、作业层协同管理序参量的筛选

根据本章第二节的内容可知，作业层作为集成化物流系统中的一个子系统（U，E，V，f），其对象集 $U=\{u_1, u_2, \cdots, u_i, \cdots, u_{20}\}$，其中，$u_i$ 为20个物流服务供应链协同状态参量调查问卷的相关案例；属性集 $E_3=\{X_{3-1}, X_{3-2}, X_{3-3}, \cdots, X_{3-6}, w\}$，$E=X\cup W$，其中条件属性集 $X_3=\{X_{3-1}, X_{3-2}, X_{3-3}, \cdots, X_{3-6}\}$，决策属性集 $W=\{w\}$，f 表示对象集与属性集的对应关系，即 $f: U\times E\rightarrow V$ 的映射关系，其中 V 是函数 f 的值域。

1. 状态参量的赋值

以集成化物流系统的状态参量的阶段末期算数加总值为初始值（标准），对作业层子系统集合 E_3 中的元素进行赋值：5 = 非常重要；4 = 比较重要；3 = 一般；2 = 比较不重要；1 = 非常不重要。

2. 建立指标数据模型表

根据 20 个物流服务供应链协同状态参量的相关案例问卷调查结果，针对作业层子系统的 6 个状态参量作业规则/标准 X_{3-1}、物流效率 X_{3-2}、物流成本 X_{3-3}、服务可靠性 X_{3-4}、服务响应性 X_{3-5}、业务数据交换效率 X_{3-6}的具体赋值情况，可整理为如表 4－6 所示。

表 4－6　作业层子系统状态参量赋值

	X_{3-1}	X_{3-2}	X_{3-3}	X_{3-4}	X_{3-5}	X_{3-6}
u_1	5	4	4	4	3	5
u_2	5	4	3	4	4	4
u_3	4	5	3	5	4	4
u_4	5	4	4	4	3	3
u_5	5	3	3	4	4	2
u_6	4	4	4	5	4	5
u_7	5	4	3	4	3	1
u_8	3	3	3	5	4	5
u_9	3	4	4	5	4	3
u_{10}	3	3	3	4	4	4
u_{11}	4	3	2	5	3	3
u_{12}	4	4	3	5	4	2
u_{13}	3	4	3	4	3	2
u_{14}	2	4	4	4	3	2
u_{15}	2	3	4	4	4	3
u_{16}	2	4	3	5	4	5
u_{17}	2	4	4	4	4	4
u_{18}	2	4	3	2	3	3
u_{19}	3	3	3	2	4	4
u_{20}	4	4	4	4	4	5

3. 属性约简运算

信息熵 $H(E_3) = -\sum_{i=1}^{6} p_i \log_2 p_i = 4.32$，$H(X_{3-1}) = 2$，$H(X_{3-2}) = 1.14$，

$H(X_{3-3})=1.22$，$H(X_{3-4})=1$，$H(X_{3-5})=0.93$，$H(X_{3-6})=1.96$。因为信息熵 $H(E_3)\neq MaxH(X_{3-i})$，$i=1, 2, 3, \cdots, 6$，且 $H(E_3)=H(X_{3-1}, X_{3-6})=3.96<4.32$，所以，$(X_{3-1}, X_{3-6})$为 E_3 的变量约简集。

4. 作业层协同管理序参量的确定

从属性约简运算结果中，可以看到作业规则/标准 X_{3-1}、业务数据交换效率 X_{3-6}在集成化物流系统的作业层子系统中所具有的重要影响。它们的变化波动一般保持在一定的区间范围内且变化缓慢，一旦跃入一个新的波动区间范围，则必将会导致作业层子系统进入一个新的发展阶段，这符合序参量的特质。故作业规则/标准 X_{3-1}、业务数据交换效率 X_{3-6}可被确定为集成化物流作业层子系统的序参量组。

本章小结

在对已有的相关研究成果进行较为全面的收集与梳理，以及专家评分的基础上，本章构建了集成化物流系统的三层次协同管理状态参量体系。它是一个由 6 个战略层状态参量、7 个策略层状态参量和 6 个作业层状态参量所组成的状态参量体系。

战略层协同管理是集成化物流系统最高层次的协同管理，主要涉及集成化物流系统协同管理的框架性、整体性、远景性问题。影响其协同管理的状态参量主要有虚拟利润（战略价值）、核心能力、资源互补性、企业文化相容度、利益分配机制、合作伙伴关系六个。通过运用粗糙集理论的约简集运算方法对战略层协同管理状态参量进行近似筛选，发现虚拟利润（战略价值）、企业文化相容度是集成化物流战略层协同管理的序参量。

策略层协同管理是集成化物流系统中间层次的协同管理，主要涉及集成化物流系统协同管理的战术性问题，其所关注的主要状态参量有信息共享度、资源整合能力、组织沟通能力、协同反应能力、标准化程度、资源投入强度、契约满意度（满意契约）七个。通过对其状态参量进行近似筛选，确定协同反应能力是策略层协同管理的序参量。

作业层协同管理是集成化物流系统中最低层次的协同管理，主要涉及集成化物流系统协同管理的技巧性问题，其所关注的主要状态参量有作业规则/标准、物流效率、物流成本、服务可靠性、服务响应性、业务数据交换效率（信息处理能力）六个。通过对其状态参量进行近似筛选，认定作业规则/标准、业务数据交换效率（信息处理能力）是作业层协同管理的序参量。

第五章　集成化物流协同管理的演化过程分析

集成化物流系统协同管理“竞争→协作→协调→协同”的运行过程是一个自组织协同演化的过程，也即集成化物流系统协同管理的发展过程是“独立组织→他组织→自组织→高级自组织”的协同演化过程。因此，集成化物流系统协同管理的发展作为一种自组织过程，也是一个包含“四阶段、三相变”的过程，同样可借助于协同演化模型对其演化过程进行数理分析。

依据协同学思想，在组织的演化发展过程中，一直有一个无形的“导演”在主导着它，使它从无序向有序演变，而这个无形的“导演”就是序参量。因而，借助序参量，我们可以分别对集成化物流系统战略层、策略层、作业层的协同管理演化过程的阶段和相变进行分析。

第一节　自组织协同演化模型

用于研究系统协同演化的分析工具有许多，在针对集成化物流协同管理演化的分析中，我们将以 Langevin 方程$\frac{dX_i(t)}{dt} = -\gamma_i X_i(t) + g_i(X_i, t) + F(t)$为主要研究工具，用于描述集成化物流系统协同管理演化自组织模型，以分析单序参量、双序参量的协同演化规律。在 Langevin 方程中，$X_i(t)$表示系统中相互联系、相互协同的各子系统的状态变量；γ_i 表示阻尼系数；$g_i(X_i, t)$表示协同作用函数；$F(t)$表示随机涨落力；t 表示时间。

一、单序参量自组织协同演化模型

根据 Langevin 方程，可构建出集成化物流协同管理的单序参量自组织协同演化模型，如下所示①：

$$\frac{dX}{dt}=(\alpha-\gamma)X-\rho X^3 \tag{5-1}$$

其中，X 表示序参量（关于时间 t 的函数）；α 表示序参量 X 对集成化物流协同管理演化的影响系数；γ 表示序参量 X 的阻尼系数；ρ 表示序参量 X 的衰减系数；t 表示时间。

其势方程为：

$$V(X)=\frac{1}{2}(\alpha-\gamma)X^2-\frac{1}{4}\rho X^4 \tag{5-2}$$

从（5－1）式、（5－2）式可知，由于 $\gamma>0$ 且 $\rho>0$，所以有以下两种情况：

（1）当 $\alpha<\gamma$ 时，由 $\frac{dX}{dt}=0$，可得（5－1）式的唯一定态解 $X=0$。此时由于 $\frac{d}{dX}\left(\frac{dX}{dt}\right)\Big|_{X=0}=0$，所以系统在 $X=0$ 处平衡，即系统在（0，0）处存在相变点。当序参量 $\frac{dX}{dt}>0$，即 $X>0$ 时，此时系统在唯一的相变点即（0，0）处发生相变。这种系统是一种最简单的、只有单一控制参量（也就是序参量）的系统，其演化发展（包括相变）完全由序参量 X 决定。

这种情况只在理论上存在，在实际中很难找到，特别是在经济社会系统或其子系统中更难发现（见图 5－1）。鉴于集成化物流系统是一个人造的经济社会系

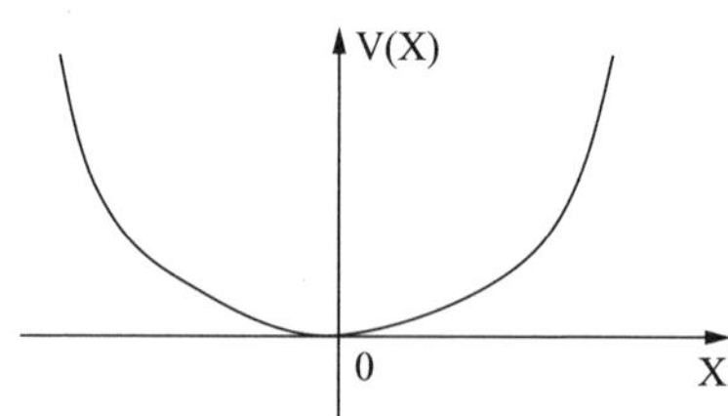

图 5－1　当 α<γ 时单序参量自组织协同演化模型

① 吴大进．协同学原理和应用［M］．武汉：华中理工大学出版社，1990：21－22.

统，所以此种情况不在讨论之列。

（2）当 $\alpha > \gamma$ 时，由 $\frac{dX}{dt} = 0$ 可得（5－1）式的三个定态解：$X = 0$，$\pm\sqrt{\frac{(\alpha-\gamma)}{\rho}}$。根据线性稳定性分析：

$$\frac{d}{dX}[(\alpha-\gamma)X - \rho X^3]|_{X=\pm\sqrt{\frac{(\alpha-\gamma)}{\rho}}} = -2(\alpha-\gamma) < 0$$

故均为定态解。所以，集成化物流系统在 $X = 0$，$\pm\sqrt{\frac{(\alpha-\gamma)}{\rho}}$ 处平衡，即系统存在三个相变点 $K_1\left(-\sqrt{\frac{(\alpha-\gamma)}{\rho}}, \frac{(\alpha-\lambda)^2}{4\rho}\right)$，$(0, 0)$，$K_2\left(+\sqrt{\frac{(\alpha-\gamma)}{\rho}}, \frac{(\alpha-\lambda)^2}{4\rho}\right)$。其演化过程可分为四个阶段，即 $\left(-\infty, -\sqrt{\frac{(\alpha-\gamma)}{\rho}}\right]$，$\left(-\sqrt{\frac{(\alpha-\gamma)}{\rho}}, 0\right]$，$\left(0, \sqrt{\frac{(\alpha-\gamma)}{\rho}}\right]$，$\left(\sqrt{\frac{(\alpha-\gamma)}{\rho}}, +\infty\right)$ 四个区间所对应的阶段（见图 5－2）。

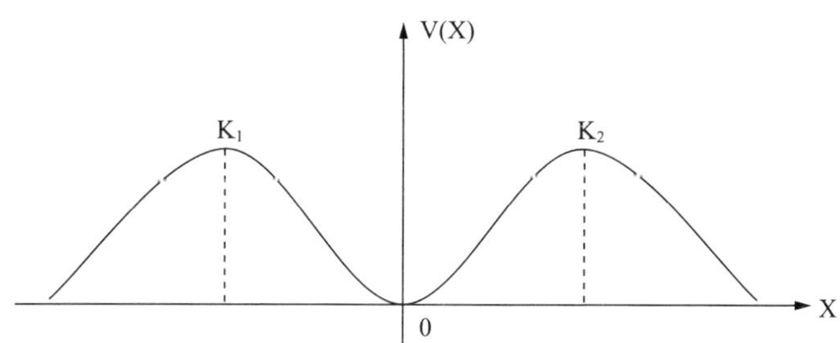

图 5－2　当 $\alpha > \gamma$ 时协同演化模型势方程曲线

二、双序参量自组织协同演化模型

根据 Langevin 方程，可构建出集成化物流协同管理的双序参量自组织协同演化模型，如方程组（5－3）所示：

$$\begin{cases} \frac{dS}{dt} = \alpha S + \alpha_1 X_1 + \alpha_2 X_2 + \alpha_3 X_1 X_2 + F(t) \\ \frac{dX_1}{dt} = (\alpha_4 - \gamma_1) X_1 - \rho X_1^2 - \beta_1 X_1 X_2 \\ \frac{dX_2}{dt} = -\gamma_2 X_2 + \beta_2 X_1^2 \end{cases} \tag{5-3}$$

其中，X_1 和 X_2 分别代表两个不同的序参量；S 表示系统的状态参量，是关于序参量 X_1 和 X_2 的函数；α 表示系统的自反馈系数；α_1 表示序参量 X_1 对系统协同演化的影响系数；α_2 表示序参量 X_2 对系统协同演化的影响系数；α_3 表示序参量 X_1 和 X_2 的相互作用对系统协同演化的影响系数；α_4 是序参量 X_1 和 X_2 共同的增益系数；γ_1 是序参量 X_1 的阻尼系数；γ_2 是序参量 X_2 的阻尼系数；ρ 表示序参量 X_1 的衰减系数；β_1 表示序参量 X_1 和 X_2 之间的相互作用力系数；β_2 表示序参量 X_1 和 X_2 的相关系数；$F(t)$ 表示系统的随机涨落；t 表示时间。

当系统处于稳定状态时，$\frac{dS}{dt} = \frac{dX_1}{dt} = \frac{dX_2}{dt} = 0$ 是系统的初始解，即研究一种平衡跃迁为另一种平衡的演化过程的起点。若视方程组（5－3）为关于 S、X_1、X_2 的线性方程，可得特征矩阵：

$$\begin{bmatrix} \alpha & \alpha_1 + \frac{1}{2}\alpha_3 X_2 & \alpha_2 + \frac{1}{2}\alpha_3 X_2 \\ 0 & \alpha_4 - \gamma_1 - \rho X_1 - \frac{1}{2}\beta_1 X_2 & -\frac{1}{2}\beta_1 X_1 \\ 0 & \beta_2 X_1 & -\gamma_2 \end{bmatrix}$$

在平衡点（S，X_1，X_2）＝（0，0，0）处的特征方程为：

$$\begin{vmatrix} \lambda - \alpha & -\alpha_1 & -\alpha_2 \\ 0 & \lambda - (\alpha_4 - \gamma_1) & 0 \\ 0 & 0 & \lambda - (-\gamma_2) \end{vmatrix} = 0$$

得特征根 $\lambda_1 = \alpha$，$\lambda_2 = \alpha_4 - \gamma_1$，$\lambda_3 = -\gamma_2$。

其中，γ_2 是序参量 X_2 的阻尼系数，根据方程的表示形式可知 $-\gamma_2$ 恒为负，即 $\lambda_3 < 0$ 恒成立，集成化物流系统协同管理的稳定性由 α、α_4 和 γ_1 决定。

第二节　战略层协同管理的演化分析

从集成化物流战略层序参量的识别与筛选结果可知，虚拟利润（战略价值）、企业文化相容度是集成化物流战略层协同管理的序参量。由此可见，集成化物流战略层协同管理演化模型属于双序参量协同演化的情况，其战略层协同管理的演化进程可以借助于序参量方程来描述相变现象。但鉴于在双序参量的情况下，系统与序参量之间、序参量与序参量之间存在着正负反馈等相互作用，故我们尝试着从系统与序参量之间、序参量与序参量之间相互作用形成系数的角度来进行相变分析。

一、总体分析

从对方程组（5-3）的分析结论可知，在集成化物流系统战略层协同管理演化过程中，α、α_4 和 γ_1 是决定协同演化变化的关键性系数，它们的不同组合可将集成化物流系统战略层协同管理的演化过程大致分为四个阶段（竞争阶段→协作阶段→协调阶段→协同阶段）和三个相变点（协作相变、协调相变、协同相变）。

在战略层协同管理的演化进程中，作为序参量 X_1 的虚拟利润（战略价值）、序参量 X_2 的企业文化相容度的特性决定着集成化物流战略层协同管理演化过程的最终运动方向，但虚拟利润（战略价值）、企业文化相容度并不会在整个战略层的协同进程中都发挥决定性作用，只是在相变临界点附近才会，而且这两个序参量所发挥的支配作用具有分阶段性、交替性、主辅性，即在不同的具体阶段，序参量虚拟利润（战略价值）、企业文化相容度的支配作用会出现一个序参量发挥主导作用，而另一个序参量仅发挥辅助作用，或仅有一个序参量发挥作用，而另一个不发挥作用的情况。同样，由内外部因素引起的涨落依然是集成化物流战略层协同管理演化进程的动力。

二、“战略竞争→战略协作”的相变

1. 状态分析

当 $\alpha<0$ 且 $\alpha_4<\gamma_1$ 时，表明系统的自我反馈能力起反向作用，加之序参量

X_1 和 X_2 的共同作用能力很弱，因而系统无法自我形成新的态势。这表明集成化物流系统在战略层的协同管理并没有出现，集成化物流服务商与其供应商（还未成为集成化物流系统的成员企业）在战略层面的关系处于各自独立的状态。任何从（0，0，0）平衡点附近出发的轨线均收敛趋于零，即作为序参量 X_1 的虚拟利润（战略价值）和作为序参量 X_2 的企业文化相容度并不能形成合力，以支配集成化物流系统在战略层实施协同管理，而仅是在各自独立的运营体系中发挥一般性作用。方程组（5-3）所存在的唯一稳定解 $(S, X_1, X_2)=(0, 0, 0)$，说明集成化物流服务商与其供应商在战略层的管理是相互独立的，没有出现交集，在实际的物流服务运营中还存在着相互竞争的关系。此时，即使存在较大的随机涨落力，如市场需求的剧烈变化，也不能引起集成化物流服务商与其供应商这种物流服务运营竞争关系的实质性变化。

集成化物流服务商与其供应商在实际的物流服务运营中既存在着供应链间的业务合作关系，也存在着为了自身战略利益所展开的各自独立的竞争运动，即它们之间同时存在着战略竞争与战略合作的关系。集成化物流战略层协同管理形成的动力正是来自这种战略竞争与战略合作的相互作用。当进行战略合作的收益小于自身独立运作的收益时，集成化物流服务商与其供应商独立运动的趋势将大于相互关联的协作运营趋势，即集成化物流服务商与其供应商之间更倾向于竞争，依靠自己的力量取得竞争优势。这时集成化物流服务商与其供应商各自的战略在宏观上表现为一种杂乱无章的无序状态，是一种独立组织的状态。

2. 临界状态分析

当 $\alpha<0$ 且 $\alpha_4=\gamma_1$ 时，尽管系统的自我反馈能力起反向作用，但因序参量 X_1 和 X_2 的共同作用能力增强，且序参量 X_1 的支配系统能力成为系统的共同主导力量，从而使系统处于临界状态。这说明集成化物流服务商与其供应商对各自战略价值的期望已经达到现行战略管理的极限，已经处于即将不能适应外部环境变化要求的状态，需要有新的战略管理形态来推进系统的发展，预示着集成化物流战略层“协作”管理呼之欲出。

3. 相变状态分析

当 $\alpha<0$ 且 $\alpha_4>\gamma_1$ 时，尽管系统的自我反馈能力起反向作用，但因序参量 X_1 和 X_2 的共同作用能力进一步增强，加之序参量 X_2 的支配系统能力得到增强，

在涨落力（市场环境发生变化，如有新的竞争对手进入）的作用下小背离平衡点，支配集成化物流服务商与其供应商的战略合作意愿突破原有各自的战略独立状态稳定临界点，从而引发集成化物流服务商与其供应商更加愿意进一步加强相互之间的合作程度，以更好地应对外部环境的变化，实现更高层次战略价值的期望。为此，集成化物流服务商与其供应商各自战略的独立运动的平衡状态被打破，供应商的战略开始融合到集成化物流系统的战略之中，集成化物流系统中各成员企业间的战略关系从“战略竞争”进入“战略协作”的相变状态。至此，集成化物流战略层管理的协同演化出现第一次相变，导致新的有序产生，所形成的集成化物流战略层“协作”管理呈现出一种整体以他组织为主的状态。

在从“战略竞争”向“战略协作”的相变转化进程中，集成化物流服务商与其供应商的战略合作意愿是以实现更高层次的战略价值为导向的。所以，引导系统发生第一次相变是由序参量 X_1 虚拟利润（战略价值）主导的。尽管另一个序参量 X_2（企业文化相容度）的支配系统能力得到增强，但因系统自我反馈能力起反向作用，从而使其对集成化物流系统的影响基本可以忽略不计，即此时集成化物流服务商与其供应商虽然对它们之间的企业文化相容度保有很高的关注度，但并未成为影响它们在战略层面合作的主导性因素。

三、“战略协作→战略协调”的相变

1. 状态分析

当处于 $\alpha<0$ 且 $\alpha_4>\gamma_1$ 状态时，系统已经进入“协作”阶段，作为战略层序参量的虚拟利润（战略价值）、企业文化相容度形成合力，共同支配（引导）集成化物流战略层的“协作”管理产生不断的正负反馈，不断向新的有序演化，而且在随机涨落的作用下，不断朝临界值（点）逼近，但系统的运动方向可能会在正负反馈的作用下出现“向前向后”的往复运动态势。

处于“战略协作”态势的集成化物流系统各成员企业，为了自身战略价值的实现，会根据各自企业文化的相容情况，寻求在战略层面相互间的组合搭配，以求通过“协作”的方式集合各成员企业的资源和能力，共同制订计划、运作方案，获取“双赢”或“多赢”的战略目标。

在此阶段，集成化物流系统各成员企业之间企业文化相容度不高，相互之间的信任程度也不高，存在着较大的机会风险和道德风险。因此，集成化物流系统的“战略协作”管理主要是针对某项具体的物流服务业务项目，或某项技术项目的支持而展开的管理工作，而集成化物流系统战略层的管理状态并没有出现新的突变，整体的战略管理态势也没有形成一种新的有序结构，依然是处于一种以他组织为主的管理状态。

2. 临界状态分析

当 $\alpha=0$ 且 $\alpha_4=\gamma_1$ 时，系统处于失去自我反馈能力的状态，加之序参量 X_1 虚拟利润的支配系统能力成为系统的共同主导力量，从而使系统处于临界状态。这表明具有“战略协作”管理经历的集成化物流服务商与其供应商开始意识到，面对复杂多变的外部物流市场竞争压力，仅仅依靠自身资源与能力已经无法应对激烈的竞争，迫切需要进一步充分利用对方所具有的核心能力与独特资源，从而促使集成化物流服务商与其供应商开始探索在战略层实施“协调”管理之可能。至此，集成化物流服务商与其供应商在战略层面的各自独立状态达到稳定的临界值。

3. 相变状态分析

当 $\alpha>0$ 且 $\alpha_4<\gamma_1$ 时，表明系统的自我反馈能力起正向作用，尽管序参量 X_1 和 X_2 的共同作用能力较弱，但因系统自我反馈能力的强大作用，促使作为战略层序参量 X_1 的虚拟利润（战略价值）和作为序参量 X_2 的企业文化相容度形成合力，迫使系统在涨落力的作用下背离平衡点，从而共同支配（引导）集成化物流服务商与其供应商的战略“协作”管理态势突破原有的稳定临界点，发生第二次相变——实现由“战略协作”管理向“战略协调”管理的升华，呈现出一种新型的有序管理状态。

在经历战略层的“协作”管理磨合之后，集成化物流服务商与其供应商彼此之间对己方与对方的价值观、企业文化、核心能力以及资源的互补性有了进一步的了解与认识，从而激发集成化物流服务商与其供应商更加愿意在战略层面开展更进一步的合作，以求能更好地应对外部物流市场的需求，获得更大的生存空间和市场份额。

在“战略协作”管理向“战略协调”管理的升华过程中，作为战略层序参量 X_1 的虚拟利润（战略价值）和作为序参量 X_2 的企业文化相容度发挥了共同

的主导作用。通过追求集成化物流系统虚拟利润（战略价值）的最大化来实现成员企业价值的最大化，是集成化物流服务商与其供应商愿意进一步提升战略合作管理层次的根本性动力。由于各成员企业因其成长历程不同，因而所具有的企业文化的内涵存在着较大的差异甚至冲突，如何有效地提高成员企业间的企业文化相容度，则是确保集成化物流系统有效实现“战略协调”管理的根本性基础。由此可见，在第二次相变过程中，序参量 X_1 虚拟利润（战略价值）起主导作用，而序参量 X_2 企业文化相容度则起辅助性作用，正是它们的共同作用，才推动集成化物流系统在战略层由“协作”管理向“协调”管理进一步升华。

四、“战略协调→战略协同”的相变

1. 状态分析

当处于 $\alpha > 0$ 且 $\alpha_4 < \gamma_1$ 状态时，表明系统已经进入“协调”阶段。进入“协调”管理态势的集成化物流战略层的管理，在序参量 X_1 虚拟利润（战略价值）和序参量 X_2 企业文化相容度所形成合力的引导下，其战略层的“协调”管理产生不断的正负反馈，不断向新的有序管理态势演化，而且在随机涨落力的作用下不断地朝着临界值（点）逼近，但系统的运动方向可能会在正负反馈的作用下出现“向前向后”的往复运动态势。

处于战略层面“协调管理”态势的集成化物流服务商与其供应商，在经历诸如物流链的规划设计方案、物流整体服务解决方案，以及增值服务方案等方面战略性“协调管理”的过程中，发现尽管在追求虚拟利润最大的目标下实现了在战略层面的“协调管理”态势，但因各自在核心能力、资源互补性等方面存在差距，特别是在行为规范、道德准则、生活信念、企业风俗、习惯、传统等方面的差距，致使它们在更进一步地达成对客户需求快速响应的物流服务战略目标上存在隔阂，难以做到将它们的能力和资源真正整合成为集成化物流系统的“一体化”能力和资源，从而在客观上影响和限制了集成化物流系统作为一个整体参与物流市场竞争的形象与实力。

在此阶段，尽管作为战略层序参量 X_1 的虚拟利润（战略价值）和作为序参量 X_2 的企业文化相容度所形成的合力依然在推进集成化物流系统战略层“协调管理”的进化、完善等方面起着支配性的引导作用，但因其影响力小于系统宏观向量（防范战略性风险、商业机密泄露、逆向性选择等）的作用，从而使集成化物流系统战略层的管理态势并没有出现突变，整体的管理态势依然是处于一种以“协调管理”为主的管理状态，而没有形成一种新的有序的管理结构。

2. 临界状态分析

当 $\alpha>0$ 且 $\alpha_4=\gamma_1$ 时，系统的自我反馈能力起正向作用，同时由于序参量 X_1 和 X_2 的共同作用能力增强，且序参量 X_1 的支配系统能力成为系统的共同主导力量，从而使集成化物流系统处于临界状态。这说明集成化物流服务商与其供应商在经历战略层的“协调管理”过程之后，更加清楚地意识到仅仅通过“协调管理”整合的资源与能力还是难以满足现实物流市场竞争的需要，其整合效果还是无法使系统效能达到极致，很有必要进行更为深层次的整合。此时，在追求虚拟利润最大化目标的引领下，集成化物流服务商与其供应商在能力和资源方面展开了更为深化的整合，从而使系统全面处于向新的、更高级的、组织更紧密的有序状态突变的临界状态，这意味着促使集成化物流战略层实施“协同”管理态势的显现。

3. 相变状态分析

当 $\alpha>0$ 且 $\alpha_4>\gamma_1$ 时，系统的自我反馈能力起正向作用，同时序参量 X_1 和 X_2 的共同作用能力进一步增强，加之序参量 X_2 的支配系统能力得到增强，在涨落力的作用下小背离平衡点，使系统突破临界状态点，从而进入新的相变状态。这表明作为战略层序参量的虚拟利润（战略价值）和企业文化相容度所形成的合力大于系统宏观向量（产业竞争环境恶化、供应链整体竞争态势的呈现等）的作用力，在随机涨落的作用下，集成化物流系统的战略层“协调管理”脱离原有自组织有序的状态，突破原有的稳定临界点，发生第三次相变——由“战略协调”管理向“战略协同”管理的升华，从而出现新的有序状态，集成化物流系统战略层管理呈现出一种整体高级自组织的状态。

在经历战略层面“协调”阶段的磨合之后，集成化物流服务商与其供应商对彼此之间企业文化的内涵有了更为全面、深刻的认识与理解，从而促使集成化物流服务商与其供应商能够在战略层面上寻找到开展全方位、全领域、全过程战略性整合的切入点，进而在战略层面真正地实现“协同管理”。

由“战略协调”管理向“战略协同”管理升华的过程，是作为战略层序参

量 X_1 的虚拟利润（战略价值）和作为序参量 X_2 的企业文化相容度共同作用的结果。追求虚拟利润（战略价值）的最大化依然是集成化物流服务商与其供应商愿意进一步提升战略合作管理层次的根本性动力。但由于各成员企业间的文化差异阻碍了它们进一步深入合作的意愿与行为，所以如何有效地克服、解决企业文化相容度问题，则成为集成化物流服务商与其供应商推进集成化物流系统由“战略协调”管理进一步升华为“战略协同”管理的关键所在。因而，在此阶段的相变过程中，序参量 X_2 企业文化相容度是主导序参量，而序参量 X_1 虚拟利润（战略价值）则为辅助序参量。

4. 高级自组织状态分析

集成化物流战略层的管理态势从“协调管理”升华为“协同管理”的相变发生，意味着集成化物流战略层的协同管理已经实现，标志着集成化物流系统在战略层的管理已经进入高级自组织状态，集成化物流服务商与其成员企业之间已经在战略价值、核心能力、资源互补、企业文化等方面真正实现了高度的融合、高度的共享，从而在集成化物流各节点企业间建立起“利益共享、责任共担”的和谐关系，进而达到了物流供应链上各个节点企业都能同时做到“要停则停，要流则流”的物流服务境界。

需要指出的是，进入高级自组织阶段的集成化物流战略层协同管理，其作为序参量的虚拟利润（战略价值）和企业文化相容度支配集成化物流系统在战略层面“协同管理”的自组织使命宣告结束，但集成化物流战略层的管理态势仍然不断向更高级的有序状态发展或者逐步衰退。影响集成化物流战略层协同管理的其他状态参量核心能力、资源互补性等，将与虚拟利润（战略价值）、企业文化相容度共同在“战略”层面上对集成化物流系统发挥作用，直到集成化物流系统出现新的有序状态和诞生新的序参量。

第三节 策略层协同管理的演化分析

从集成化物流策略层序参量的识别与筛选结果可知，协同反应能力是集成化物流策略层协同管理的序参量。由此可见，集成化物流策略层协同演化模型属于单序参量协同演化的情况，其策略层协同管理的演化进程可以通过序参量的势函数方程来描述。

一、总体分析

分析本章第一节中（5－1）式、（5－2）式可知，在集成化物流策略层协同管理的演化过程中，存在着三个相变临界点，即 $K_1\left(-\sqrt{\frac{(\alpha-\gamma)}{\rho}}, \frac{(\alpha-\lambda)^2}{4\rho}\right)$，（0，0），$K_2\left(+\sqrt{\frac{(\alpha-\gamma)}{\rho}}, \frac{(\alpha-\lambda)^2}{4\rho}\right)$，其将演化过程划分为四个阶段——“竞争阶段→协作阶段→协调阶段→协同阶段”，从而呈现出“三相变、四阶段”的集成化物流策略层协同管理的演化进程。

在策略层协同管理的演化进程中，作为序参量 X 的协同反应能力的特性决定着集成化物流策略层协同管理演化过程的最终运动方向，但协同反应能力并不会在整个策略层协同进程中都发挥决定性作用，只是在相变临界点附近才会。在每个具体的阶段，集成化物流系统在涨落的作用下产生的控制参量都可能成为系统某段时间内的决定因素。由内外部因素引起的涨落是集成化物流策略层协同管理演化进程的动力。

二、“策略竞争→策略协作”的相变

1. 状态分析

当 $X\in\left(-\infty, -\sqrt{\frac{(\alpha-\gamma)}{\rho}}\right]$时，说明集成化物流系统在策略层的协同管理并没有出现，集成化物流服务商与其供应商（还未成为集成化物流系统的成员企业）在策略层面的业务关系依然处于各自独立的状态。任何从 $\left(-\infty, -\sqrt{\frac{(\alpha-\gamma)}{\rho}}\right]$ 平衡点附近出发的轨线均收敛趋于零，即作为序参量的协同反应能力并不能单独支配集成化物流系统在策略层实施协同管理。方程组有唯一稳定解 $\left(-\sqrt{\frac{(\alpha-\gamma)}{\rho}}, \frac{(\alpha-\lambda)^2}{4\rho}\right)$，说明集成化物流服务商与其供应商在策略层的管理处于相互独立、各自为政的局面，没有出现交集现象，而在实际的物流服务运营中还存在着相互竞争的关系。此时，即使存在较大的随机涨落力，如市场需求的

剧烈变化，也不能引起集成化物流服务商与其供应商这种在策略层的物流服务运营竞争关系发生实质性变化。

集成化物流服务商与其供应商在实际的物流服务运营中既存在着供应链间的业务合作关系，也存在着为了自身战略利益所展开的各自独立的竞争运动，即它们之间同时存在着策略性竞争与策略性合作的关系。集成化物流策略层协同管理形成的动力正是来自这种策略性竞争与策略性合作的相互作用。当进行策略性合作的收益小于自身独立运作的收益时，集成化物流服务商与其供应商独立运动的趋势将大于在策略层面相互关联的协作运营趋势，即集成化物流服务商与其供应商之间更倾向于竞争，希望依靠自身的力量来取得竞争优势。这时集成化物流服务商与其供应商各自在策略层方面宏观上表现为一种杂乱无章的无序状态，是一种独立组织的状态。

2. 临界状态分析

当序参量 $X=-\sqrt{\frac{(\alpha-\gamma)}{\rho}}$时，也就是集成化物流策略层“协作”管理形成时，集成化物流服务商与其供应商在策略层面的各自独立状态达到稳定的临界值，即它们各自单体的协同反应能力水平已经达到现行策略层管理的极限，已经显现出即将不能适应内外部环境变化需求的状态。

3. 相变分析

当 X 越过$\left(-\sqrt{\frac{(\alpha-\gamma)}{\rho}}\right)$时，在涨落力（市场环境发生剧烈变化，如市场主要竞争对手采用了新的营销策略、使用了新的技术工具等）的作用下小背离平衡点，支配集成化物流服务商与其供应商的策略性合作意愿突破原有各自的策略性独立状态稳定临界点，从而引发集成化物流服务商与其供应商更加愿意在策略层面进一步加强相互之间的合作程度，以更好地应对内外部环境的变化，提高各自整体的协同反应能力。为此，集成化物流服务商与其供应商各自原有的策略性独立运动的平衡状态被打破，供应商在策略层面所具有的独立功能开始寻求与集成化物流系统（主要是与集成化物流服务商）策略层面的功能相融合，由此引领集成化物流系统中各成员企业在策略层面的关系从“策略竞争”进入“策略协作”的相变态势。

至此，集成化物流策略层管理的协同演化出现第一次相变，导致新的有序产生，集成化物流系统初步形成，其策略层的“协作”管理呈现出一种整体以他组织为主的状态。

三、“策略协作→策略协调”的相变

1. 状态分析

当 $X \in \left(-\sqrt{\frac{(\alpha-\gamma)}{\rho}},\ 0\right]$ 时，作为序参量的协同反应能力支配（引导）集成化物流策略层的“协作”管理产生不断的正负反馈，不断向新的有序演化，而且在随机涨落的作用下，不断朝临界值（点）逼近，但系统的运动方向可能会在正负反馈的作用下出现“向前向后”的往复运动态势。

处于“策略性协作”态势的集成化物流系统各成员企业，为了自身协同反应能力的不断提升，会寻求在策略层面相互间的组合互补，以求通过“协作”的方式整合各成员企业的资源和能力，实施共同的信息共享机制、标准化的运作程序、统一化的运作方式，获取“双赢”或“多赢”的运营目标。

在此阶段，集成化物流系统各成员企业之间的信任程度并不高，存在较大的机会风险和道德风险。因此，集成化物流系统的“策略协作”管理主要是针对某项具体的物流服务业务操作，或某项技术运作的支持而展开的管理工作，而集成化物流系统策略层的管理状态没有出现突变，整体的管理没有形成一种新的有序结构，依然是处于一种以他组织为主的管理状态。

2. 临界状态分析

当序参量 X=0 时，作为序参量的协同反应能力支配集成化物流系统“策略协作”管理出现系统分支（分岔）点，即集成化物流系统策略层管理处于向新的有序改变的临界状态，这意味着处于“策略协作”管理层面的各单体协同反应能力即将不能适应内外部环境变化的要求，迫切需要提升集成化物流系统策略层管理的档次，从而促使集成化物流策略层“协调”管理的显现。

3. 相变状态分析

当 X 越过 0 时，作为序参量的协同反应能力在涨落力的作用下背离平衡点，集成化物流系统“策略协作”管理突破原有的稳定临界点，发生第二次相变——由“策略协作”管理向“策略协调”管理升华，出现新的有序状态，集成化物流系统策略层管理呈现出一种整体自组织、局部他组织的状态，通过“策

略协作”阶段的磨合，成员企业之间的相互信任得到了加强与深化，信息共享程度得到了提高，相互之间通过管理界面的交流与配合更加便捷、可靠，基于一定规则与契约的信任关系在集成化物流系统策略层面得以确立，从而为集成化物流系统策略层管理进一步升华到“策略协同”管理奠定了基础。

集成化物流系统策略层管理进入自组织状态后，策略层管理一方面要与外界环境进行各种能量、信息的交换，以适应环境要求，另一方面也受系统内部各子系统他组织的规则、惯性等的影响。此时，集成化物流系统策略层管理整体处于自组织的有序状态，局部处于他组织的无序状态。相变的涨落力主要来自集成化物流系统内部各成员企业及其各职能层次资源要素之间的相互作用、互为适应。

四、“策略协调→策略协同”的相变

1. 状态分析

当 $X \in \left(0, \sqrt{\frac{(\alpha-\gamma)}{\rho}}\right]$ 时，作为序参量的协同反应能力使系统具有快速主动演化的能力，集成化物流策略层的“协调”管理产生不断的正负反馈，不断向新的有序演化，而且在随机涨落的作用下，不断朝临界值（点）逼近，由于协同反应能力是一种潜在的能力，是受到环境不确定性变化的激发所表现出来的能力，因而在此阶段的系统运动方向有可能会在正负反馈的作用下出现“向前向后”的往复运动态势。

处于“策略协调”态势的集成化物流系统各成员企业，发现仅仅期望通过“协作”的方式来整合各成员企业的资源和能力，以提升各自的协同反应能力来应对激烈变化的外部市场环境是不可能的，需要进一步改变整合各成员企业的资源和能力的方式，即用“协同”的方式来整合成员企业的资源和能力，才能使整体协同反应能力被有效激发出来，从而通过使集成化物流系统获取“全赢”，来实现成员企业“双赢”或“多赢”的目标。

在此阶段，集成化物流系统各成员企业之间在信息共享、资源整合、组织沟通、标准化管理、资源投入以及合作契约方面的理解、配合、信任已经达到相当高的程度。因而，集成化物流系统“策略协调”管理的内容已经扩展到绝大多数的物流服务业务操作、技术运作支持等方面。而集成化物流系统的“策略协调”管理状态并没有出现突变，只是在总体上呈现出自组织的状态增多，而局部他组织的状态不断消减的现象。

2. 临界状态分析

当 $X=+\sqrt{\frac{(\alpha-\gamma)}{\rho}}$ 时，作为序参量的协同反应能力支配集成化物流系统“策略协调”管理出现系统分支（分岔）点，即集成化物流系统策略层管理处于向新的有序改变的临界状态，这意味着处于“策略协调”管理层面的单体协同反应能力已经不能适应内外部环境变化的要求，迫切需要以整体协同反应能力取而代之，从而促使集成化物流策略层“协同”管理的显现。

3. 相变状态分析

当 X 越过 $\left(\sqrt{\frac{(\alpha-\gamma)}{\rho}}\right)$ 时，集成化物流系统“策略协调”管理脱离原有自组织有序的状态，作为序参量的协同反应能力大于系统宏观向量的作用力，在随机涨落的作用下，引导着集成化物流系统中各成员企业在策略层面的关系从“策略协调”进入“策略协同”的相变，出现更加稳定的新结构，呈现出一种高级自组织的状态。

第三次相变的出现，意味着集成化物流系统的策略层已经在信息共享、资源整合、组织沟通、协同反应、标准化管理、资源投入、满意契约等方面呈现出协同效应。对集成化物流系统内部，能够在充分整合成员企业资源、能力的基础上，有效地制订满足客户需求的物流服务运作计划、方案，并实现实时指导，监督各物流服务环节同步运行；对外部环境，能够将外界环境的不确定性，特别是市场需求的不确定性，转化为集成化物流系统投入所需的经济技术合理性，从而提升集成化物流系统的物流活动效率。

4. 高级自组织状态分析

集成化物流策略层管理从“策略协调”进入“策略协同”相变的发生，意味着集成化物流策略层协同管理已经实现，标志着集成化物流系统在策略层的管理已经进入高级自组织状态，集成化物流服务商与其成员企业之间已经能够按照一定的规则与契约，根据市场环境的需求，进行自我调节、自我配合，以保证系统物流活动的有效性和实现集成化物流系统绩效的最大化。

需要指出的是，进入高级自组织阶段的集成化物流策略层协同管理，其作为序参量的协同反应能力支配集成化物流系统“策略协同”的自组织使命宣告结

束，但集成化物流策略层的管理态势仍然不断向高的有序状态发展或者逐步衰退。影响集成化物流策略层协同管理的其他状态参量信息共享度、资源整合能力、组织沟通能力、标准化程度、资源投入强度、满意契约等，将与协同反应能力一同在策略层面上对集成化物流系统发挥作用，直到集成化物流系统出现新的有序状态和诞生新的序参量。

第四节　作业层协同管理的演化分析

从集成化物流作业层序参量的识别与筛选结果可知，业务数据交换效率（信息处理能力）、作业规则/标准是集成化物流作业层协同管理的序参量。由此可见，集成化物流作业层协同演化模型属于双序参量协同演化的情况，其作业层协同管理的演化进程可以借助于序参量方程来描述。

一、总体分析

从对本章第一节中的方程组（5－3）的分析结论可知，在集成化物流系统作业层协同管理演化过程中，α、α_4 和 γ_1 是决定协同演化的关键性系数，它们的不同组合可以将集成化物流系统作业层协同管理的演化过程大致分为四个阶段（竞争阶段→协作阶段→协调阶段→协同阶段）和三个相变（协作→协调→协同）。

在作业层协同管理的演化进程中，作为序参量 X_1 的业务数据交换效率（信息处理能力）和作为序参量 X_2 的作业规则/标准的特性决定着集成化物流作业层协同管理演化过程的最终运动方向，但业务数据交换效率（信息处理能力）、作业规则/标准并不会在整个作业层的协同进程中都发挥决定性作用，只是在相变临界点附近才会，而且这两个序参量所发挥的支配作用具有分阶段性、交替性、主辅性，即在不同的具体阶段序参量业务数据交换效率（信息处理能力）、作业规则/标准的支配作用会出现一个序参量发挥主导作用，而另一个序参量仅发挥辅助作用，或仅有一个序参量发挥作用，而另一个不发挥作用的情况。同样，由内外部因素引起的涨落依然是集成化物流作业层协同管理演化进程的动力。

二、“作业竞争→作业协作”的相变

1. 状态分析

当 $\alpha<0$ 且 $\alpha_4<\gamma_1$ 时，表明系统的自我反馈能力起反向作用，加之序参量 X_1 和 X_2 的共同作用能力很弱，因而系统无法自我形成新的态势。这表明在作业层，集成化物流系统的协同管理并没有出现，集成化物流服务商与其供应商（还未成为集成化物流系统的成员企业）在作业层面的关系基本依然处于各自独立运营的状态，甚至在某一或某些业务领域或地域存在相互竞争的态势。任何从（0，0，0）平衡点附近出发的轨线均收敛趋于零，即可能作为序参量的业务数据交换效率（信息处理能力）、作业规则/标准的支配作用根本不存在，充其量只是在各自独立的运营体系中发挥一般性作用，而无法形成合力，更不能支配集成化物流系统在作业层开展协同管理，其作用只能随时间而衰减。方程组（5－3）所存在的唯一稳定解 $(S, X_1, X_2)=(0, 0, 0)$，表明集成化物流系统尚未形成，集成化物流服务商与其供应商在作业层的管理还处于相互独立的局面，而在实际的物流业务上还存在着相互竞争的关系。此时，即使存在较大的随机涨落力，如市场需求的剧烈变化，也不能引起集成化物流服务商与其供应商在具体物流业务运作方面所存在的竞争关系发生实质性改变。

集成化物流服务商与其供应商在具体物流业务方面既存在着为弥补自身不足而形成的业务合作关系，也存在着为争夺某项物流业务或顾客所进行的市场竞争。这种在具体物流业务层面存在的竞争与合作是推动集成化物流作业层协同管理形成的内在动力，而不断变化的外部环境需求与挑战则是推动集成化物流作业层协同管理形成的外在动力。当进行合作的收益小于自身独立运作的收益时，集成化物流服务商与其供应商独立运作的趋势将大于相互合作运作的趋势，即集成化物流服务商与其供应商之间更倾向于依靠自己的力量来取得竞争优势。这时集成化物流服务商与其供应商在物流市场上的行为态势从宏观层面来看，表现为一种杂乱无章的无序竞争状态，属于是一种独立组织的状态。

2. 临界状态分析

当 $\alpha<0$ 且 $\alpha_4=\gamma_1$ 时，尽管系统的自我反馈能力起反向作用，但因序参量 X_1 和 X_2 的共同作用能力增强，且序参量 X_1 的支配系统能力成为系统的主导力

量，从而使系统处于临界状态。这表明集成化物流服务商与其供应商在作业层面的各自独立状态达到稳定的临界值。也就是说，集成化物流服务商与其供应商在作业层面的业务数据交换效率（信息处理能力）、作业规则/标准的合作已经达不到或者不能满足外部环境变化的需求，预示着集成化物流作业层“协作”管理态势的显现。

3. 相变状态分析

当 $\alpha<0$ 且 $\alpha_4>\gamma_1$ 时，尽管系统的自我反馈能力起反向作用，但因序参量 X_1 和 X_2 的共同作用能力进一步增强，加之序参量 X_2 的支配系统能力得到增强，使系统突破临界状态点，从而进入新的相变状态。这意味着序参量的增益系数 α_4 克服序参量 X_1（业务数据交换效率）的阻尼系数 γ_1，在涨落力（作业层业务合作意向达成）的作用下小背离平衡点，支配着集成化物流服务商与其供应商的物流运作业务合作意愿突破原有各自独立的物流业务运作状态的稳定临界点，从而引发集成化物流服务商与其供应商更加愿意在作业层面进一步加强相互之间的物流业务合作程度，以更好地应对外部物流市场环境竞争态势的变化，提高各自在客户满意（度）方面的业务水平。为此要求集成化物流服务商与其供应商之间必须加强在业务数据交换效率（信息处理能力）方面的合作，只有这样才有可能进一步改善它们在客户满意（度）方面的业务水平，从而引导集成化物流服务商与其供应商在物流业务运作层面深入合作，导致供应商在作业层面所具有的独立功能开始转向与集成化物流服务商在作业层面的功能相融合，由此引领集成化物流系统中各成员企业在作业层面的关系从“运作竞争”进入“运作协作”的相变态势。此时，新的有序状态出现，新形成的集成化物流系统的物流业务运作呈现出一种整体以他组织为主的状态。

对于另外一个序参量 X_2（作业规则/标准），尽管其支配系统能力得到增强，但因系统自我反馈能力起反向作用，从而使其对集成化物流系统的影响基本可以忽略不计，所以引导系统发生第一次相变的主要力量为序参量 X_1。此时，物流业务运作合作活动是集成化物流系统作业层协同管理演化的动力，即涨落力。在这个涨落力的推动下，集成化物流服务商与其供应商在作业层上各自独立的物流业务运作活动的平衡状态受到破坏，在集成化物流服务商的指导下开始整合各成员企业的资源与能力，以在物流业务运作层面形成统一的资源与能力。至此，在作业层的集成化物流系统初步形成，其“协作”管理的态势出现，并呈现出一种整体以他组织为主的状态。

三、“作业协作→作业协调”的相变

1. 状态分析

当处于 $\alpha<0$ 且 $\alpha_4>\gamma_1$ 状态时，系统已经进入“协作”阶段，作为作业层序参量的业务数据交换效率（信息处理能力）、作业规则/标准形成合力，共同支配（引导）集成化物流作业层的“协作”管理产生不断的正负反馈，不断向新的有序演化，而且在随机涨落的作用，不断朝临界值（点）逼近，但系统的运动方向可能会在正负反馈的作用下出现“向前向后”的往复运动态势。

处于物流业务运作层面“协作”态势的集成化物流系统各成员企业，为了更进一步地提高它们的物流效率、服务可靠性、服务响应性，降低物流成本，并提升自我物流服务的客户满意度，以获得更大的市场份额，会进一步寻求在物流业务运作层面上更加紧密的相互合作，这就需要集成化物流系统各成员企业在业务数据交换效率（信息处理能力）、作业规则/标准方面开展更为深入、全面的合作活动。但在此阶段，集成化物流系统各成员企业之间的信任程度并不高，存在较大的机会风险和道德风险。因此，集成化物流系统物流业务运作层面的“协作”管理不可能在整个层面上全面展开，只能是针对某项具体的物流服务业务操作，或某项物流技术服务运作而展开的管理工作，即作为作业层序参量的业务数据交换效率（信息处理能力）、作业规则/标准形成合力的意愿小于系统宏观向量（防范风险、保守商业机密、防止肥水外流的意愿）的作用力，从而使集成化物流系统作业层的管理状态没有出现突变，整体的管理没有形成一种新的有序结构，依然处于一种以他组织为主的管理状态。

2. 临界状态分析

当 $\alpha=0$ 且 $\alpha_4=\gamma_1$ 时，系统处于失去自我反馈能力的状态，加之序参量 X_1 的支配系统能力成为系统的共同主导力量，从而使系统处于临界状态。由于外部物流市场需求多变的竞争压力，集成化物流服务商与其供应商开始意识到仅依赖各自已有的资源与能力已经不能适应竞争的需求，迫切需要进一步深化合作领域。至此，集成化物流服务商与其供应商在作业层面的各自独立状态达到稳定的临界值，从而促使集成化物流作业层“协调”管理态势的显现。

3. 相变状态分析

当 $\alpha>0$ 且 $\alpha_4<\gamma_1$ 时，表明系统的自我反馈能力起正向作用，尽管序参量 X_1 和 X_2 的共同作用能力较弱，但因系统自我反馈能力的强大作用，促使作为作业层序参量的业务数据交换效率（信息处理能力）和作业规则/标准形成合力，迫使系统在涨落力的作用下背离平衡点，从而共同支配（引导）集成化物流系统物流业务运作层面的“协作”管理突破原有的稳定临界点，发生第二次相变——由“作业协作”管理向“作业协调”管理升华，出现新的有序状态，集成化物流系统作业层管理呈现出一种整体自组织、局部他组织的状态。

通过物流业务运作层面“协作”阶段的磨合，成员企业之间的相互信任得到了加强与深化，从而引发集成化物流服务商与其供应商更加愿意在作业层面进一步加强相互之间的物流业务合作程度，以更好地应对外部物流市场客户在诸如物流效率、物流成本、服务可靠性、服务响应性等方面更为苛刻的要求，进而导致集成化物流服务商与其供应商为了更进一步地提高客户满意度，在业务数据交换效率（信息处理能力）方面展开更为广泛、深入的开放性合作与共享，以提高它们整体的物流服务效率与效果，同时，也在作业规则/标准方面展开融合性交流，以为确保在集成化物流系统成员企业间实现物流业务的“无缝化”运作提供支持。

由“作业协作”管理向“作业协调”管理升华的过程，是作为作业层序参量的业务数据交换效率（信息处理能力）和作业规则/标准共同作用的结果。强化集成化物流系统成员企业之间的业务数据交换效率（信息处理能力），是提升集成化物流系统作业层整体效率与效果的关键所在，而整合集成化物流系统成员企业各自的作业规则/标准，以形成系统统一的作业规则/标准，则是实现集成化物流系统作业层物流作业“无缝化”的基础。由此可见，在第二次相变过程中，序参量 X_1 业务数据交换效率（信息处理能力）起主导作用，而序参量 X_2 作业规则/标准则起辅助性作用，正是它们的共同作用，才为集成化物流系统作业层的“协作”管理进一步升华到“协调”管理奠定了基础。

四、“作业协调→作业协同”的相变

1. 状态分析

当处于 $\alpha>0$ 且 $\alpha_4<\gamma_1$ 状态时，表明系统已经进入“协调”阶段。进入了

“协调”管理态势的集成化物流作业层，在作为作业层序参量的业务数据交换效率（信息处理能力）、作业规则/标准所形成合力的引导下，其作业层的“协调”管理产生不断的正负反馈，不断向新的有序演化，而且在随机涨落的作用下，不断朝临界值（点）逼近，但系统的运动方向可能会在正负反馈的作用下出现“向前向后”的往复运动态势。

处于物流业务运作层面“协调管理”态势的集成化物流系统各成员企业，发现在许多具体的物流业务运作中由于成员企业间业务数据交换不及时，或者受原子系统他组织的规则、惯性等的影响，集成化物流系统中各成员企业在运输、仓储、装卸、包装、配送、流通加工等物流作业方面存在着较大的差异性，从而导致在物流效率、物流成本、服务可靠性、服务响应性等方面存在着诸多的不统一、不协调，进而使集成化物流系统在作业层的整体物流作业“无缝化”难以实现，客户物流服务需求难以达到满意的要求。

尽管此时作为作业层序参量的业务数据交换效率（信息处理能力）、作业规则/标准所形成的作用力依然在支配/引导着集成化物流系统作业层“协调管理”的完善、进化，但其影响力小于系统宏观向量（独享利润、防止肥水外流、防范风险、保守商业机密的意愿）的作用力，从而使集成化物流系统作业层的“管理”状态并没有出现突变，整体的管理态势依然是处于一种以他组织为主的管理状态，而没有形成一种新的有序结构。

2. 临界状态分析

当 $\alpha>0$ 且 $\alpha_4=\gamma_1$ 时，系统的自我反馈能力起正向作用，同时因序参量 X_1 和 X_2 的共同作用能力增强，且序参量 X_1 的支配系统能力成为系统的共同主导力量，从而使系统处于临界状态。这表明集成化物流系统在作业层出现系统分支（分岔点），即集成化物流服务商与其供应商在经历作业层的“协调管理”过程之后，更加意识到仅仅通过“协调管理”整合的资源与能力还是处于低端水平的整合，其整合效果依然难以满足市场上客户的需求，需要进行更为深层次的整合。此时，集成化物流服务商与其供应商在物流业务运作层面的结构和功能已经得到了有效的调整，整体已经处于向新的、更高级的、组织更紧密的有序状态突变的临界状态，这意味着促使集成化物流作业层实施“协同”管理的态势开始显现。

3. 相变状态分析

当 $\alpha>0$ 且 $\alpha_4>\gamma_1$ 时，系统的自我反馈能力起正向作用，同时序参量 X_1 和 X_2 的共同作用能力进一步增强，加之序参量 X_2 的支配系统能力得到增强，在涨落力（作业层业务合作意向进一步深化）的作用下小背离平衡点，使系统突破临界状态点，从而进入新的相变状态。这表明作为作业层序参量的业务数据交换效率（信息处理能力）和作业规则/标准所形成的合力大于系统宏观向量的作用力，在随机涨落的作用下，集成化物流系统的作业层"协调管理"脱离原有自组织有序的状态，迫使系统物流业务运作层面的"协调管理"突破原有的稳定临界点，发生第三次相变——由"作业协调"管理向"作业协同"管理的升华，从而出现新的有序状态，集成化物流系统作业层管理呈现出一种整体高级自组织的状态。

通过物流业务运作层面"协调"阶段的磨合，成员企业之间的相互信任得到了全面的深化，从而促使集成化物流服务商与其供应商在作业层面开展全方位、全领域、全过程的整合，通过在业务数据交换方面实施公共信息平台的共享机制、在作业流程方面实施统一的作业标准，全面实现在运输、仓储、装卸、包装、配送、流通加工等物流作业方面的"无缝化"运作衔接。

由"作业协调"管理向"作业协同"管理升华的过程，是作为作业层序参量的业务数据交换效率（信息处理能力）和作业规则/标准共同作用的结果。它是借助于公共信息平台的业务数据交换，对整个集成化物流系统的作业流程实施全面的、统一的作业标准化，以推动整个系统在物流业务运作层面实现物流基本功能的"无缝化"衔接，从而为集成化物流系统作业层的"协调"管理进一步升华为"协同"管理奠定了基础。因而，在此阶段的相变过程中，序参量 X_2 作业规则/标准为主导序参量，序参量 X_1 业务数据交换效率（信息处理能力）则为辅助序参量。

4. 高级自组织状态分析

集成化物流作业层的管理态势从"协调管理"升华为"协同管理"的相变发生，意味着集成化物流作业层协同管理已经实现，标志着集成化物流系统在作业层的管理已经进入高级自组织状态，集成化物流服务商与其成员企业之间已经能够借助于公共信息平台的业务数据交换和作业流程的统一标准，在运输、仓储、装卸、包装、配送、流通加工等物流作业方面实现“无缝化”运作衔接，从而能够更好地向客户提供低成本、高效率的物流服务。

需要指出的是，进入高级自组织阶段的集成化物流作业层协同管理，其作为序参量的业务数据交换效率（信息处理能力）和作业规则/标准支配集成化物流系统在“物流业务运作”层面“协同”的自组织使命宣告结束，但集成化物流作业层的管理态势仍然不断向高的有序状态发展或者逐步衰退。影响集成化物流作业层协同管理的其他状态参量物流效率、物流成本、服务可靠性、服务响应性等，将与业务数据交换效率（信息处理能力）、作业规则/标准共同在物流业务运作层面上对集成化物流系统发挥作用，直到集成化物流系统出现新的有序状态和诞生新的序参量。

第五节　几点说明

（1）战略层协同管理使集成化物流系统及所有子系统有了一个共同的战略方向；策略层协同管理确保各子系统在战略实施的过程中，能够有效地使各项管理活动实现放大整体战略价值；作业层协同管理则是借助于先进的物流技术（如条形码技术、EDI、GPS、GIS 等），对具体的物流作业活动进行标准化管理，以保证物流活动的效率化。

（2）集成化物流系统协同管理的整体实现，首先表现为战略层、策略层、作业层协同管理的各自实现，然后才是整个系统协同管理的实现。在大多数情况下，协同管理实现的次序应该是“从下而上”展开的，即首先是作业层，其次是策略层，最后才是战略层，因为只有先通过业务合作相互了解，才有可能进一步深化合作，最终达到互信。当然，在某些特定的环境或条件下，也有可能是“自上而下”的协同路径，这表明协同双方由于某种特定的关系或原因，在战略层面先行达到了互信程度。从协同演化进程的速度来看，“自上而下”协同路径的演化速度要快于“自下而上”协同路径的演化速度。

（3）序参量具有层次性，高一层次的序参量支配低一层次的序参量。这就意味着战略层的序参量虚拟利润（战略价值）、企业文化相容度将能对策略层、作业层的序参量起到一定的支配作用。同样策略层的序参量协同反应能力也将会

对作业层的序参量业务数据交换效率（信息处理能力）、作业规则/标准产生影响作用。

本章小结

从整体来看，集成化物流系统协同管理的“竞争→协作→协调→协同”的运行过程是一个自组织协同演化的过程，但就战略层、策略层、作业层而言，其自组织协同演化过程是存在差异的。

借助于 Langevin 方程，构建了用于分析集成化物流战略层、作业层协同管理的双序参量自组织模型，以分析集成化物流战略层、作业层协同管理的协同演化规律。同时，构建了用于分析集成化物流策略层协同管理的单序参量自组织模型，以分析集成化物流策略层协同管理的协同演化规律。

集成化物流战略层协同管理演化属于双序参量协同演化，根据战略层协同管理演化的双序参量自组织模型分析，在“战略竞争→战略协作”的相变阶段，序参量 X_1 虚拟利润（战略价值）是主导力量，序参量 X_2 企业文化相容度是辅助力量；在“战略协作→战略协调”的相变阶段，序参量 X_1 虚拟利润（战略价值）起主导作用，而序参量 X_2 企业文化相容度则起辅助性作用；在“战略协调→战略协同”的相变阶段，序参量 X_2 企业文化相容度是主导序参量，而序参量 X_1 虚拟利润（战略价值）则为辅助序参量。从“协调管理”升华为“协同管理”的相变发生，意味着集成化物流战略层协同管理的实现，标志着在战略层的管理已经进入高级自组织状态。

集成化物流策略层协同管理演化属于单序参量协同演化，根据单序参量协同演化模型分析，在“策略竞争→策略协作”、“策略协作→策略协调”、“策略协调→策略协同”三个相变过程中，都由序参量协同反应能力发挥主导功能，只是在不同的相变中，发生作用的条件各不相同。

集成化物流作业层协同管理演化也属于双序参量协同演化，根据双序参量自组织模型分析，在“作业竞争→作业协作”的相变阶段，主要力量是序参量 X_1 业务数据交换效率，序参量 X_2 作业规则/标准的作用很小；在“作业协作→作业协调”的相变阶段，序参量 X_1 业务数据交换效率起主导作用，序参量 X_2 作业规则/标准起辅助性作用；在“作业协调→作业协同”的相变阶段，序参量 X_2 作业规则/标准为主导序参量，序参量 X_1 业务数据交换效率（信息处理能力）为辅助序参量。

集成化物流系统协同管理的整体实现，首先表现为战略层、策略层、作业层协同管理的各自实现，然后才是整个系统协同管理的实现。在此之中，战略层协同管理确定共同的战略方向；策略层协同管理实现放大战略价值；作业层协同管理保证物流活动的效率化。序参量体系是具有层次性的，高一层次的序参量能够支配低一层次的序参量。

第六章　集成化物流协同管理的框架体系

集成化物流是一种以集成化物流服务商为主导的集成化物流服务供应链，是一种广域的社会化物流网络。它是以顾客需求流为前提，通过将物流服务链上的所有节点企业作为一个整体资源，以一定的制度安排为保障，借助于现代信息技术和管理技术的支持，为提供集成化的物流服务而组成的集成化物流供应链管理体系。作为一种全新的战略管理模式，其强调通过物流链各个节点企业间的协同与合作，建立战略伙伴关系，将物流服务商的内部资源、能力与供应商的资源、能力有机地集成起来进行管理，达到全局动态最优目标，最终实现物流链“多赢”的目的。因而，集成化物流的运作过程具有复杂性，服务范围十分广泛，它在提供物流服务的过程中，涉及物流供应链上下游各功能型物流企业、第三方物流企业等各种类型的物流服务供应商，由于物流功能之间存在着效益背反特征，从而极易导致各物流供应商不一定能同时实现各自满意度最大的愿望，这必然会产生冲突和竞争。所以，集成化物流系统是一个典型的需要进行协同管理的系统。

第一节　集成化物流系统的运作特点及基本模式

面对信息高度发达、产品生命周期急剧缩短的市场环境和以敏捷思想为核心的企业环境，以及以全球化、整体化、纵深化、增值化等为核心的现代物流服务要求，集成化物流作为一种适应现代物流服务需求的新型组织模式，其基本运作过程是：供应商品—联网（协同）—物流服务商—联网（协同）—顾客。因此，它是一种基于顾客需求流的协同运作模式，在运作中，要求各物流环节层层相扣，各节点企业协同运作，共同实现顾客的需求。

一、集成化物流系统的运作特点

集成化物流作为一种新型的组织管理模式，其物流服务运作方式具有以下特色：

（1）它充分利用了集成化物流系统的信息网络和结点网络，从而加快了对顾客需求的反应能力，加快了订单处理速度，缩短了从定货到交货的时间，实现了“门对门”的物流快速交付服务，提高了顾客满意度。

（2）通过集成化物流系统的“电子商务交流平台”实现了对物流服务全过程的实时监控，从而能有效、及时地发现和处理物流服务全过程中可能出现的任何意外事故，确保物流服务及时、安全、精准地提供给服务对象，实现对顾客的既定承诺。

（3）集成化物流系统能有效地实现循环运作，即不仅能够有效地完成顾客（企业）对物流服务的“正向”需求，而且能十分经济、方便地实现“反向”的物流服务需求，如能为顾客（企业）承担其售后服务工作，做好退货处理、废品回收等各项逆向物流活动，从而保证为顾客提供更稳定、更可靠的高水平服务。

（4）集成化物流系统所提供的物流服务是“一对一”的服务。尽管集成化物流系统所提供的物流服务涉及众多的物流企业，在其实际运作过程中存在着一系列委托与被委托、代理与被代理的关系，但作为物流服务需求方的顾客仅需要面对集成化物流服务商这个物流服务代理方，而不需要与其他物流服务运营商发生任何的联系。

二、集成化物流系统的基本模式①

现代服务需求业务是非常庞大复杂的，从覆盖地域来看，它可能随着顾客市场边界的扩大延伸到全国各地乃至世界各地；从涉及的物流业务环节来看，它可以覆盖从前端的采购到后端的供应等环节，具备了满足顾客需求的各种业务功能，如储运、增值服务、海运、空运、陆运各环节的通关报关代理、采购代理、

① 舒辉．集成化物流运作模式的探讨［J］．经济管理（新管理），2005（4）：50－56.

金融保险、售后服务、反向物流等。面对如此广阔的地域和众多的领域，集成化物流的业务运作方式一方面不可能是单一的，否则它无法有效地满足不同顾客的需求；另一方面也不可能是无数的，那样既不利于集成化物流系统的管理，也不利于快速满足顾客的需求。因此，集成化物流系统的运作模式只能基于以下几种基本模式，采用不同的运作组合方式，以满足不同顾客的需求。

1. 订单驱动物流运作模式

订单驱动物流运作模式是指整个物流业务流程由顾客订单这一需求媒介来拉动，以保证整个集成化物流体系的协同运作。因此，它是一种与“准时化”生产相配套的物流运作模式，适用于以“速度制胜”为宗旨的顾客物流服务需求。它以订单作为物流业务处理的依据，以订单来考核物流业务执行的效率，以订单来协同成员之间的运作，从而推动了整个物流业务的准时化、同步化。要确保该模式的有效实行，必须要有一个强有力且灵活的指挥中心，要能担负起对整个物流流程的组织、指挥、协调工作。而且还应具备全面、可实时监控的可视化网络信息平台。网络信息平台必须一方面实现与物流服务供应商的信息网络无缝连接，另一方面要能无阻碍地实现与顾客信息网络的无缝连接。

订单驱动物流运作模式具有以下几个特征：

（1）一个决策指挥中心。即集成化物流服务商是整个物流服务运作的决策与指挥中心，负责计划、组织、指挥、控制和协调各成员企业间的运作，以确保物流运作的各个环节能有效衔接。

（2）多个操作中心。在物流运作的各个流程中，多个物流操作中心根据决策指挥中心的指令，负责组织实施所在地域或所在物流环节的物流服务业务。

（3）以客户订单为系统的行动指令和考核标准。即在接到客户订单的一刹那，所有与订单有关系的部门、个人及物流环节都必须按订单要求行动起来，以确保整个物流流程的无缝连接，并以订单的完成情况考核相关成员企业的工作绩效。

（4）以现代物流管理信息系统为管理平台。借助于这个管理平台，集成化物流服务商一方面能与客户保持良好的沟通，另一方面能及时协调各成员企业间的物流运作活动。同时，客户也能通过这个管理平台及时准确地了解到所提供物流服务的实现状况。

2. 大规模定制物流

随着市场环境的变化，对于物流企业来说，一方面要满足低成本、高效率的要求，另一方面要满足顾客个性化的要求，这就必须通过灵活和快速响应实现多样化与定制化，即大规模定制。大规模定制物流是指根据顾客的不同物流需求进行市场细分，运用现代信息技术、物流技术以及先进的物流管理方法，通过对物流功能的整合和模块化、标准化，实现以大规模物流的成本、质量和效率为每位顾客提供个性化的定制物流服务（MC）。在大规模定制的环境中，由于顾客的个性化需求使产品原材料、产品模块单元和产品要素在实现空间位移时所发生的流通频率大幅增加，加之 MC 不间断性的要求以及 MC 合作者之间地理上的分散性要求，MC 必须在时间和空间上按照统一的生产计划来保证物流的顺利供给，这就意味着需要在协同管理的条件下有效地完成大规模定制物流工作。因此，集成化物流系统实施大规模定制物流服务必须做好四方面的工作：

（1）对顾客物流需求的采集和细分。对顾客需求的采集、分析是实现大规模定制物流的第一步。物流细分则是按照一定的标准划分顾客群，从而为物流服务水平的设计奠定基础。通过物流细分，将具有相同物流需求特征的顾客划为一个顾客群，并且明确各个顾客群的需求以及各种物流需求的优先性，然后根据企业实力、竞争状况等因素确定目标市场，选择不同的目标市场战略。

（2）物流服务水平设计。根据企业的物流服务能力、竞争者的物流服务能力以及可能采取的差异化战略等进行综合权衡，针对性地为每个顾客群定制物流服务水平。

（3）物流服务能力重构。为了达到设计的物流服务水平，必须要对企业原有的物流服务能力进行调整与重构。

（4）物流流程环节模块化，以定制最终物流产品和服务。实行大规模定制物流服务最好的方法就是以最低的成本、最高的个性化定制水平，建立能重组多种最终物流产品和服务的模块化物流流程环节。

此外，大规模定制物流模式的实现必须具备三个条件：强大的信息技术支撑；明确的顾客需求；物流服务功能的模块化与标准化。

3. 加盟连锁型物流运作模式

该模式是借用商业连锁经营的理念发展起来的一种非常适合我国物流产业现状的新型物流运作模式，它是以网络技术为支持，以加盟连锁的形式进行物理网络扩张的网络型运作模式。其核心内容主要包括两个部分：

（1）商业连锁经营模式。集成化物流服务商通过借鉴商业加盟连锁企业实施连锁快速发展的成功方式，实施大规模的物理网络扩张，快速汇集资金、人才、顾客等资源，从而形成一个能为顾客提供全方位物流服务的集成化物流链。该运作模式并非一个标准的加盟连锁形式，只是借鉴了加盟连锁的商业模式。其具体做法是：一是以连锁经营为手段的网络布局。即通过连锁经营的方式，重组全球各地成功的中小型物流企业，从而实现以最少的资金、最短的时间迅速完成全球化的物流网络布局。二是以业务整合为核心的集中采购。即在整合各分支机构的现有业务和客户资源的基础上，由总部主导开发共同的物流代理，从而实现集中采购。三是以信息管理为基础的电子商务。这既可以实现内部的全信息共享和运输各环节的资源优化配置，提高效益，也可以对客户实现全信息化的、标准化的物流服务。

（2）互联网技术。集成化物流服务商借助于其较为完善的内部信息化的管理系统，用以支持管理、服务、业务操作、资源整合、集中采购，同时用网站为顾客提供国际贸易、国际航运信息服务及货物运输业务网上受理、运输解决方案、网上单据传递、货物动态跟踪、电子报关、网上结算等在线业务，为顾客提供无缝服务。

需要指出的是，加盟连锁型物流运作模式不同于商业加盟连锁企业的运作可以独立面对市场，它必须是以整体的身份面对物流市场，它在每个物流流程环节需要不同的物流企业来完成特定的物流业务工作，以实现为顾客提供无缝服务的目标。这就要求从事加盟连锁型物流运作的所有物流企业必须在一个品牌的基础上，实现在管理上集成化、在运作服务上标准化和在整个业务流程上规范化。

4. “物流中心 + 配送中心”模式

“物流中心 + 配送中心”模式（Logistics Center + Distribution Center，简称 LD 模式）是一种具有普遍意义的集成物流运作模式，其核心内容集中体现为六个字：收集（Collection）、交换（Exchange）、发送（Delivery），简称 CED。由于它的前提是 LD，所以将这种模式称为 LD—CED 模式。

（1）收集（C）。即将分散的业务对象收集起来。这里有两种具体的操作形式：一种是积少成多，然后进行集中批量处理的操作方式，它强调的是规模优势，追求的是低运行成本；另一种是建立业务平台和业务处理机制，注重的是个别处理，追求的是时效性，讲究的是运作速度，而不是批量处理和低的运行成本。当然这并不意味着它不考虑成本，只是成本在此不是第一位的。

（2）交换（E）。即将收集起来的业务对象在集中的“物流中心”进行分类、汇总，将业务请求目的地相同的业务通过干线运输送至目的地的“物流中心”，然后再由该“物流中心”将请求目的地相同的业务对象送至离目的地最近的或者分工负责那个地区的“配送中心”。

（3）发送（D）。即将由“物流中心”发来的业务对象进行集中，并统一送到目的地。

由于 LD—CED 模式属于“枢纽—辐射式”网络结构，因而具有以下几方面的特点：

（1）物流中心主要实现长距离、大批量的物流服务，它所面对的是多个配送中心，所提供的是规模化的物流服务。

（2）配送中心主要完成短距离、小批量的物流服务，它所面对的是广大个性化的客户群体，所提供的是个性化的物流服务。

（3）LD—CED 模式的实施过程总是双向的，是一个“个性化—规模化—个性化”的实施过程。即通过一端的配送中心将各客户分解的物流需求汇集成批量，在物流中心进行集中批量运输，然后再通过另一端的配送中心将集中的物流需求分解到各需求客户的手中。

由于 LD—CED 模式是将分散、零星的业务积少成多，并且提供了一个进行业务交换的平台，所以它是一种增值性的物流业务运作模式。凡是需要将业务对象从一个地点向另一个地点转移的业务活动，不论业务对象是人员、物品，还是资金、信息，只要需要进行空间位置的转移就可以采用这种模式。但在采用该模式时，物流中心、配送中心的合理配置是实现有效运作的关键。为此，首先，必须建立以物流中心为枢纽，以配送中心为辐射点的完善的物流网络体系；其次，必须能协调好枢纽与辐射点之间的分工和衔接；最后，能充分发挥辐射点为枢纽集散货源的功效。因此，该模式非常适用于在物流中心要求少品种、大批量、大辐射范围，而在配送中心则要求多品种、小批量、小辐射范围的物流服务。目前，这种集成模式在运输、邮政、电信、银行等行业都得到广泛的运用，如航空运输中的“干线—支线”模式。

第二节 集成化物流协同管理的框架结构

鉴于集成化物流运作过程的复杂性及服务范围的广泛性，其管理必将是一种跨边界的活动，是一个资源优化配置的过程，目标是把集成化物流系统中价值链形成过程的各要素组织成一个紧密的“自组织”体系，共同实现统一的目标，使系统利益达到最大化。因此，集成化物流系统的管理模式必须是协同管理模式，只有实施协同管理才能真正做到将集成化物流系统中的各成员企业紧密地连接起来，形成一个“无缝化”的网络，以更好地协同各成员企业间的运作步调。

根据集成化物流系统运作模式的特点，集成化物流系统协同管理的框架结构主要由战略层、策略层、作业层和技术层四个层次组成（见图6－1），它们分别完成不同的管理功能。①

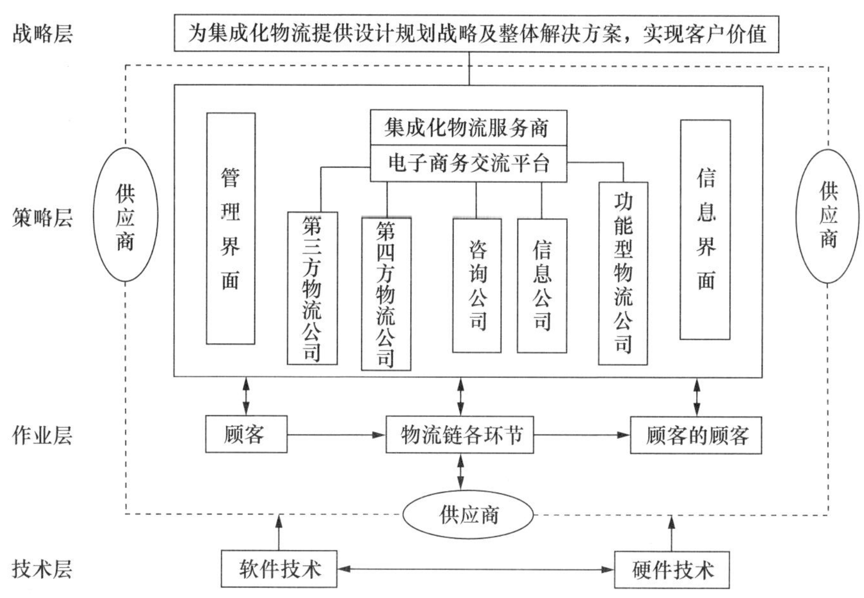

图6－1 集成化物流系统的协同管理框架（实线代表物流；虚线代表信息流）

① 舒辉，何旭兰．集成化物流的协同管理模式研究［J］．科技管理研究，2008（9）：43－45.

一、战略层的功能

在集成化物流协同管理中，战略层属于集成化物流系统的指挥中枢，它主要负责统筹规划整个物流系统的物流流程，控制和协调各成员企业间的运作，使物流各个环节能有效地衔接，从而实现物流资源的最有效利用和服务质量的整体最佳，并负责制定统一的服务标准、操作规程、管理规范等。同时，它通过基于互联网的物流信息平台实现与成员企业及顾客的信息沟通，以确保其对系统的集中控制，确保面向顾客提供一致的、一体化的、可跟踪的全过程服务。①

集成化物流服务商即集成化物流系统的组织者、协调者和控制者，也是系统物流方案的规划者、设计者、领导者，为达到以最小的运作成本实现对客户需求的快速响应的物流服务战略目标，它必须根据系统的实力和现代物流的发展趋势，制定出整个系统的发展战略，并提出整个物流链的规划设计方案、物流整体服务解决方案以及增值服务方案。

二、策略层的功能

策略层主要对集成化物流系统的物流全过程做出一致性的管理，以确保系统物流活动的有效性。首先，对集成化物流系统做出一个整体的规划，确定物流运作方式和程序等，以形成一定的物流能力。其次，依据同步化运作计划，统一调度和指挥各环节的同步化运行，同时利用物流信息系统对运作过程进行监控。最后，对各环节的运作能力进行评价。

由于集成化物流所要构造的是一个全国性乃至全球性的物流网络，因而集成化物流的业务运作过程不可能单纯地由集成化物流服务商来安排各个环节的运行，这不仅不利于提高物流服务质量，影响对顾客的响应速度，而且更容易导致整个物流系统管理秩序的混乱。所以，在系统中除了集成化物流服务商这个指挥中心外，还需要有许多操作中心来实施相应各个环节、各个地域的物流服务。如何有效地协调好这些操作中心之间的相互衔接，则是集成化物流服务商的另一项重要管理职责。

---

① 舒辉．集成化物流运作模式的探讨［J］．经济管理（新管理）．2005（8）：50－56.

根据各成员企业在系统中所发挥的不同作用，集成化物流供应商（成员企业）一般可分为三类：第一类为核心成员企业（供应商）。它们是集成化物流系统中实力最强的组织，在某些资源及能力上相比其他成员拥有绝对竞争优势，是系统的地域管理中心，主要负责管理、协调和控制其所属地域成员企业间的运作联系。第二类为紧密层成员企业。它们与物流服务商之间呈现某种互补性，或能力互补性，或地域互补性，主要是分布在各地域或各物流环节起操作中心作用的物流企业，或具有独特核心能力的物流企业，它们负责完成指挥中心分配给本地区物流相关环节的业务，并接受统一的指挥和调度。第三类为非紧密层成员企业。主要是众多具有单一物流功能的操作性企业，借助于集成化物流的公共信息平台，具体执行由指挥中心分配的相关物流业务，并接受相关的监督、调控。这些成员企业既可以是第三方或第四方物流企业、咨询公司或信息技术公司等技术性企业，也可以是运输公司、仓储公司、货运公司、配送等具有单一功能的操作性企业。

集成化物流服务商通过“电子商务交流平台”来实现与各成员企业的互动式交流。管理界面为各成员企业的相互交流与配合提供了平台，而信息界面为管理界面提供了信息标准、接口定义等交流工具。

三、作业层的功能

集成化物流服务商利用“电子商务交流平台”及各种营销手段，不断捕捉市场机会，并将可行的市场机会转化为具体的实施方案。然后根据顾客的需求，按照运输、仓储、装卸、包装、配送、流通加工等物流功能，将其分配给各成员企业具体执行。在实施具体的运作中，各成员企业必须绝对服从指挥中心的指挥，一切以指挥中心为向导，一切为指挥中心服务，一切以指挥中心的最大利益为自己的利益，绝对不允许各自为政，打乱整个运作流程，从而降低物流服务质量。

因此，作业层主要承担着对具体物流作业活动的一线管理。首先，制订作业计划，如运输计划、仓储计划、库存计划、配送计划等；其次，执行这些计划，在集成化物流作业信息系统和先进的物流设施设备的支持下，这些作业被高效率地完成；再次，为确保作业质量，对作业活动进行必要的现场监督和指导；最后，定期对作业系统进行评审，以促进作业的持续改进。借助于先进的物流技术（如条形码技术、EDI、GPS、GIS 等），作业层保证了物流活动的效率化。

集成化物流系统的协同管理强调在协同过程中成员企业的配合在时空上具有同步性。时间上的同步性要求各成员间要紧密衔接，遵循共同的时间参考；空间上的同步性要求各成员间在地域上的连接实现“无缝化”。因此，在订单驱动物流运作模式下，要求以订单作为物流业务的处理依据，以订单为中心来考核物流业务的执行效果，实行整个流程的准时化。在大规模定制物流下，则要求以顾客需求为导向，以现代信息技术和柔性制造技术为支持，以模块化设计及零部件标准化为基础，以敏捷为标志，以竞争合作的物流链为手段，对整个运作实施可视化、同步化管理。

四、技术层的功能

集成化物流所要构造的是一个全国性乃至全球性的物流网络，所要提供的是综合性、专业化的物流服务。因此，如果这么庞大的业务运营系统没有很好的信息化系统，则其混乱程度是可想而知的。只有借助于以信息管理为基础的电子商务平台，才有可能实现对整个系统及顾客的全信息共享和运输各环节的资源优化配置以及支持管理。集成化物流协同管理所需要的技术主要包括软件技术和硬件技术。软件技术主要有各种物流技术（如标识代码技术、自动识别和数据采集 AIDC 技术）、管理技术（如销售时点信息系统 POS、电子自动订货系统 EOS、客户关系管理 CRM）、标准化技术（如业务流程的标准化、物流作业以及作业时间的标准化）等。硬件技术主要是指计算机硬件以及外部设备，这些技术可以让顾客及时通过可视化的监控系统了解自己货物的情况，也可以让物流企业准确获得货物的运输状态，进行实时追踪。

五、四层次间的内在关系

从层次分析的角度看，战略层处于最高层，它着重于从宏观上制定规划方案，提出长期的整体发展规划，并且站在战略高度考虑集成化物流协同管理如何实现客户价值的最大化与企业价值的最大化。它对策略层、作业层、技术层起着指导性的纲领作用，而且直接实现从市场需求到产品的输出并满足顾客需要这一全过程的整合。策略层的任务是负责处理好物流链内外部关系。一方面，它要对

整个作业层起协调作用，另一方面它要协调好集成化物流服务商的内部关系。与此同时，策略层又为作业层起着指导作用。它的意义在于把外界环境的不确定性转化为作业层投入所需的经济技术合理性。作业层追求技术与经济的合理性，它是战略层的执行者，战略层的规划设计等方案需要通过作业层来执行。技术层是集成化物流协同管理的资源集成基础，它为战略层、策略层和作业层的有效工作提供技术支持。总之，四者层层相连，具有分明的层级关系，却又互相补充、互相协调，缺一不可。

第三节　集成化物流协同管理的运营结构

集成化物流的协同管理是以其物流运作为基础展开的，因而在实施管理时，首先要对物流系统做出一个整体的规划，确定物流运作方式和程序等，以形成一定的物流能力。为了实现物流运作的同步性和协调性，在集成化物流网络信息系统的支持下，制订各环节同步运作计划，然后依此计划各环节同步地运行，同时利用物流信息系统对运作过程进行监控，最后对各环节的运作能力进行评价。通过作业层对物流全过程做出统一的管理，以保证物流活动的有效性。作业层管理是对具体的物流作业活动进行管理，首先，制订作业计划，如运输计划、仓储计划、库存计划、配送计划等；其次，执行这些计划，在集成化物流作业信息系统和先进的物流设施设备的支持下，这些作业被高效率地完成；再次，为确保作业质量，必须对作业活动进行现场监督和指导；最后，作业系统的效率直接影响着物流管理目标的实现，必须定期对其进行评审，以促进作业的持续改进。作业层借助于先进的物流技术（如条形码技术、EDI、GPS、GIS 等），保证了物流活动的效率化。

集成化物流系统协同管理的运作是分层次进行的（见图 6－2），其具体的物流服务运营工作主要由策略层、作业层来担负，它们各自承担着与其职权相对应的物流任务，通过集成化物流服务商的集成、指挥与调控，同步实施物流一体化服务。而且每个层次均由“计划—实施—控制—评价—反馈”循环构成，只是它们的循环周期不同而已。

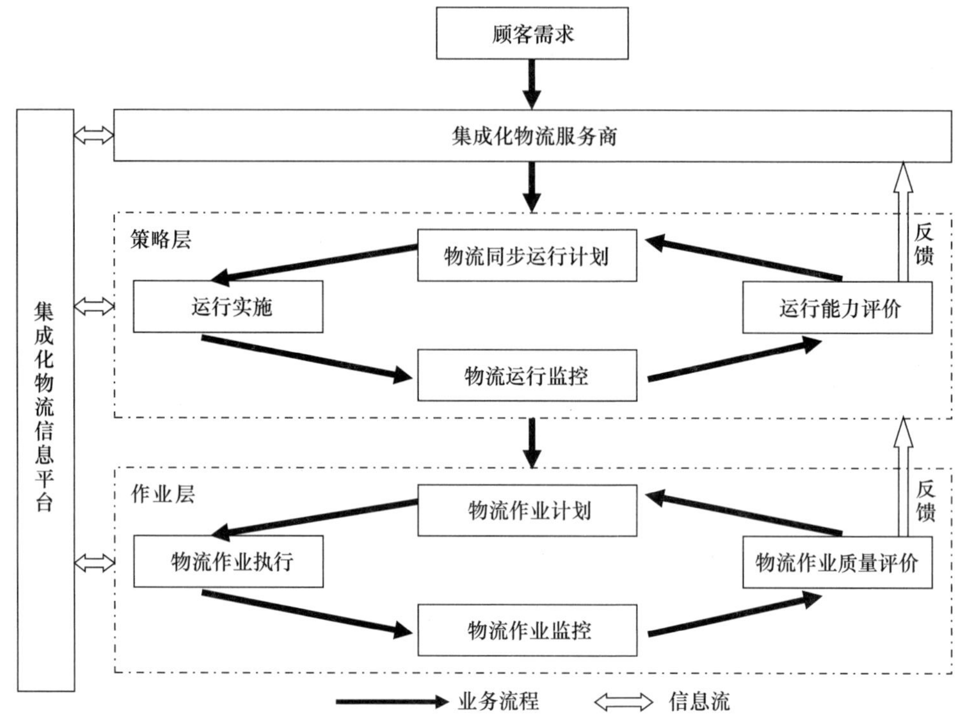

图 6－2　集成化物流协同管理的运营结构

具体来说，当接到顾客订单时，集成化物流服务商先要进行可行性分析，主要是研究集成化服务商是否有能力承接客户订单上要求的物流服务业务。首先，需要对订单的有关内容进行确认，一方面是关于客户本身的内容，包括客户的身份鉴定、客户的信用额度等；另一方面是关于订货的具体内容，包括货物的运送地、目的地，货物的品种、数量、尺寸、重量、体积、取货时间及到货时间等。其次，需要确定是否有能力提供订单上所要求的物流服务，是否拥有或者控制了合适的运输载体，是否拥有满足上述条件的可供选用的供应商。如果不同时具备以上条件，服务商需要征求客户意见，了解客户是否同意对订单上的有关内容做一定的调整。如果可以，则根据调整后的内容重新进行可行性分析，否则，拒绝承接此业务。

完成可行性分析后，还需要进行效益分析。效益分析包括社会效益分析和经济效益分析，只有效益综合分析结果可行，才有必要承接此业务，否则服务商需

要征求客户意见，了解客户是否同意对订单上的有关内容做相应的调整。如果可以，则根据调整后的内容重新进行效益分析，否则，拒绝承接此业务。

在完成以上分析，订单得到确认后，集成化物流服务商即开始制订同步运行计划，包括：

（1）结合现有业务的配送情况，运用路径优化理论，如最优路径算法、遗传算法、混合遗传算法等，优化从送货地到目的地的路径。

（2）根据货物的具体尺寸、体积、重量、对温度湿度的要求以及客户对时效性的要求、客户可承受的费用、服务商的运输总体安排等，分析应选用的运输载体（有时需要在考虑运输载体的条件下，重新对路径进行优化选择）。

（3）服务商需在加盟供应商中按照一定原则遴选物流流程中各环节的服务商，组成效果最优的组合。集成化物流服务商在很大地域范围和需求变化的市场环境下提供集成化的物流服务时，各物流业务流程并不是完全独立的，需要相互协调和配合，以确保整个物流网络的计划和步调保持一致。然而，从各物流业务流程中选出的最优供应商与集成化物流服务商的相互合作，并不一定能产生集成化物流的整体高效率、高质量。因此，还必须从物流链整体运作的时间、成本以及企业间的兼容性等方面予以考虑，以形成既在个体上有效，又在整体上有效的、最佳的集成化物流系统组合。

（4）从时间成本等方面对此项物流服务业务进行综合评价，在综合评价的基础上，需要对路径、运输载体、供应商进行反复优化选择，最终找出当时条件下最满意的方案。

同步运行计划制订完毕后，服务商将计划通过物流信息系统传送给位于作业层的各供应商，由各供应商根据计划组织实施。各供应商根据各自所分配的任务，制订具体的作业计划。在物流计划的执行过程中，服务商通过物流信息系统对各供应商的执行情况进行监控，而各供应商同样通过物流信息系统对作业计划的执行情况进行监控。

最后，在完成物流作业后，供应商需要对作业计划的执行质量进行评价。集成化物流服务商则根据各供应商的任务完成情况，对供应商的运营能力进行评价，以作为下次服务商选择供应商的参考依据。

第四节　集成化物流协同管理的基础结构

为确保集成化物流系统正常运作，需要包括核心层、紧密层、非紧密层成员在内的所有系统成员高效合作，同时也需要对组织内成员的行为进行激励和约束。因此，系统的基础结构中应包括合作机制和激励、约束机制。有了合作机制和激励、约束机制后，可以保证组织内成员最大可能地投入到各自所应承担的职责中，以一个整体的概念进行运转，确保集成化物流的同步运作。但在具体实施物流服务的运营过程中，要想达到有效实施的目标，除了制度层面的机制外，还需要在操作层面制定一些基础规范，这主要包括统一的作业流程规范、统一的质量评价体系、统一的信息共享机制。

一、合作机制

合作机制是集成化物流系统正常有效运行的保证。它是指系统成员企业之间建立合作关系，使各合作方互惠互利，实现多赢。合作关系的建立是实施有效的集成化物流管理的重要保证，作为物流牵头者的物流服务商将起到主导作用。在建立与保持系统中各成员企业之间合作机制的过程中，需要从以下几方面考虑并予以策划：

（1）转变系统中各成员企业的观念。要使得所有的成员企业都能认识到，实施集成化物流服务模式对每一个成员企业而言都是有利的，这是一种“多赢”的战略模式。

（2）成员企业之间信任关系的建立需要相互间的沟通、交流和理解。为此，作为牵头者的集成化物流服务商，需要在系统中确定成员企业之间沟通的信息、沟通的方式以及沟通的时间和频率，并根据成员企业在系统中所处的地位，确定其合作的内容及程度。

（3）建立集成化物流系统的工作团队，以协调控制系统的运行并讨论和解决有关合作问题。工作团队的建立应该是以集成化物流服务商为核心，以核心层成员企业和紧密层成员企业为主体，并适当考虑吸收非紧密层成员企业的人员参与。

（4）要注意合理分配系统所带来的共同利益。建立合理的利益分配机制，确保在系统中实现“多劳多得”的原则，这是保持有效合作关系的关键所在。

（5）在系统内倡导并加强以“诚信”为主要内容的企业文化建设。企业文化作为一种精神理念和行为规范，能够通过对成员企业合作意识的影响而渗透到系统运行过程中的每一个细节中，它的作用带有根本性和预防性的特征。当诚实守信原则为成员企业所普遍接受时，它对建立合作机制的作用将是巨大的。

尽管在建立合作关系方面，人们都知道精诚合作、休戚与共的道理，但在真正运作时却各打各的算盘，特别是当前中国的现实情况更是如此。因此，在建立集成化物流系统合作关系机制方面应进行必要的改进，可考虑采用如下措施：

（1）以资本为纽带建立双方的“血缘”关系。建立供应链良好合作关系的前提是双方的相互信任，而在中国目前这种信用极其缺失。因此，只有在资本层面上结成某种“血缘”联系，才有可能进行深层次的供应链合作。

（2）加强信息系统层面的合作。通过信息共享可减少合作双方的猜疑程度，提高合作效率，增强相互间的依赖程度，从而降低运营成本，使合作双方都受益。

二、激励与约束机制

激励与约束机制设计的直接目的是调动成员企业的积极性，最终目的是实现系统的组织目标，谋求系统整体利益和个体利益的一致。因此，设计激励与约束机制实质上就是集成化物流服务商通过理性化的制度来规范成员企业的行为，调动其积极性，以达到对系统的有序管理和有效管理。

1. 激励机制的建立

这主要包括：

（1）商誉激励。商誉是一个企业的无形资产，对于企业的可持续发展有着极其重要的影响。商誉来自系统内部成员企业的评价和在客户、社会公众中的声誉，反映出了企业在社会中的地位（包括经济地位、政治地位和文化地位）和形象。为此，在集成化物流系统的运行过程中，集成化物流服务商应该从系统长远发展的战略目标出发，提高自身及成员企业对商业信誉重要性的认识，不断提高信守合同、依法经营的市场经济意识，严惩那些不遵守合同的行为，大力宣传那些遵纪守法、信守合同、注重信誉的企业，为这些企业获得更广泛的认同创造良好的氛围。通过这些措施，既可打击那些不遵守市场经济规则的成员企业，又可对那些做得好的成员企业起到一种激励作用。

（2）信息激励。信息对集成化物流系统的激励实质上是一种间接性的激励，但是它的激励作用是不可低估的，尤其是对物流产业来说更是如此。现代物流与传统物流的最根本区别之一就是建立了物流信息共享平台，从而为物流企业获得信息提供了便利，为物流企业实现对客户服务的“7R”运作提供了支持。因此，企业在新的信息不断产生的条件下，应始终保持着了解信息的欲望，更加关注系统的运行状况，不断探求解决系统中出现的新问题的方法，这样就能达到对集成化物流系统成员企业进行激励的目的。信息激励机制的提出，也在某种程度上克服了由于信息不对称而系统中的成员企业相互猜忌的弊端，消除了由此带来的风险。

（3）淘汰激励。这是一种负激励。优胜劣汰是世间事物生存的自然法则，集成化物流系统也不例外。为了使系统的整体竞争力保持在一个较高的水平，集成化物流服务商必须在系统中建立起对成员企业的淘汰机制。实施淘汰激励是要在集成化物流系统内形成一种危机激励机制，让所有成员企业都有一种危机感。这样一来，成员企业为了能在系统中获得群体优势并使自己也获得发展，就必须承担一定的责任和义务，对自己所承担的任务从质量、数量、交货期等方面负全责。这对防止短期行为和“一锤子买卖”给系统群体带来的风险也起到一定的作用。总之，危机感可以从另一个角度激发成员企业发展。

（4）组织激励。在一个较好的系统环境下，如果企业之间合作愉快，则系统的运作也通畅，少争执。也就是说，一个组织良好的集成化物流系统对成员企业来说也是一种激励。

2. 监督约束机制的建立

集成化物流系统中的监督约束机制主要包括以下方面的内容：

（1）合约的约束。集成化物流服务商在组建系统之初，就应在合约中详细规定成员企业各方应履行的责任和义务，并附有严格、详尽的违约处罚条款。这是对各成员企业的最大约束。

（2）法律的约束。集成化物流系统的组建必须符合国家相关法律法规的规定，其合约条文及具体的运行模式也必须在国家法律法规许可的范围之内。如果个别成员企业不遵守规定，有违反法律的行为或情况，集成化物流服务商应及时

诉诸法律，交由司法机关处理。法律约束是集成化物流服务商保证自己利益的有力保障和有效武器。

三、基础规范

1. 统一的作业流程规范

为保证物流进程在系统各成员之间流畅运作，应制定统一的作业标准化规范，包括系统内部设施、机械装备、专用工具等的技术标准和包装、装卸、运输、配送等各类作业的作业标准。

2. 统一的质量评价标准

这主要包括两个方面：物流作业质量评判标准和供应商运作能力评判标准（见表 6－1 和表 6－2）。在确定评价指标后，可采取一定的统计处理方法得出评价结论，如主成分分析法、加权相对最小偏差法等。评价的结果可作为供应商利益分配时的参考依据，而且在一定周期内累积起来的评判结果也可用来对供应商的运作能力进行评判，作为淘汰激励的参考依据。

表 6－1　作业质量评价指标体系

目标层	一级指标	二级指标
作业质量评价指标体系	时间 B_1	单证传递时间 C_1
		订单反应时间 C_2
		延迟交货时间 C_3
	质量 B_2	安全记录合格率 C_4
		运输残损率 C_5
		运输更换包装率 C_6
		仓储缺损率 C_7
		仓库库存准确率 C_8
		单证填写准确率 C_9
	成本 B_3	运输成本 C_{10}
		存货持有成本 C_{11}
		物流行政管理成本 C_{12}

续表

目标层	一级指标	二级指标
作业质量评价指标体系	服务水平 B_4	订单完成率 C_{13} 运输及时发运率 C_{14} 及时到达率 C_{15} 及时提货率 C_{16} 及时签收率 C_{17} 及时回单率 C_{18}

表 6－2　供应商运作能力评价指标体系

目标层	一级指标	二级指标
供应商运作能力评价指标体系	时间 B_1	单证传递时间 C_1 订单反应时间 C_2 延迟交货时间 C_3
	质量 B_2	安全记录合格率 C_4 运输残损率 C_5 运输更换包装率 C_6 仓储缺损率 C_7 仓库库存准确率 C_8 单证填写准确率 C_9
	成本 B_3	运输成本 C_{10} 存货持有成本 C_{11} 物流行政管理成本 C_{12}
	服务水平 B_4	订单完成率 C_{13} 运输及时发运率 C_{14} 及时到达率 C_{15} 及时提货率 C_{16} 及时签收率 C_{17} 及时回单率 C_{18}

续表

目标层	一级指标	二级指标
供应商运作能力评价指标体系	信息标准化 B_5	信息化程度 C_{19} 商务报告、报表标准化 C_{20} EDI 规范、超文本数据交换标准 C_{21} 合作方法、协议的标准化 C_{22}
	创新能力 B_6	物流创新服务的研究与开发 C_{23} 物流体系综合规划 C_{24} 员工的学习能力 C_{25} 增值服务能力 C_{26}
	管理与文化 B_7	战略观念的兼容性 C_{27} 企业文化的兼容性 C_{28} 管理体制的兼容性 C_{29} 管理水平的兼容性 C_{30}
	合作态度 B_8	企业的信誉 C_{31} 合作愿望程度 C_{32} 企业同外界的交流与沟通 C_{33}

3. 统一的信息共享机制

建立集成化物流协同管理的信息共享机制，需要完成以下几个方面的工作：

（1）作为集成化物流优势的整体规划、统一指挥和全系统内信息的即时共享，是建立在信息标准化的基础上的。只有系统内所有成员使用统一的物流信息标准，才能有效避免信息不全和信息失真的问题，保持数据的有效性。应充分参照各种国际标准、国家标准、行业标准和企业标准，以及根据《物流信息国家标准体系表》中的规定，在系统内部制定和推行统一的信息编码。

（2）建立信息采集、处理、保存、查询的管理制度并加以严格执行。具体如下，包括物流作业、客户信息、财务数据等在内的在物流系统运作过程中所产生的各种数据和信息，由何人负责采集，采集后哪些需要上传，按照什么要求进行处理，处理过的信息按照什么形式保存，保存期限是多长时间，系统内服务商、供应商等各级成员和客户查询、处理信息的权限等。

本章小结

“供应商品—联网（协同）—物流服务商—联网（协同）—顾客”是集成化物流的基本运作过程，这是一种基于顾客需求流的协同运作模式。订单驱动物流运作模式、大规模定制物流、加盟连锁型物流运作模式、“物流中心＋配送中心”模式是集成化物流系统的基本模式，它们各具特色，并适用于不同的顾客需求。

战略层、策略层、作业层和技术层四个层次共同组成集成化物流系统协同管理的框架结构，各自分别完成不同的管理功能，且相互之间又存在必然的内在关联性。集成化物流系统协同管理的运作是分层次进行的，其具体的物流服务运营工作主要由策略层、作业层来担负，通过集成化物流服务商的集成、指挥与调控，各层按“计划—实施—控制—评价—反馈”的程序，同步实施一体化物流服务。

为确保集成化物流系统正常运作，诸如合作机制、激励与约束机制，以及包括作业流程规范、质量评价标准、信息共享机制等在内的基础规范，都是集成化物流协同管理的基础结构。

第七章　集成化物流协同管理的支撑体系

集成化物流系统实施协同管理是有一定的前提条件和基础保障的，只有在满足这些条件的环境下，才能够实现预期的目标。就集成化物流协同管理的运行支撑体系而言，所涉及的因素多而且种类复杂。考虑到集成化物流系统的运行特点和规律，本章将在探讨集成化物流实施协同管理的运行条件的基础上，从战略支撑、技术支撑和契约支撑三个方面研究集成化物流协同管理的运行支撑体系。

第一节　集成化物流实施协同管理的运行条件

对集成化物流系统来说，实施协同管理是希望通过自组织运行机制，打破单个部门和企业的绩效界限，使参与物流运作的各成员企业协同一致地工作，以高效、快速、敏捷地提供满足用户要求的物流服务方案。因此，要成功地实施协同管理，就必须具备一定的条件。

一、柔性化

集成化物流系统必须柔性化，只有这样才能做到对外部环境的变化具有极强的响应能力，同时也才能快速响应系统内部各个环节的变化，并且及时对各环节进行调节，使整个系统处于一种动态的平衡状态。系统实施柔性化必须具备两方面的能力：一是缓冲能力。系统中的各个要素和环节应该具备弱化市场需求变化对系统影响的能力，从而做到既保证随市场条件的变化及由此产生的物流服务任务的变更而迅速改变系统的输入和输出，又保证系统所提供的物流服务的连续性和稳定性。二是适应能力。系统中的各个要素和环节要随市场的变化而变化，要有迅速重新组合资源的能力，在大规模定制下，这种能力直接影响到系统向市场提供高质量服务的及时性。

二、集成化

集成化是集成化物流系统实施协同管理的基石，为此，它需要做好以下几方面的工作：首先是对物流信息的集成，协同管理本身就是建立在高度的信息化基础之上，它要求全球范围的网络覆盖，对物流系统的控制也是基于信息驱动。信息的集成包括两方面的内容：一是将集成化物流服务链上的所有企业和机构都纳入信息化的整合范围；二是信息的统一化和标准化。其次是对物流流程的集成。从业务流程重组（BPR）上看，要提高整个物流流程的效率，就需要实现物流流程的首尾相接，形成循环回路，而要做到这一点根本出路就在于对物流流程的集成。最后是对物流组织的集成。集成化物流的组织是一种以流程为基础的组织模式，它强调顾客需要是其从事物流活动的基础，因此，实施组织集成能强化各流程节点企业的核心能力，并为物流企业提供培养核心竞争能力的有利环境，实现顾客和企业的“双赢”。

三、信息化

在集成化物流协同管理中，信息始终是重中之重。为此，需要更新管理手段，广泛采用先进的信息技术，如3S、物流条码和EDI等技术。通过这些技术，系统及成员企业能及时准确地获得有关顾客需求的信息，以及有关货物运输状态的信息，对顾客的信息及时反馈，对运输过程中货物的位置、状态、装卸、送达等进行实时追踪，并对紧急订单、交通意外等突发事件及时有效地处理。同时还可以让顾客通过互联网进入可视化监控系统，在电子地图上了解送货车辆的位置，以便做出时间上的安排、人员上的配置。

四、协调化

在实施集成化物流协同管理的过程中，集成化物流服务商需要对整个物流链进行整体协调，这不仅需要协调好外部各个环节，也需要协调好组织内部种种复杂的关系。这种对内、对外的协调工作不是一时的，而是常态性、制度化的。因

此，为了确保集成化物流服务商对整个物流链协调的效率化，必须注意做好以下几方面的工作：

（1）做好物流各个环节的具体设计，对战略层提出的整个物流链的规划设计方案进行目标管理（MBO），对总任务、总规划进行具体分解，并具体落实到各个节点、各个负责人，使物流链运营上的各个环节通过高度的信息化实现协调运行。

（2）确保信息流、物流、资金流在集成化物流链中的快速、高效流动。由于在集成化物流链中，节点间及节点内的订单处理过程本身呈现着复杂的自适应性，每个主体（成员企业）都是智能体，如何有效地利用系统协同管理机制来协调各智能体的功能实现和交互联系，减少订单处理过程中不增值的环节，提高订单处理速度，降低生产成本，增强定制服务的竞争力，从而使整个作业层向良性方向发展，是集成化物流服务商重点协调的内容之一。

（3）以创建良好的内部关系为保障基础。由于在集成化物流系统中，各个成员企业是为了共同的目的，即实现“多赢”，获得竞争优势，而建立起联盟性组织体。所以，各成员企业间的关系并不是以股权、人员或者财务纽带为必要条件，而主要是依靠一系列正式或非正式的契约，而且即使存在这样的纽带，其目的也是为了“支援”而不是出于“控制”。

第二节　集成化物流协同管理的战略支撑

一种管理模式的成功运行需要有各方面的支撑作为保障，而战略又处于支撑体系中的核心及首要地位。战略支撑是围绕战略管理的全过程，对价值和能力进行整合而形成的对战略管理不可缺少的基础性、决定性力量。

一、集成化物流系统的战略层次结构

根据集成化物流业务的构成和管理要求，集成化物流系统的战略内容可分为四个层次（见图 7 – 1）。

1. 全局性战略

集成化物流协同管理的最终目标是通过制定整体物流服务战略规划，满足用

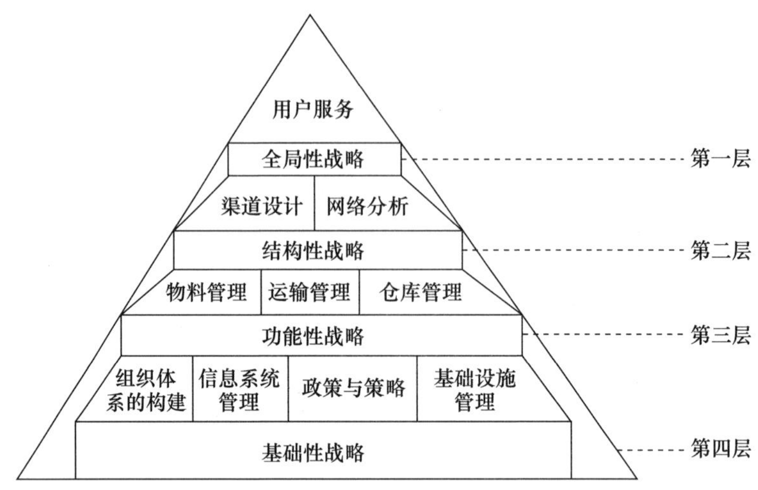

图7-1　集成化物流的战略层次结构

户需求，进而实现客户价值。因而如何有效地实现用户服务是其全局性的战略目标，作为集成化物流系统“组织者、协调者和控制者”的集成化物流服务商，必须根据系统的整体实力和现代物流的发展趋势，提出物流服务发展战略思路，并以此制定出整个物流链的物流服务规划设计方案、物流整体服务解决方案，以及增值服务方案，从而为创建提高用户满意度的协同管理体系、全面提升用户服务水平、高效实现客户价值提供基石。

2. 结构性战略

结构性战略的目标是要不断减少物流环节，消除物流链运作过程中不增值的活动，提高整个系统的效率。内容包括渠道设计和网络分析。渠道设计的内容包括重构物流系统、优化物流渠道等，以充分提高整条物流链的敏捷性和响应性，节约时间，降低成本。网络分析是集成化物流协同管理中另一项很重要的战略工作，可以为整个系统的优化设计提供参考依据，主要包括各成员企业间信息的共享机制、库存状况的分析、用户服务的调查分析、运输方式和交货状况的分析、物流信息及信息系统的传递状态分析。

3. 功能性战略

功能性战略的目标是不断改进集成化物流系统的组织方法，并优化运输路线，降低成本，实现“零库存”，保证及时配送、准时交货，实现物流过程的高

效运作。功能性战略包括物料管理、运输管理和仓库管理三个方面。

4. 基础性战略

基础性战略的主要目标是为保证集成化物流系统的正常运行提供基础性的保障，主要内容包括组织体系的构建、信息系统管理、政策与策略、基础设施管理等。

二、集成化物流协同管理的战略支撑体系架构

所谓支撑，是指某物对另一物的基础性和决定性力量或者作用。一个有效的支撑体系应该包括三方面的要素：一是具有明确的支撑对象，使支撑构件有清晰的传力方向和途径；二是具有多元的支撑构件，构件之间具有稳定协同的相互作用机制，从而形成强大的支撑能力；三是具有坚实的支撑基础，使支撑构件具有稳定的支撑力量源泉。

（一）战略支撑体系的内涵

就集成化物流协同管理而言，战略支撑体系是否有效取决于三个方面：一是明确的支撑服务对象；二是集成化物流系统所创新的管理模式及其运行效率；三是系统成员投入的资源数量和质量，以及资源的优化。所以，其战略支撑体系主要包括以下四方面的内容：

1. 明确的支撑服务对象

从本质上来说，集成化物流系统是由物流服务供应链上的众多节点企业，通过一定的制度安排，所组成的集成化物流服务供应链体系。要使众多的节点物流企业达到协同管理的目标，就必须要有明确的共同战略作为它们的支撑。而这种支撑就是所有的物流企业通过集成方式形成的集成化物流系统。

2. 核心能力

集成化物流所提供的物流服务业务具有覆盖地域广泛、集成度高的特点，这就意味着参与提供一体化物流服务的企业将是众多的，且必须是跨地域的。所以，作为集成化物流领导者的集成化物流服务商，必须更加注重各成员企业间的协同与合作，强调各成员企业物流资源的优势组合，以充分发挥各成员企业的核心能力，并将这些核心能力进行有效整合，以使它们的功效最大化。这些核心能力的整合并非简单地加总，而是聚合优势、协同放大。因为集成化物流的核心能力是在基本能力的基础上协同生成的，所以协同的存在必定会改变物流系统的基

本能力。具体到某一个企业，其改变的结果可能是提高也可能是降低，但从整个集成化物流系统来看，新增的协同能力足以补偿个别企业基本能力的缩减。因而，集成化物流系统的整体核心能力得以增强。①

3. 组织转型

集成化物流系统内部的管理模式及其运行效率是否有效，在很大程度上取决于集成化物流系统中各成员企业的组织转型问题。在集成化物流系统中，整个系统的物流服务工作都是借助于所建立的战略伙伴关系，通过物流服务供应链各个节点企业间的协同与合作，将物流服务商的内部资源、能力与物流服务供应商的资源、能力有机地集成起来，实施协同管理，从而达到全局动态最优的目标。所以，集成化物流系统实施协同管理需要有组织保障，传统组织必须彻底转型，才能适应集成化物流协同管理的要求。

4. 整体优化

由于顾客需求越来越突出个性化，导致不确定性增加，迫使集成化物流系统必须具有对变化的市场快速准确地做出正确反应的能力。然而，集成化物流系统是一个动态的、开放的系统，系统的复杂性高，是一种非传统的结构形式。在知识、契约、信息等活性因素的影响下，集成化物流系统的结构不再具有传统企业合理结构所表现出来的那些特征，其存在是以动态的形式为载体，判断其结构的合理性主要是动态适应能力和转换适应能力，这就决定了必须对集成化物流系统进行整体优化，以构建适应无国界化物流服务市场经营需求的系统体系。

集成化物流系统的战略分为全局性战略、结构性战略、功能性战略、基础性战略四个层次，而集成化物流系统协同管理的关键是充分发挥成员企业的核心能力，把成员企业的核心资源集中于附加值高的环节，在获得竞争优势的基础上，注意物流服务质量与物流服务成本的平衡，并时刻关注物流服务各环节的动向，一旦出现问题，立即调整战略，调整集成化物流系统组织的组合方式，以高弹性适应市场的快速变化。所以，集成化物流系统的战略四层次必须以核心能力、组织转型、整体优化为其战略支撑内容。

---

① 夏锦文，舒辉．基于集成化物流核心能力的协同管理分析［J］．科技管理研究，2008（7）：266－268.

（二）集成化物流系统成员企业的核心能力

集成化物流系统中各成员企业核心能力的互补性和集成性是集成化物流协同管理成功运行的重要战略支撑条件之一。

根据普拉哈拉德和哈默在《公司的核心能力》一文中所提出的关于核心能力的概念，企业核心能力是指提供企业在特定经营中的竞争能力和竞争优势基础的多方面技能、互补性资产和运行机制的有机融合，是企业不同的技术系统、管理系统、社会心理系统、目标与价值系统、结构系统的有机组合。其核心内涵是企业的专有知识，典型特征是价值性、稀缺性和难以模仿性。

1. 集成化物流系统核心能力的内涵

集成化物流系统的核心能力是集成化物流服务商领导、协调其他物流成员企业所形成的一种群体化的核心能力。由于集成化物流是在充分整合优质物流资源的基础上所形成的物流组织，所以其成员企业都必须在某一方面或几个方面具有一定的核心能力，通过聚合彼此的核心能力，从而形成更为强大的整体核心竞争力，为顾客提供全过程的、个性化的、快速的“一站式”物流服务。

（1）成员企业的核心能力是集成化物流系统的基础资源。从本质上来讲，集成化物流系统是一个供应链企业集群的知识集合体，因而在非关联多元化下，整个系统的知识体系必然是庞杂的。知识的形成与积累具有路径依赖性，并且和企业所从事业务活动的经历有关，不相关的业务活动职能使企业积累起不相关的知识。在这种情况下，各成员企业的价值性不高，能带来长期竞争优势的程度或效率会很低。而在突出主业的战略下，各成员企业的知识具有专门化、系统化的特征。各成员企业知识的专门化、经营范围关联化的结果是物流成员企业形态的单元化。单元化意味着具有独立法人地位的成员企业成为具有专门功能的单一功能体，如运输功能、仓储功能、订单处理功能、配送功能、网络设计功能等。这里“单元化”并非指功能上的盲目削减，而是以其核心能力为支撑。正是建立在核心能力上的单元化，才使成员企业具有了比较优势。而这些具有核心能力的单元化成员企业所存在的互补匹配关系，只有通过集成化物流的协同管理才能真正实现优势互补。由此可见，集成化物流成员企业培育、建立和提升自己的核心能力，是实现集成化物流系统协同管理的基础和前提。

（2）集成化物流系统的核心能力是群体化的核心能力。一般而言，核心能力的构成要素具体包括：技巧知识系统（Skill and Knowledge System），主要指企业员工拥有的技术、知识和能力；技术系统（Technical System），主要指企业拥有的技术资源、设备、可存取的信息；管理系统（Management System），主要指企业拥有的管理理念、管理能力、经营方式；价值观系统（Value and Norms System），主要指在企业中占主导地位的价值观念、道德、文化、声誉等，如图 7-2 所示。①

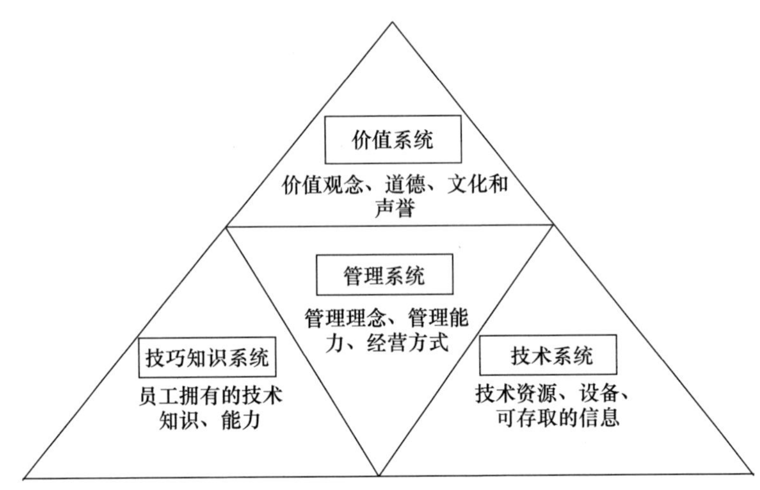

图 7-2 企业核心能力构成

核心能力四大构成要素之间存在很强的相互关联性。技巧知识系统和技术系统中所包含的各类知识和技巧以及融合在技术中的知识积累与物质条件是集成化物流系统得以正常运行与创新的基本资源；管理系统是对集成化物流系统进行有效计划、组织、指挥、协调和控制的基本保障，借助于管理系统才能确保集成化物流系统中的各成员企业、各物流服务环节的行动一致；价值观系统是构成集成化物流系统核心能力的一种无形因素，是确保管理系统、技巧知识系统和技术系统正确发挥作用的基石，它直接影响各成员企业的领导、员工的行为方式与偏好，并通过经营决策过程和行为习惯体现在成员企业为顾客提供具体物流服务过程的技术实践和管理实践中。

① 贾平. 企业动态联盟［M］. 北京：经济管理出版社，2003：132.

核心能力实质上是企业长期从事生产、学习行为所积累的、有价值的、具有独特性的、不易模仿和获取的、整合性的知识体系。核心能力的这种实质特性，表明在集成化物流系统中，任何一个成员企业要想在所有物流功能、环节和范围（空间范围和行业范围）内都能提供具有竞争优势的优良、高效、快速的物流服务几乎是不可能的。而集成化物流系统则是通过实施协同管理，整合各成员企业的核心能力，进而形成一种群体化的核心能力，从而在竞争环境日益激烈的物流服务市场上拥有独特的竞争优势。

2. 集成化物流协同管理对成员企业核心能力的要求

在集成化物流系统中，各成员企业专注于自身核心能力的培养、巩固和发展，突出自身的主营服务业务，从而有利于整个物流链各环节合理分工、发挥专长，实现优势互补。集成化物流的思想精髓在于聚合优势、协同放大，它本身就是一个主动寻优的动态过程，要素之间通过竞争性的互补关系联结在一起，从而实现整体功能的倍增和涌现。因此，为实现系统协同管理的目的，集成化物流对成员企业核心能力的要求主要体现在以下三个方面：

（1）物流要素能力。要素能力是指物流企业在一定的技术水平和管理运作水平条件下，通过运作和整合其所拥有的资源而产生的最大物流能力。在集成化物流协同管理中，对成员企业核心要素能力的具体要求主要有七种：订单处理能力、运输能力、仓储能力、流通加工能力、装卸搬运能力、配送能力和信息处理能力。

（2）物流运作能力。运作能力是指物流管理者通过合理应用、运作和整合物流技术知识、物流管理思想及方法、各种先进的物流软件和物流信息技术等资源，优化其配置，为供应链提供高效率、低成本的物流服务所能产生的物流运营能力。根据成员企业所拥有和控制的各种软硬件资源的特性，集成化物流协同管理中对成员企业核心物流运作能力的要求主要体现在以下三个方面：

1）功能型服务能力。它是指物流企业完成货物运输、储存、配送和信息服务等物流基础功能的能力，主要包括快捷运输能力、产品储存与维护能力、产品配送能力、准时交付能力和信息服务能力等。

2）增值型服务能力。它是指成员企业在完成基础功能型物流服务的基础上，根据客户的特定需求提供诸如增加便利性服务、降低成本服务、定制化服务和延伸性服务等的能力。

3）公共关系能力。这是指成员企业在获得各级政府的政策、财政、税收等，得到相关新闻媒体的宣传，与客户之间建立并发展良好的关系以及与其他组织沟通的过程中所展现出来的沟通与交际能力。

（3）综合管控能力。综合管控能力是指在物流要素能力和物流运作能力的基础之上所体现出来的适时应对内外部环境变化的自我调整能力。主要包括规划能力、整合能力、创新能力和响应能力。

1）规划能力。它是成员企业根据客户需求开展物流功能性活动之前，对实施方案、运作过程等的整体把握和策划能力。如成员企业针对客户企业的具体情况及其物流系统中存在的问题，对客户企业物流系统进行重组的统筹规划能力。

2）整合能力。它是成员企业对所拥有和控制的各种物流资源、知识、技术、技能及其流程等的协调和集成能力。如对多种运输工具的合理调度能力，对无线射频识别技术、物流自动化技术、协同作业技术和数据实时传输技术等的集成能力。

3）创新能力。它是成员企业为提高客户服务水平，提高市场竞争能力，对物流服务的研究与开发能力。如对各种能促进物流发展的先进技术（如 EDI、RFID）、先进管理思想及手段（如 VMI、看板）等的研究与开发能力，以及对物流流程、结构及系统等的优化与重构能力。

4）响应能力。它是物流企业对客户特定的物流需求，对与物流有关的新知识、新技术、新手段及新思想的产生与应用做出快速反应的能力，以及对客户临时变更或个性化的物流需求做出敏捷反应的能力。如通过采用包装延迟化或物流延迟化策略，提高物流企业对客户个性化物流需求做出快速反应的能力等。

在实施集成化物流系统协同管理的过程中，需要对成员企业的物流要素能力、物流运作能力和综合管控能力进行综合考核、选择和强化，也需要成员企业间的核心能力进行有效协调。因此，在集成化物流系统选择成员企业时，既要综合评价、挑选最具核心能力的企业，又要充分考虑各成员企业间的核心能力组合效果，以求以最优分配物流量来获取最大的物流价值。

3. 集成化物流协同管理中成员企业核心能力的强化

作为集成化物流系统的成员企业必须具有独特的核心能力，而且必须能够持续地保持、发展、强化这种独特的核心能力，这样才有可能在集成化物流系统中立于不败之地。为此，作为集成化物流系统的成员企业，应从以下三个方面对自身所具有的核心能力进行自我强化，进而实现提高整体效益与个体效益的目的。

（1）确定目标。只有在目标、方向明确的前提下，企业有限资源的配置、使用才能做到有的放矢，从而加速核心能力的培养。为此，作为集成化物流系统的成员企业必须根据自身资源状况、以往的知识储备以及竞争环境状况等内外部条件，确定核心能力的目标定位。需要注意的是，在选择核心能力培养方向时应慎重，必须将目标锁定在企业有一定基础的、最擅长的业务领域，以使企业在集成化物流系统中获得更多的利益。

（2）建立有效的学习机制。一个有效的学习机制涉及两个层面的因素：一是外层因素，主要有系统思想、与国际先进企业之间创造相互学习的氛围；二是内层因素，主要有知识的获取、吸收、创新，员工心智模式的表现和共享，企业间的合作学习关系，鼓励学习的系统，它们构成共享的知识资源。

在集成化物流系统中，成员企业需要根据现有的知识结构和认知能力，建立有效的学习机制，促进企业内隐知识的学习、吸收、应用和创新，以培养自己的核心能力。企业知识存量的结构不仅决定了企业配置资源的方法，也决定了企业的资源整合能力及其效能发挥的程度，同时还与企业认知能力共同决定着企业能否形成核心能力。所以，建立有效的学习机制是增加企业知识存量的根本出路。

（3）资源集中利用。资源集中利用就是将资源集中于企业选定的一项或几项业务领域，以充分发挥资源的最大效用，增强特定的竞争优势，培养企业独特的核心能力。由于在当今世界市场竞争日趋激烈，研究开发风险与创新成本越来越高，任何企业无论其规模有多大、资金有多雄厚，都很难在所有的业务活动中成为世界上最杰出的。实际上，相对于复杂的外部环境，任何企业的资源都是有限的，只有集中利用资源形成合力，才能够在目标业务领域取得突破，建立起独特的核心能力。

在集成化物流系统中实施协同管理，就是要从物流链整体运作的时间、质量、成本及成员企业核心能力的互补性、兼容性等角度，整合成员企业的独特核心能力，以达到个体上最优、整体上最有效的目标。

4. 增强集成化物流系统群体化核心能力的协同管理

集成化物流系统群体化核心能力的强弱在很大程度上受到成员企业资源间协同效应的影响，从长期来看，协同效应在集成化物流系统群体化核心能力上发挥的作用越来越重要。如果我们对集成化物流系统中分布于各成员企业的资源进行协同管理，还原物流系统的本来联系，以各成员企业的优势集成达到最大限度地挖掘集成化物流系统的活力，实现集成功能的倍增和涌现，那么集成化物流系统的群体化核心能力就能得到充分展现。[①]

（1）目标协同管理。集成化物流链是由许多企业实体构成的复杂网络结构，各成员企业在物流链中是一种伙伴关系或者战略联盟关系，通过各成员企业间的合作来达成集成化物流系统整体的经营目标。由于各成员企业是独立的自主体，有其自身的经营目标，因而如何有效解决成员企业自身目标与物流链整体目标的冲突，是物流链有效运行所必须解决的问题。如果企业仅仅是为了实现各自的目标，物流链上各成员企业必然会做出不同的决策，产生不同的计划，其结果是实现了成员企业的小目标，影响了集成化物流链的大目标。在市场经济条件下，企业产品或服务质量的好坏直接关系到企业的成败。同样，集成化物流服务质量的好坏直接关系到集成化物流链的存亡。如果在所有业务过程完成以后，发现提供给最终客户的产品或服务存在质量缺陷，就意味着所有成本的付出将不会得到任何价值补偿，集成化物流的所有业务活动都会变为非增值活动，从而导致整个集成化物流链的价值无法实现。因此，达到与保持物流服务质量的高水平，是集成化物流协同管理的重要目标。集成化物流的目标协同管理要求各成员企业着眼于使最终客户满意的最终目标，强调依赖战略管理，协调各成员企业的目标冲突，发挥各成员企业的资源优势，选择合适的行动方案，确保集成化物流最终目标的实现。

集成化物流的目标协同管理离不开集成化物流服务商的主导作用。集成化物流服务商是集成化物流链中实力最强的组织，在某些资源与能力上拥有绝对竞争优势，是集成化物流的指挥与决策中心。集成化物流服务商以客户满意为最终目标，负责制定统一的服务标准、操作规程、管理规范，负责计划、组织、指挥、

---

① 夏锦文，舒辉．基于集成化物流核心能力的协同管理分析［J］．科技管理研究，2008（7）：266－268.

控制和协调各成员企业间的运作，以确保物流运作的各个环节能有效地衔接，向客户提供一致的、一体化的、可跟踪的全过程服务。

（2）信息协同管理。信息产生于物流活动中，是物流活动的描述和记录，反映物流的运动过程。物流的订货管理、配送、运输、采购活动会产生大量的原材料供应、产成品消费等信息，信息的流动速度关系到工作程序的配合，关系到作业过程的及时或延迟。为提高物流的作业效率，要求信息真实、全面、及时传递，保持通畅。

“牛鞭效应”是物流活动中信息不能有效传递的一种现象。“牛鞭效应”的产生源于需求信息从最终客户端向原始供应商端传递时，无法有效地实现信息的共享，使得信息扭曲而逐级放大，导致需求信息出现越来越大的波动。“牛鞭效应”的存在，使物流链中的制造商不得不保持较高的生产能力，而这种生产能力在订单较少的时期又大量闲置；也使供应链中的供应商或分销商为了应对大订单的需求，不得不保持较高的库存水平；还使企业不得不面对变化的运输规模，支付较高的运输成本。要减轻“牛鞭效应”，必须解决需求的不确定性以及需求信息的个别占有问题，而信息的共享是解决这个问题的有效途径。信息协同管理强调集成化物流链上各成员企业将自身内部信息公开化，在各成员企业间高质量的信息传递与共享的基础上，依靠全部信息而不是部分信息来进行生产、订货和运输，为效率化活动有效开展奠定基础。

为此，必须从软件和硬件方面构建起优良的信息协同管理机制，以确保各物流环节之间的协同运作。具体来说，应从以下几方面展开：

1）从硬件方面来看，必须建立起一个电子商务合作平台。通过这个合作平台，加强成员企业彼此间的信息沟通，使它们能高效地联系在一起，通过及时的信息交流，进行实时管理，从而协同整个组织的运营工作。信息协同管理离不开信息系统的技术支持。借助于现代信息系统的构筑，各种信息在系统内根据物流运作流程进行传递，经过授权可以获得各成员企业的信息以及客户的信息，从而可以实现成员企业之间、人员之间以及与顾客之间的一对一、一对多、多对一、多对多等多形态的协同方式，更好地将各自的优势资源整合起来，共同为顾客提供优良、快捷的物流服务。信息系统的技术支持包括网络技术、通信技术和 IT 系统软、硬件技术支持。以互联网为代表的信息技术为集成化物流管理提供了大量削减成本和改善服务的机会，并优化了集成化物流管理的业务流程。

2）从软件方面来看，必须开发出一个基于即时通信技术的商务交流工具。借助于这个商务交流工具，在集成化物流系统内建立一个成员企业之间、成员企业与客户之间相互交流的圈子，让所有的利益相关者都能够在这个大圈子里进行更好的交流合作，实现共同发展。

3）必须实现对物流信息的标准化。只有做到对与信息的收集、存储、加工、传递、显示等方面有关的技术、方法和规程进行标准化之后，才能确保经营信息在整个物流流程中的快速畅通，也才有可能真正实现组织资源的有效共享。

（3）利益协同管理。集成化物流系统中所有成员企业的利益都与整体利益息息相关。如果成员企业的物流服务运作仅仅追求部分最优或部门最优，那么将无法在日益激烈的物流服务市场竞争中取胜。从原材料的调达计划到向最终消费者移动的物的运动等各种活动，不光是部分和部门的活动，而是将各部分和各部门有效结合发挥综合效益。也就是说，集成化物流所追求的利益观是针对调达、市场、销售、物流等全体最优而言的。在企业组织中，以低价格购入为主的调达理论，以生产增加、市场合理化为主的市场理论，以增加销售额和扩大市场份额为主的销售理论等理论之间仍然存在着分歧与差异，物流成本控制中效益背反现象，即某些项目成本的削减可能引起其他项目成本的增加，是这种分歧与差异的集中体现。例如，使用多个面向市场的仓库或保持高水平库存，会导致储存成本增加，而采用铁路、水路等慢速运输方式和慢速订单处理，则可以降低这两项活动的成本；反之，如果使用较少的仓库或保持较低的库存水平，则必须采用高成本运输方式来保证库存，相应地就要利用空运、汽车运输和快速订单处理。又如，仓库里货物的高层堆码能够提高保管效率，却降低了货物拣选作业的效率。跨越这种分歧与差异，力图追求全体最优正是集成物流理论所要达到的目标。由于物流成本的发生源很多，其成本发生的领域往往在集成化物流链上的不同企业，因此，进行物流成本控制时，要从整体最低成本的角度出发，使供应物流、制造装配物流与分销物流之间达到高度均衡。从这一意义出发，集成化物流的利益协同管理遵循个体利益服从集体利益的原则，将降低物流成本的目标及方法贯彻到物流链上所有的成员企业中，并在成员企业间形成协调合作关系，以实现集体利益最大化。因此，建立合理的企业绩效评价机制是进行利益协同管理的重要举措，而孤立地评价成员企业的业绩，会造成成员企业片面追求部门利益，甚至

企图把成本降低建立在损害其上游或下游企业利益的基础上。

（4）企业文化协同管理。企业文化是企业在适应外部环境与整合内部资源的过程中逐渐形成的一种行之有效的行为模式，它被作为认识、思考和感知事物的正确方式传授给企业成员。企业文化的协同管理就是要求各成员企业认同和接纳统一的文化调控，建立合作伙伴关系，以便采取一致的行为模式。企业文化的协同管理主要有以下两类：

1）吸纳式企业文化协同管理。在集成化物流系统中都有起主导作用的集成化物流服务商，集成化物流服务商凭借其资源及能力上的优势成为集成化物流的指挥中心、管理中心。吸纳式企业文化协同管理是指其他成员企业完全或者部分放弃原有的价值理念和行为假设，接受集成化物流服务商的企业文化，这样必然减少不同企业文化之间的相互摩擦和碰撞，增强集成化物流中所有企业文化的一致性。

2）渗透式企业文化协同管理。在集成化物流的企业文化建设中，成员企业要明确自己的战略发展目标，把握核心优势，成员企业文化经过双向或多向的渗透、妥协，形成包容各成员企业文化要素的群体文化。由于群体文化糅合了各成员企业文化的长处，每个成员企业都能从群体文化中找到自己企业文化的影子，同时还能获得其他成员企业文化的精髓，因此成员企业对群体文化的认同和接纳更为容易。

无论是吸纳式企业文化协同管理还是渗透式企业文化协同管理，成员企业都要从思想理念上调整不利于各企业员工协作的思想障碍，倡导普遍的协作精神，致力于培育一种鼓励协作、爱护协作、引导协作的文化环境，营造出你中有我、我中有你的相互配合、协同作用的良好文化氛围，增强企业文化的凝聚力，以利于彼此的携手共进。

（三）集成化物流协同管理中的组织转型

集成化物流系统的运作需要组织保障，传统组织必须彻底转型，唯有如此才能适应实施集成化物流协同管理的要求。

1. 协同管理对组织转型的要求

协同管理是实现集成化物流的有效模式，集成化物流系统是一个动态的复杂系统，它在与环境发生相互作用的过程中，极力维持自身与环境之间的动态平衡。当环境发生剧烈变化时，集成化物流系统通过协同管理，平衡要素与要素之间的变动，形成新的组织结构，以顺应环境的变化，维持系统自身与环境之间的动态平衡。这一动态过程就是集成化物流协同管理中的组织转型。集成化物流协同管理对组织转型的要求主要有以下三个方面：

（1）集成化物流协同管理中的组织转型必须以成员企业为导向。在实施集成化物流协同管理时，应以成员企业已有的能力和资源为主导，而不是简单地考虑市场吸引力，盲目地进入新型业务领域。由于历史、战略实施能力等方面的不同，成员企业之间也始终存在着差别。组织转型的目标就是要通过协同管理，将这些差别转化为优势，实现系统内部的协同。在一个特定时期，由于结构的变化还会使具有某种要素的成员企业格外具有优势，但只有那些使自己的核心资源与集成化物流系统所要求的优势最为接近的成员企业，才有可能获得长期的竞争优势。

（2）集成化物流协同管理中的组织转型必须有利于群体化核心能力的形成。集成化物流协同管理的组织转型是系统形成群体化核心能力的有效途径，在集成化物流协同管理的组织转型过程中，成员企业应该从内外两个方面为群体化核心能力的形成而努力：一是通过吸收外来资源，在较短的时间内从外部获得必要的竞争力要素，以较快的速度培养出自己的核心能力；二是在系统内部，对具有核心能力的成员企业进行有机协同，以形成群体化的核心能力，否则，这些具有核心能力的成员企业只是一群要素的“大杂烩”，根本不能发挥作用，甚至效率更低。所以，核心能力的内部协同是集成化物流协同管理中实现组织转型的重要任务和必经途径。

（3）集成化物流协同管理中的组织转型必须建立学习型组织。核心能力的源泉在于组织学习，核心能力是特定企业个性发展过程中的产物，不是成员企业中某个人或某个部门所能形成的，而是始终贯穿于集成化物流系统的运营过程之中，蕴藏于系统整体学习和经验积累中，体现在成员企业有形资源和无形资源的有机结合中，是成员企业“从战争中学习战争”的结果，是集成化物流系统实施协同管理的结果。所以，要想组织转型后依然保持竞争力，就必须以建立学习型组织为目标进行组织转型设计，从而把集成化物流系统建成一个善于学习的群体。

2. 集成化物流协同管理中组织转型的具体表现

集成化物流协同管理的组织转型是促进系统群体化核心能力形成的组织转

型，注重组织学习、自我更新、协同创新、协同运作等高层次的组织能力再造。这种再造主要源自组织要素和组织结构形态的创新。

（1）集成化物流协同管理中的组织要素。目标、制度、活动与技术是构成企业组织的四大共同要素，任何企业组织无一例外。其中，目标是组织努力争取达到的未来状况，任何一个组织都是围绕着一定的目标而建立，组织目标是组织活动的动力，组织则是实现组织目标的有效方式。制度是对人们在活动中相互关系的制约，它是活动执行中的处理规则，包括正规制约（如书面的规章制度）和非正规制约（如习俗、行为准则）。组织是制度的载体，即制度通过组织而体现，组织是在一定的制度下设立的，并通过一定的制度而运作。活动是一种交换，即接收某一种类型的输入，在某种规则的控制下，利用某种转换方式转化为输出。技术是活动执行过程中的转换方式，不同的企业组织具有不同的技术，即使同一企业组织中的技术也是多种多样的，但任何企业组织都有特定的主导业务技术，它是企业组织赖以生存的法宝。

在集成化物流的协同管理过程中，目标、制度、活动与技术依然是构成集成化物流系统组织的四大基本要素，但它们在表现形式或内容上却有了新的变化和发展。

1）“目标”从注重企业利润，如投资回报率、资产报酬等财务指标，转向将利益相关者利益与集成化物流系统的整体利益结合起来，采用平衡计分卡考核思想来实现多元化目标。

2）“制度”在集成化物流协同管理中特别突出制度的软性成分，如培育群体文化、以人为本的管理理念等。

3）“活动”除了包含价值链内容外，更加突出了流程优化与再造、组织设计与再设计、组织学习、文化重塑与管理重组等内容。

4）“技术”也不局限于物流生产运作环节，而是更注重在采购流通、售后服务等环节的技术开发与应用，出现了诸如客户关系管理（CRM）、供应链管理（SCM）、自动识别和数据采集（AIDC）等新的技术工具，不仅注重技术、技能和工艺的开发，而且关注整体链条信息的共享和运用。

（2）集成化物流协同管理中的组织结构形态。从整体而言，集成化物流系统具有完整的各项物流功能，如咨询、战略规划、运输、仓储、流通加工、信息管理、客户管理等，但就单个成员企业而言，不可能具有执行所有物流功能的组织结构。一般来说，成员企业仅保留了自己最擅长的一部分核心功能，而将自己不具备或不突出的能力转由系统内的其他成员企业提供。

集成化物流协同管理的有效性在很大程度上取决于其组织形态和组织灵活性。为了适应多边市场的需求，实施集成化物流协同管理的组织必须做到能够快速反映市场的动态，并根据市场环境的变化进行适时调整。实施集成化物流协同管理的组织应该是一个可重构、可重用、可扩充的组织。图 7－3 展示了实施集成化物流协同管理的组织形态。

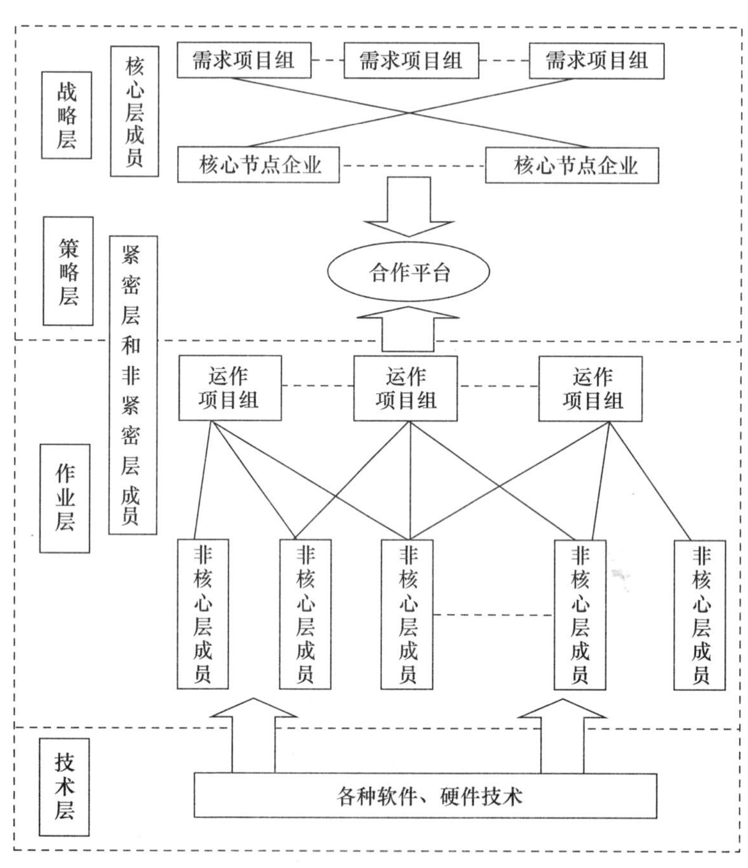

图 7－3　实施集成化物流协同管理的组织形态

战略层是由若干需求项目组构成的核心企业群，主要由集成化物流系统中的核心层成员企业组成，具有相对或绝对核心能力。策略层主要是协调合作伙伴间

关系的合作形式，即合作平台，它是层间沟通和层内沟通的桥梁与纽带。作业层是参与集成化物流协同管理具体运作项目组的一个个敏捷型合作伙伴，即非核心节点企业。策略层和作业层主要是由紧密层和非紧密层成员组成。基层是技术层，主要是各种软件和硬件技术的支撑。这四个层次体现了合作伙伴内从物理实体到集成化物流系统的多对多的映射关系。

3. 集成化物流协同管理中实现组织转型的主要途径

（1）组织文化转型。按照美国著名的人类学家露丝·本尼迪克特的看法，"真正把人们维系在一起的是他们的文化，即他们所共同具有的观念和标准"。企业组织文化也不例外，它提供了企业组织成员一致性的意识，产生了超越个人价值观和信念的忠诚，把企业组织成员紧紧地维系在一起，成为一个统一的整体。

在集成化物流协同管理中，其组织文化转型是为了适应系统整体结构转型的需要，对成员企业间现有企业文化的内容与结构进行变革，以改善企业文化外在的适应（External Adaption），即提高企业组织文化适应外界环境的能力，以及提高企业文化内在的整合（Internal Integration），即在企业组织成员中产生一种集体意识，从而增强群体化工作的有效性。

（2）流程再造。集成化物流的流程再造就是要重新考虑与系统运行相关的成员企业的关系，以及诸如核心竞争优势、连接过程能力、业务成长能力等方面的资源和能力，并建立成员企业间的信息共享平台和机制，使各成员企业按照物流链的要求改革自身的业务和流程，实现物流链的高效率、成员企业的高效益。集成化物流系统的流程再造需要从整体上进行设计和实施，再造的过程中需要遵循以下原则：一是坚持顾客导向。物流链的设计需要考虑客户服务目标，在流程再造中坚持顾客导向，这是集成化物流协同管理的要求，也是竞争力之所在。二是以流程为中心。流程再造的最根本目标就是把成员企业转变成以流程为中心的新型企业，基于物流链的流程再造就是要把物流链转变成以流程为中心的物流链，同时还必须注意确保物流链具有弹性，能随市场的变化调整流程。三是协调互补。物流链中各节点的选择应遵循强强联合，以达到资源的充分利用。同时通过集成化物流服务商的整体协调与整合，减少系统运行中的不确定性影响因素，而每个成员企业只需要集中精力致力于其核心业务。四是简捷精炼。为使物流链具有灵活快速响应市场的能力，链上的每一个节点都应该是简捷的、精炼的、具有活力的、能够实现各类业务流程的快速组合。

（3）组织学习。组织学习是一种过程，通过这一过程，组织成员能够对组织、环境以及两者之间的关系获得一致的认识，使组织能够更好地行动，从而积极主动地进行组织转型，实现组织绩效的提高。集成化物流协同管理的组织学习过程，应该包括信息的获得、信息的扩散和信息的共同解释。

（四）集成化物流协同管理的整体优化

协同是一种整体大于部分之和的理念，集成化物流协同管理的整体优化取决于一系列要素的协调活动，通过核心流程要素间的相互联系，产生出超越各要素自身单独作用的效果，它反映了系统的核心流程之间相互匹配的一种最理想的状态。

1. 协同管理对整体优化的要求

集成化物流协同管理对整体优化的要求主要体现在以下几方面：

（1）整体优化必须保证整体功效大于单个成员企业功能的简单相加。实施集成化物流的协同管理就是通过自组织运行机制，使参与协同的各个成员企业协同一致地工作，以实现共同的任务和目标。由于集成化物流系统本身的动态性、分布性等特点，各个成员企业存在着动态变化的和难以预测的相互作用，需要对系统进行整体优化。协同管理的整体优化必须建立在成员企业的现有水平之上，不能脱离实际。集成化物流协同管理优化的结果必须是“1 +1 > 2”。

（2）整体优化必须考虑战略执行力。战略是同质而且易于复制的，因此关键在于执行。执行力体现为将战略转化为战略执行结果的有效性，包括响应时间、成本高低、灵活性、持续性、稳定性等。在整体优化的过程中，必须对诸如可执行的战略、合理的组织结构、有效的控制系统、企业文化等可能影响战略执行力的各类因素进行综合考虑，以避免战略执行力中的内耗。

（3）整体优化必须注意层次性。集成化物流协同管理本身具有层次性，分为战略层、策略层、作业层和技术层四个层次，各层分别完成不同的管理功能，而集成化物流系统的战略也分为全局性战略、结构性战略、功能性战略、基础性战略四个层次。因此，在整体优化过程中必须针对不同的集成化物流协同管理层次，采取不同的整体优化思路。

2. 集成化物流协同管理整体优化的思路

在集成化物流协同管理中，由于非结构化问题的干扰和冲击，系统整体优化

需要有全新的思路。

（1）注重以知识为核心的活性要素的作用。以科技为代表的知识的作用在系统中所占据的分量越来越重，突出表现为包括科技、人的智慧、策略在内的知识因素日益成为推动经济增长、决定系统向前演化的第一重要的组成元素。因此，必须将知识作为优化集成化物流系统的核心，将知识作为系统中的活性催化剂，通过它来激活系统中其他要素的作用。也就是说，可以将知识渗透到其他要素中，通过提高系统要素的知识含量，改善要素的素质水平，最终实现系统整体要素的最优化。

（2）结构的破缺是系统优化的源泉。在整体优化时，首先要找出系统结构破缺的部分，分析其成因并设法完善其结构，然后再寻找结构中另一个破缺的部分。如此循环，推动系统不断由低级向高级程度演化。

（3）提高系统的动态调适能力。由于集成化物流系统结构多变，处于不稳定状态，因此只有提高系统的动态应变能力，增强系统内部结构的重组、演化、调适能力，才能保证集成化物流系统维持与环境相适应的最佳结构，从而奠定整体优化的内在根基。

（4）从无层次的混沌中寻找有序。尽管集成化物流系统具有层次性，但其层次的模糊性使得整个系统呈现出混沌无序状态，要使这样的系统实现优化，就必须遵循混沌演化规律，寻找系统内部结构的无序之源，通过系统内成员企业的非线性作用，驱动系统由无序走向有序，从而达到整体优化的效果。

（5）引导环境的变化趋势。由系统论可知，系统对于环境的作用力度非常强大，有时甚至能引导环境的未来演化趋势。因此，在集成化物流协同管理中必须充分重视这一特性，通过凭借主观努力可调控的系统行为，间接地影响外部环境的变化，使其朝着有利的方向发展，从而为实现系统整体优化提供良好的外部条件。需要指出的是，引导环境的变化趋势，其要点在于发挥系统对于环境的反作用力。

根据耗散结构理论，在平衡态或接近平衡点时，涨落是破坏稳定性的干扰，起消极作用；但在远离平衡态时，它是系统由不稳定状态形成稳定状态的杠杆，起积极的建设性作用。因此，要引导集成化物流系统的环境向有利的方向变化，必须运用多种手段、多种途径促使系统环境远离平衡态，通过系统内各种要素的作用，壮大集成化物流系统整体的涨落能量，并把握时机在适当的关键点上予以触发，使微小的涨落叠加和放大成巨涨落，引发整个系统环境的跃变，从而促使系统环境呈现出整体优化的有利态势。

第三节　集成化物流协同管理的技术支撑

作为一种新的管理模式，集成化物流系统的有效运行需要技术体系的支撑。针对集成化物流协同管理的特点，我们认为信息技术与管理技术是支撑集成化物流协同运作最重要的技术支撑体系。

一、信息技术

信息技术主要是指以计算机技术、通信技术、网络技术等为代表的现代信息技术体系。这一先进的技术体系使人类社会对信息资源的开发利用摆脱了迟缓、分散的传统方式，代之以高效率、专业化、多样化的现代方式。

（一）基础信息技术

可用于集成化物流协同管理的信息技术有许多，在不同的物流发展阶段，用于物流业的信息技术各有不同，所关注的重点也各不相同，在此主要介绍物联网技术、云计算和大数据技术三大前沿性基础性信息技术。

1. 物联网技术

信息高速公路的建设、互联网的高度发达、计算技术的持续提升，使人们对时空的控制程度越来越精确，物联网（Internet of Things，IOT）理论应运而生。物联网技术是集成化物流协同管理的支撑，在协同管理过程中常用的 IOT 技术主要包括三个层面：一是泛在感知技术；二是信息汇聚技术；三是精益计算技术。

（1）泛在感知技术。感知技术是物联网的基础，它如同物联网的皮肤和五官，用于识别物体，采集信息，解决人类世界的数据获取问题，包括：全球定位系统（Global Positioning System，GPS）、无线射频识别（Radio Frequency Identification，RFID）电子标签、识别码、传感器等。对于集成化物流协同管理来说，关注和应用较多的是 RFID 电子标签和 GPS 技术。

分拣是物流服务中的一个核心模块，分拣在传统物流服务模式中，因其流程长、参与人员多，很容易受到多种外部因素的影响，使得分拣效率低下。利用

RFID 电子标签进行出库品种和数量的采集，从而代替传统的纸质拣货单，提高了分拣效率及准确率，缩短了出库时间。电子标签在实际使用过程中，主要有两种方式：摘取式电子标签拣货系统（Digital Picking System，DPS）和播种式电子标签分拣系统（Digital Assorting System，DAS）。一般来说，DPS 适合多品种、短交货期、高准确率、大业务量的情况，而 DAS 较适合品种集中、客户多的情况。无论是 DPS 还是 DAS，都具有极高的效率。

GPS 作为移动感知技术，是物联网延伸到移动物体并采集移动物体信息的重要技术，更是实现物流智能化、可视化的重要技术。通过与 GIS（地理信息系统）和无线通信技术相结合，可实现对成员企业物流运作全过程的导航和跟踪，这样既可以提高物流运作效率，又可以降低物流监管费用，还可以抵抗风险。一般情况下，通过对成员企业物流运作全过程的实时动态跟踪监控，能获得准确的物流服务质量运行状态，这样有利于集成化物流服务商根据各成员企业物流运作的实际能力、客户分布及物流服务需求状况等因素设定计算条件，对集成化物流的整体服务能力进行优化处理，以形成最佳的物流服务方案。

（2）信息汇聚技术。从物联网的现有技术来看，当处于封闭的孤岛状态时，任何一个单独的技术或者应用系统，其信息的价值将会被严重降低。因此，物联网信息汇聚技术通过突破不同技术或系统间的信息交换壁垒，即在传输数据的同时借助云计算等新的运算处理系统来对海量的数据和信息进行分析处理，使传输与处理得到融合并行。数据在由采集终端到用户终端的传输过程中，完成了复杂的信息处理流程，实现了各种关联信息的聚合，从而使信息价值获得重构。而具体的信息处理方法则根据不同的网络应用需求进行设计和实现。

在集成化物流协同管理的过程中，物联网系统的信息汇聚有利于指挥中心了解整个物流供应链的仓储库存信息、在途货物信息和最接近最终用户的产品所在节点的信息。通过汇聚，为决策者提供了可靠的决策数据，为即时化物流服务提供了支持。关于信息汇聚，一方面是以时间策略为关注焦点的信息汇聚，在以信息数据为中心的模式下，时间汇聚的节点直接关系到物流服务的效率；另一方面是以空间策略为关注焦点的信息汇聚，各操作中心的选址问题、信息汇聚的地点问题均影响集成化物流协同管理的绩效。

（3）精益计算技术。物联网体系的精益计算技术主要包括云计算技术、数据挖掘与智能检索技术、多媒体交互处理技术以及仿真模拟技术等。

云计算既是一种基于互联网的计算模式，也是互联网经营者的一种商业实现方式。一些大的互联网企业，通过建立超大型服务器，为成千上万的计算机终端提供存储、计算的数据中心——“云”。

数据挖掘就是利用相关挖掘工具对数据库信息根据需要梳理出数据之间的潜在联系，从而促进信息的传播和利用。智能检索是一种人工智能和数据库有机结合的产物，它能理解自然语言，具有推理能力。

在计算机运算中，有时需要对文字、声音、图形、图像等多种媒体进行交互处理，以使多种媒体之间建立起内在的逻辑连接。多媒体技术往往具有集成性特征，能够将多种媒体集成在一起，这样借助适当的软件，就能产生人们需要的结果。

物联网的应用需要仿真模拟技术的支撑。仿真模拟涉及人工智能技术、计算机网络技术、多媒体技术等 IT 技术，借助仿真模拟，能够将物联网采集的外部信息及时逼真地在计算机环境下播放。该技术主要包括环境建模技术、立体声合成与显示技术、交互处理技术、触觉反馈技术等。

一项项先进的 IOT 技术的问世，为集成化物流系统注入了新的活力，使集成化物流协同管理的绩效和用户满意度提升到新高度。

2. 云计算

云计算（Cloud Computing）有广义云计算和狭义云计算之分。广义云计算是指服务的交付和使用模式，这种服务可以是与信息技术、软件、互联网相关的服务，也可以是包括计算能力在内的其他服务，这就意味着计算能力可作为一种商品通过互联网进行流通；狭义云计算是指信息技术基础设施的交付和使用模式，指通过网络以按需、易扩展的方式获得所需的资源（硬件、平台、软件、数据）。

云计算可按需提供弹性资源，它的表现是一系列服务的集合。它提供了一种虚拟资源，是为不同类型的终端用户提供计算和存储功能的一个服务传递过程。因此，从本质上说，云就是用网络连接起来的计算资源池，从用户的角度看，云中的资源是无限扩展的，用户可以根据需要随时按需使用，用户并不需要了解云内部的细节和有关专业知识。完整的云计算是一个动态的计算体系，提供托管的应用程序环境，能够动态部署、动态分配计算资源，并实时监控资源的使用情况。

（1）云计算的特点。云计算作为一种全新的模式，与传统的信息技术存在

巨大的差异，主要体现在以下几方面：

1）超大规模。云计算可以通过使用大量廉价的服务器集群，将原本计算能力不高的单机系统整合成为具有优越计算性能的云服务器，各节点之间可以使用普通的千兆以太网连接，从而赋予用户前所未有的计算能力。

2）虚拟化。云计算支持用户在任何位置和时间，使用各种类型的终端设备通过网络服务获取应用服务，云计算提供的是计算能力和存储能力，形式上是向客户传递的一种服务，整个系统以为客户提供服务为导向，所请求的服务包括云端的数据和软硬件资源，服务的实现机制对于用户是透明的，用户无须了解云系统的内部结构和机制以及应用服务运行的具体位置，即可获得所需服务。

3）高可靠性。在云计算中，“云”通过同构可互换的计算节点、数据多副本容错等措施来保障应用服务的高可靠性，使得云计算比本地计算机更加可靠。同时，云计算以“云”为支撑，构造出千变万化的应用，使得不同的应用运行在同一个“云”中。

（2）云计算的核心服务。云计算的核心服务包括三种类型：

1）软件即服务（Software as a Service，SaaS）：它面向的是云计算终端用户，提供基于互联网的软件应用服务。优点是增强了业务性能，降低了业务提供成本和终端要求。

2）平台即服务（Platform as a Service，PaaS）：它既为上层应用提供简单、可靠的分布式编程框架，又需要基于底层的资源信息调度作业、管理数据，屏蔽底层系统的复杂性。它的优点是提供统一平台架构和开放平台能力，引入外部开发创新力量，形成了生态系统。

3）基础即服务（Infrastructure as a Service，IaaS）：它是云计算的基础，通过建立大规模数据中心为上层云计算服务提供海量硬件资源。它的优点是低成本、大规模、高效率地提供 IT 基础设施。

（3）基于云计算的物流信息平台的构建。由于云计算有着巨大的技术优势，可以利用云计算来构建信息平台，为集成化物流的协同管理提供支持。云计算的构建主要包括两个部分，即云计算的服务和云计算的技术。其中，云计算的服务包括云计算资源的交付方式、服务协议的定义和技术的计费形式等；而云计算的技术主要从云计算系统的设计思想和系统的特性方面来理解，它主要包括云计算服务中软硬件资源的所属角色和服务技术特征两个方面。在集成化物流云计算的物流信息平台中，根据物流信息平台的服务功能，云服务集合划分为应用层、平台层、基础设施层和虚拟化层四个层次，并承担着不同的分工：

1）应用层。在云计算信息平台的构建中，应用层主要提供集成化物流的应用，通过提供软件应用的模式，云计算的服务提供商将集成化物流的服务统一部署在自己所配置的服务器上，集成化物流根据云计算的物流信息平台，从自己的实际需要出发，考虑在运营过程中需要哪些软件的服务，然后按软件服务的时间和方式支付给计算服务提供商具体的费用，而软件的管理、维护交由服务提供商来解决。

2）平台层。在云计算信息平台的构建中，平台层用来提供服务的开发环境、服务器平台的软件和服务中所需要的硬件资源，通过平台层将这些服务提供给集成化物流，而集成化物流系统则在此平台层的基础上，通过自己建立的次级互联网服务系统提供客户服务。

3）基础设施层。在云计算信息平台的基础设施层，将基础设施以服务形式提供给客户，包括服务器、存储和网络设备等资源。

4）虚拟化层。这个层次是云计算信息平台构建的关键，因为它包括服务器集群及硬件检测等服务，负责硬件的维护管理，包括服务器的物理资源、虚拟化资源、服务平台的中间件管理部分和提供给集成化物流系统的连接服务接口。虚拟化资源在本质上是虚拟的，但可以通过软件技术实现具体的功能，如虚拟环境的建设、虚拟平台的检测等。在虚拟化层的管理中间件中，提供云计算的管理和服务，包括对标识、认证、授权、目录、安全性等服务进行标准化的操作，以及用户的身份安全、用户的使用许可及访问授权功能。通过这些功能的安全保护，便可为用户提供服务，通过服务的标准接口开通集成化物流系统的服务通道，完成物流用户的用户注册和使用授权。

云计算的物流信息平台正是通过应用层、平台层、基础设施层、虚拟化层的层层构建和设置，来搭建一个信息化的物流服务平台，提供安全的服务环境，从而为集成化物流系统快速、安全、可靠的信息服务做出贡献。

云计算可成为集成化物流系统中的一个使能技术。在信息技术的支持下，云计算可为集成化物流系统各个层面提供信息，把各个物流功能模块中的信息集中起来，进行全方位、大范围的物流信息共享，并反作用于集成化物流协同管理的控制与指挥，成为集成化物流系统的中枢神经。

3. 大数据技术

大数据（Big Data）是指无法在一定时间内用传统数据库软件工具对其内容进行抓取管理和处理的数据集合，所涉及的数据体量巨大（Volume）、数据类别繁多（Variety）、价值密度低（Value）、数据处理速度快（Velocity）。从传统数据库到大数据，并不是一种技术的演变，而是一次数据思维的变革，它颠覆了过去的数据管理模式，实质是由以计算为中心转变到以数据处理为中心。

（1）大数据技术的含义。大数据技术是在云计算架构平台上对大数据进行抓取、计算、分析、存储、索引、查询等的技术行为，大数据技术的核心功能是预测，把数学计算运用到海量数据上来预测事情发生的可能性。它可以实时地为企业撷取、管理、处理、整理数据，生成企业所需要的数据资料，因此大数据也蕴含着很高的商业价值，被称为“数字生产力”。因其数据分析和预测非常精准，越来越多的企业开始重视大数据建设，有目的地去收集、处理、分析、索引数据，以便实时洞察经济发展变化，预测市场发展趋势，优化相关业务，把握客户需求，改进产品，提升服务水平。

（2）大数据技术的特点。大数据是一种类型多、数量大、结构复杂且具有商业价值与应用价值的数据集合，是一种新型的智力资源。因此，大数据技术主要具有以下四个方面的特点：

一是大数据技术可存储巨量数据，一般可存储的数据能够达到千万亿（PB）、百亿亿（EB）乃至十万亿亿（ZB）的级别。

二是大数据技术可以抓取、收集类型繁杂的数据，包括各种各样的语音、非结构化数据、图像、文本信息、地理位置信息、网络文章等。

三是大数据分析具有较高的商业价值和应用价值。物流领域的数据量是非常巨大的，包括来自企业、互联网、港口、运载工具等的数据，如何从如此庞大的数据中挖掘企业所需的数据资料，就需要借助大数据分析技术，如利用大数据来分析集成化物流系统中的运营信息，从而有效、快捷地了解到哪些环节有剩余物流能力，哪些环节吞吐量大、货物周转速度快，应在哪个环节部署物流业务等。

四是计算速度快，采用非关系型数据库技术（NoSQL）和数据库集群技术（MPP NewSQL）快速处理非结构化以及半结构化的数据，以获取高价值信息，这与传统数据处理技术有着本质的区别。例如，澳大利亚海事安全局利用大数据技术提供实时的港口活动信息查询，使用地理围栏（一种动态的数字定位区域）

来触发和自动计算费用，船只可据此改变航速，也能节省燃料，让港口服务费降到最低。

（3）大数据技术用于集成化物流协同管理的思路。大数据技术用于集成化物流协同管理的思路：运用大数据技术在物流信息平台抓取、查询、索引、收集有关集成化物流系统的海量物流数据信息，将这些信息提交到数据分析系统，运用 Hadoop 技术和流计算技术对数据进行整理与提炼，分析数据价值，以便发掘有价值的数据，形成集成化物流系统所需的数据资料；建立数据仓库，利用 LSI 技术储存所有的数据，集成化物流服务商及成员企业在数据仓库中可以实时洞察物流行业的发展趋势，对集成化物流系统的经营决策做出更精准的判断。大数据技术引领集成化物流协同管理的具体思路如图 7－4 所示。

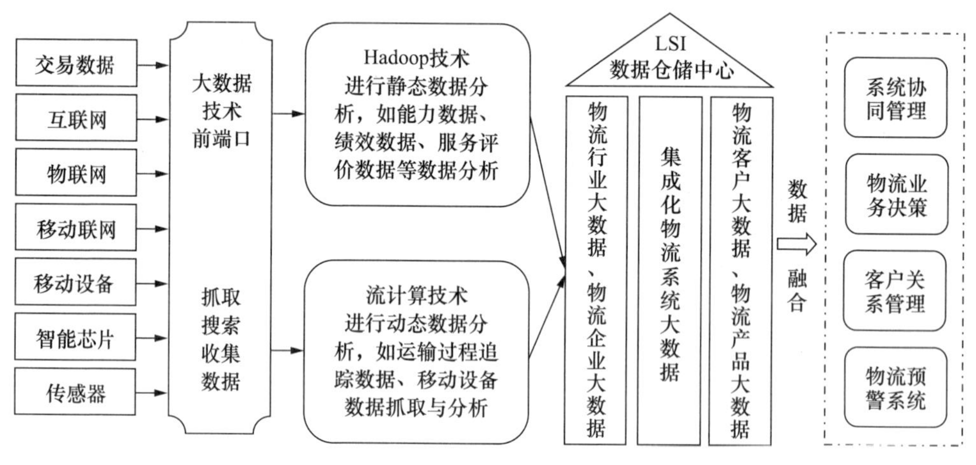

图 7－4　大数据技术用于集成化物流协同管理的具体思路

第一步：数据收集。通过大数据前端口探测客户，对来自物联网、互联网、移动互联网、车联网、手机、搜索引擎、电子邮件、电商交易、呼叫中心、社交平台、终端 POS 机、移动设备、导航地图轨迹、客服中心、个人计算机以及各种各样传感器等渠道的集成化物流数据信息进行抓取和收集。例如，可通过手机应用程序（APP）内嵌的软件开发工具包（SDK）对手机应用程序上的用户行为数据进行集中收集和处理。

第二步：分析数据。运用 Hadoop 技术分析千万亿（PB）级的结构化数据和非结构化数据，运用流计算技术分析流数据与激增的大型数据，动态收集多个数据流。Hadoop 技术主要用于处理静态数据，流计算技术则用于为集成化物流系统提供瞬时的数据资料，针对集成化物流协同管理中需要即时做出决定的复杂动态情况，进行动态信息捕捉与实时分析。例如，集成化物流服务商通过大数据技术收集、抓取来自客户不同时期的产品生产状况数据、市场需求数据、地理位置数据，以及成员企业物流承载量与运能储备数据，进行供需量综合预测，从而及时掌握客户动向，执行零延迟操作，快速创新物流服务，实时侦测欺诈和风险等。

第三步：建立物流数据仓库。利用 LSI 技术安全储存大量来自 Hadoop 和流计算的物流数据，形成虚拟资源云，供集成化物流成员企业搜索、查询、使用。大数据促使集成化物流系统从信息时代跃升到了智慧时代，促成集成化物流系统走向协同管理，数据已经成为像货币一样的资产，为集成化物流系统开辟了新的利润源。

（二）集成化物流协同管理的信息技术体系

今天，信息成了决定企业生存与发展的关键因素，任何一个企业都要面对如何集成信息的问题。信息既有来自上下游企业的纵向信息，也有来自企业内部的横向信息，还有来自宏观层面上的信息。如何传递和共享这些信息，将上下游企业的经济行为以及企业内部各部门、各岗位的职能行为协调起来，是物流管理所要解决的核心问题，而集成化物流协同管理在这方面就有明显优势。在集成化物流系统中，集成化物流服务商是起主导作用的专业化要素，它将与自己业务有关（直接和间接）的上下游企业纳入一条环环相扣的物流链中。借助于综合信息平台，各成员企业能在一个整体的信息系统管理下共享信息，拆除成员企业间的信息围墙，将各成员企业独立的信息孤岛连接在一起，发挥信息协同的作用，从而能有效地实施协同经营、协同运作的管理模式，增强集成化物流在市场竞争中的整体优势。①

1. 集成化物流中信息共享的层级划分

集成化物流是一种相对较为紧密的组织形式，如果信息在各成员企业之间互相传递，并由成员企业自身来决定传递的信息内容及方式，则集成化物流系统就

---

① 夏锦文，舒辉．集成化物流的信息共享模式研究［J］．情报杂志，2008（2）：46－49.

不能从整体上把握信息的流向及内容，这种缺乏宏观调控的结果会导致系统内信息的混乱和无序，甚至导致管理失控，达不到集成化物流的整体协同优势。因而，必须采用一种相对集中的信息控制方式以达到集成化物流系统中信息共享的目的。

信息集中控制方式是将集成化物流企业需要共享的信息集中在一个综合信息平台，各成员企业根据权限对其进行操作，完成相应的物流服务。而综合信息平台的提供者只能是集成化物流服务商，因为在集成化物流系统中，集成化物流服务商是起主导作用的专业化要素，它不仅是实施物流服务的组织者、协调者、控制者，同时还是集成化物流服务方案的规划者、设计者，更是集成化物流系统运作过程的指挥者（中心），既肩负着对集成化物流系统内外部信息进行整合与处理的任务，也担负着对整个系统的协调工作及保持着与顾客的实时联系。所以，只有集成化物流服务商才有资格和条件成为系统综合信息平台的提供者。

根据在集成化物流系统中所处地位和结构的不同，成员企业从综合信息平台提取的信息层次也不同。一般而言，非紧密层成员从综合信息平台提取的是作业层信息；紧密层成员提取的是作业层信息、策略层信息及与相关区域衔接的协调信息；核心层成员提取的是作业层信息、策略层信息和战略层信息（见图7－5）。

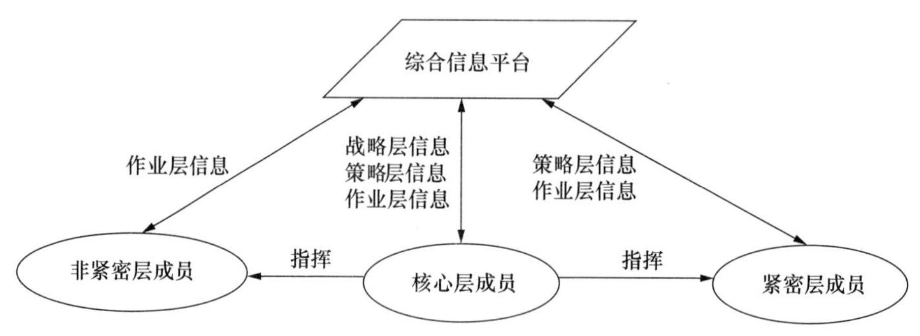

图7－5　集成化物流中信息共享分类

在集成化物流系统中，非紧密层成员主要为众多从事单一物流功能的操作性企业，这类企业的加盟旨在利用其专业化设备和人才，按照订单要求，及时提供较低价格的产品和服务，以降低交易费用。因此，非紧密层成员最为关注的就是

产品信息和订单信息等作业层信息。

紧密层成员与物流服务商之间呈现能力或地域上的互补性，它们负责完成指挥中心分配给本地区联盟成员的物流任务和对它们的管理，以及与相关区域其他成员企业的衔接与配合工作。因此，紧密层成员考虑的因素除了降低交易成本以外，更重要的是希望减少“牛鞭效应”的影响以及提高运作效率。因为订单信息从顾客端发出，经过非紧密层成员后，到达的第二层就是紧密层成员，也就是说紧密层成员是最早感受到“牛鞭效应”的成员。为了最大限度地减少“牛鞭效应”的影响，遏制市场信息波动的继续放大，紧密层成员除了依靠需求信息尽可能减少订单的延误问题，从而大幅度提高集成化物流系统的订单供给率外，还需要依靠企业的运营信息，如生产能力、库存状态、供货提前期、送货时间等，提高集成化物流系统的运作效率。因此，紧密层成员需要共享的信息是作业层信息、策略层信息及与相关区域衔接的协调信息。

核心层成员作为集成化物流系统的指挥中心，负责管理、协调和控制成员间的运作联系，以及拓展物流市场、与顾客签订物流代理业务合同等相关事宜。快速响应顾客需求，提高顾客满意度，并为集成化物流系统的长期发展提供支持是核心层成员的主要任务。因此，除了作业层信息和策略层信息外，核心层成员最为渴求的是战略层信息。例如，核心层成员共享预测信息和研发信息，能及时设计出更准确的生产计划来满足顾客需求，这不仅有助于提高客户满意度，也为集成化物流系统的长期发展奠定了基础。

2. 集成化物流中信息共享的权限设定

集成化物流提供的物流服务是集成化的，即能为顾客提供“一站到位”的系列化物流服务。为了达到这种服务标准，需要对集成化物流系统中各成员企业的信息进行整合，实现信息在系统内快速、畅通地流动，带动物流和资金流一起顺利送达顾客，完成“一站到位”的物流服务。

集成化物流中信息资源整合的效果取决于成员企业能否实现安全、有序的信息共享。安全的信息共享极大地激励成员企业将自己的内部信息主动传递给综合信息平台，信息共享的安全性越高，成员企业贡献内部信息的积极性越大；有序的信息共享涉及成员企业从综合信息平台提取信息的效率，信息共享的有序度越高，成员企业提取信息的效率就越高。如何提高信息共享的安全性和有序度，有效的方法之一就是根据不同成员企业的地位设定其访问综合信息平台的权限，加强对信息共享的控制，从而确保信息共享的安全和有序。

在此所探讨的访问权限指的是成员企业拥有访问不同层级信息的权利。一般来说，核心层成员拥有访问作业层、策略层以及战略层信息的所有权利，紧密层成员可以访问策略层信息和作业层信息，非紧密层成员只能访问作业层信息。如果紧密层成员要访问战略层信息，可以向集成化物流服务商提出申请，获得授权后，才能访问战略层信息。类似地，非紧密层成员需要获取策略层或战略层信息时，也只有获得集成化物流服务商的许可才能访问。

综合信息平台汇集了来自各成员企业的信息及客户资源信息，有些属于商业秘密，若不加限制地提取信息，有可能泄漏商业秘密，造成企业的巨大损失。针对这种情况，依据信息的保密程度，将综合信息平台的信息划分为绝密、机密和内部三类，不同的成员企业可以访问不同密级的信息。

绝密信息是所有信息的核心部分，一旦泄密会使企业利益遭受危害和重大损失，涉及企业命运。这一级别的信息仅限于核心层成员访问。绝密信息主要包括：

（1）经营决策、广告策划、市场调查与预测报告、促销方案、物流服务开发计划、公司投资计划等。

（2）客户资源信息，特别是主要客户的数量、行业分布、区域分布、现时需求、未来需求、服务质量要求以及主要客户的稳定性等方面的信息。

（3）物流服务运作成本及其利润等财务资料。

（4）各成员企业所拥有的资源、能力（特别是核心能力）等专有信息。

机密信息是所有信息中比较重要的部分，一旦泄密，将给企业造成严重的损失。这一级别的信息限核心层成员和紧密层成员访问。机密信息主要包括：

（1）企业经营战略、远景规划、财务账簿、销售网络、总结计划。

（2）反映企业运作能力的方案、计划、增值服务项目、物流服务质量标准及应急措施等。

（3）企业财务、营销管理制度、目标管理方案、月度运行报告等。

（4）各种规章制度及相关管理条例。

除绝密信息和机密信息外，剩下的信息均归于内部信息。内部信息属于对外保密、对内公开的信息，所有的企业成员都可以访问。

按信息内容划分的作业层信息、策略层信息、战略层信息与按密级划分的内

部信息、机密信息、绝密信息在一定程度上是重合的，也就是说，作业层信息基本上是内部信息，策略层信息基本上是机密信息，战略层信息基本上是绝密信息。但两种划分存在交叉，例如，产品信息属于作业层信息，非紧密层成员可自由访问，但如果是通过秘密渠道引进的产品，则其密级定为绝密，非紧密层成员是无权访问的。采用这两套分类系统对不同企业成员访问综合信息平台进行权限设定，其结果如表7－1所示。

表7－1　集成化物流信息共享的权限

信息层级 信息密级	作业层	策略层	战略层
绝密	○	○	○
机密	△○	△○	○
内部	△○□	△○	○

注：○代表核心层成员，△代表紧密层成员，□代表非紧密层成员。

两套分类系统为集成化物流成员企业共享信息设置了双重关卡，大大提高了信息共享的安全性。同时，不同企业成员依据各自权限获取信息，减少了信息提取的混乱，有利于提高信息共享的有序度。

3. 集成化物流协同管理的信息共享技术体系

集成化物流系统涉及多个不同的产权主体，这些不同的产权主体分布在不同的地理区域，要求能够以经济、高效的技术手段进行信息沟通。信息技术的发展与普及为集成化物流协同管理提供了强有力的技术支撑，其特有的优势实现了跨地区、跨企业的协调，提高了集成化物流协同管理的灵活性与敏捷性。信息技术对集成化物流协同管理的支撑可分为两个层面：

第一个层面由代码技术、自动识别与数据采集技术、网络技术等基础信息技术构成。

（1）代码技术。信息编码是对事物或概念（编码对象）赋予有一定规律性、易于人和计算机识别与处理的符号。统一的信息编码是实现集成化物流企业间数据交换与共享的基础。没有它，自动识别技术与电子数据交换就不可能实现。借助于信息编码标准化技术，能实现物流活动中的自动数据采集和系统间的数据交换与信息共享，从而促进集成化物流协同管理中各项活动的高效运转。

（2）自动识别与数据采集技术。自动识别和数据采集（AIDC）是集成化物流协同管理过程中处理物流信息的理想技术。通过自动数据识别和数据采集，可保证集成化物流各环节高速准确的数据获取及实时控制。目前，在集成化物流协同管理中，最常用的 AIDC 技术是条码技术和射频识别技术。

（3）网络技术。网络技术的迅速发展为集成化物流成员企业间信息交流和共享提供了快捷便利的途径，使集成化物流成员不受空间限制地从事商业活动。Intranet 面向企业内部，利用业已成熟的互联网技术，以 TCP/IP 协议为基础，以 WEB 为核心应用，构成企业内部专用和统一的信息交换平台。Extranet 是 Intranet 对企业外用户的安全延伸，它利用互联网技术和公共通信系统，使指定并经过认证的成员企业分享企业内部网的信息。从应用上来看，Intranet 主要实现企业内部信息的共享，提高企业内部工作效率，增强竞争优势，Extranet 则根据企业经营需要将信息网络延伸到特定的成员企业，改善经营状况和服务质量。

（4）全球卫星定位系统。全球卫星定位系统是利用导航卫星进行测时和测距，使地球上的任何用户都能确定自己所处的方位。它与电子地图、无线电通信网络及计算机管理信息平台相结合，可实现对集成化物流服务运作中的车辆跟踪、定位和调度的可视化管理。

（5）地理信息系统。地理信息系统（GIS）以地理空间数据为基础，采用地理模型分析方法，适时地提供多种空间的和动态的地理信息。利用 GIS 强大的地理数据功能可以完善物流分析技术，为集成化物流系统的网络布局、服务运作方案优化等提供技术支持。

第二个层面是基于信息技术而开发的支持集成化物流系统中不同层级的企业成员的技术系统。

（1）非紧密层成员的信息技术系统。

1）电子自动订货系统。电子自动订货系统（EOS）是指企业间利用通信网络和终端设备以在线方式进行订货作业和订货信息交换的系统。EOS 按应用范围可分为企业内的 EOS 系统、零售商与批发商之间的 EOS 系统以及零售商、批发商和生产商之间的 EOS 系统。其运行方式大致是：销售商通过在线联结向总部或生产商发出订单，总部或生产商在汇总、核查订单的基础上，向物流配送中心发出送货订单或向生产单位发出生产订单，物配中心则及时向需求点发送货物。

相对于传统的订货方式，EOS 系统可以缩短从接到订单到发出订货的时间，缩短订货商品的交货期，减少商品订单的出错率，有利于减少企业的库存水平，提高企业的库存管理效率。对于生产厂家和批发商来说，通过分析零售商的商品订货信息，能准确判断畅销商品和滞销商品，有利于调整商品生产和销售计划。

2）电子数据交换系统。电子数据交换（EDI）是实施快速响应（QR）、高效消费者响应（ECR）、高效补货等必不可少的技术。EDI 系统一般包括报文生成和处理模块、格式转换模块、通信模块、联系模块四个部分，各部分的功能分别是：按照 EDI 的公共标准生成所需要的报文和单证；把企业自己生成或是其他成员企业发来的各种 EDI 报文，按照一定的语法规则进行处理，从而形成标准化、结构化的报文；为成员企业提供 EDI 系统的接口，为 EDI 用户提供良好的接口和人机界面。使用 EDI 系统的主要优点有：一是降低了对纸张文件的消费；二是减少了许多重复劳动，提高了工作效率；三是使得贸易双方能够以更迅速、有效的方式进行贸易，大大简化了订货过程或存货过程，使双方能及时地充分利用各自的人力和物力资源；四是可以改善贸易双方的关系，厂商可以准确地估计日后商品的需求量，货运代理商可以简化大量的出口文书工作，商业用户可以提高存货的效率，提高它们的竞争能力。

（2）紧密层成员的信息技术系统。

1）仓库管理系统。仓储管理系统（WMS）是一个实时的计算机软件系统，它采用大集中方式实现物流企业对区域内仓储业务的统一调控。通过先进的通信技术和计算机技术实时反映库存物资状况，使管理者可以随时了解仓库管理情况。系统对仓库的到货检验、入库、出库、调拨、移库移位、库存盘点等各个作业环节进行管理，保证仓库管理各个作业环节数据输入的效率和准确性，确保企业及时准确地掌握库存的真实数据，合理保持和控制企业库存，实现对仓库作业的全面控制和管理。通过存储预警功能，还可以方便地对物品的批次、保质期等进行管理。WMS 除了具有一般仓库管理软件所拥有的功能外，还新增了库内加工、存储预警、储位分配优化、在库移动、组合包装分拣和补货策略等强大功能。

2）联合库存管理。联合库存管理（JMI）是一种基于协调中心的库存管理，更多地体现了物流系统成员企业之间的协作关系，能够有效解决供应链中的“牛鞭效应”，提高供应链的同步化程度。这种模式强调物流系统成员企业同时参与、共同制订库存计划，从而使集成化物流协同管理过程中的每个库存管理者都能从相互的协调性来考虑问题，保证供应链相邻两节点之间的库存管理实体对需求的预测水平高度一致，从而消除需求变异放大。任何相邻节点需求的确定都是供需双方协调的结果，库存管理不再是各自为政的独立运营过程，而是供需的连接纽带和协调中心。

3）供应商管理库存。供应商管理库存（VMI）是一种战略贸易伙伴之间的合作性策略，是一种库存决策代理模式。它以系统的、集成的思想管理库存，使供应链系统能够同步化运行。在这种库存控制策略下，允许上游企业对下游企业的库存策略、订货策略进行计划与管理，在一个共同的框架协议下以双方都获得最低成本为目标，由供应商来管理库存，由供应商代理分销商或批发商行使库存决策的权力，并通过对该框架协议经常性的监督和修正使库存管理得到持续的改进。

4）协同式供应链库存管理。协同式供应链库存管理（CPFR）是一种协同式的供应链库存管理技术，建立在 JMI 和 VMI 的最佳分级实践基础上，并抛弃了二者缺乏供应链集成等主要缺点，能同时降低分销商的存货量，增加供应商的销售量。它应用了一系列处理过程和技术模型，覆盖了整个供应链合作过程，通过共同管理业务过程与共享信息来改善分销商和供应商的伙伴关系，提高预测的准确度，最终达到提高供应链效率、降低库存和提高客户满意度的目的。CPFR 的最大优势是能及时准确地预测由各项促销措施或异常变化带来的销售高峰和波动，从而使分销商和供应商都做好充分的准备，赢得主动。CPFR 采取了多赢的原则，始终从全局的观点出发，制定统一的管理目标以及实施方案，以库存管理为核心，兼顾供应链上其他方面的管理。因此，CPFR 更有利于实现成员企业间更广泛深入的合作，帮助制定面向客户的合作框架及基于销售报告的生产计划，进而消除供应链过程约束等。

5）订单管理系统。订单管理系统（OMS）是集成化物流管理中不可或缺的部分，订单管理系统一般包括订单处理、订单确认、订单状态管理（包括取消、付款、发货等多种状态，以及订单出库和订单查询）等。订单管理系统通过对订单的管理和分配，使仓储管理和运输管理有机结合，稳定有效地发挥物流管理中各个环节的作用，使仓储、运输、订单成为一个有机整体，满足物流系统信息化的需求。

(3) 核心层成员的信息技术系统。

1) 专家系统和人工智能。集成化物流协同管理过程涉及大量的决策，决策的精确度取决于集成化物流系统收集的内外部数据的精确度和信息交换的容易度。专家系统和人工智能是自动化、信息化的一种高层次应用。专家系统和人工智能系统的应用可以有效地消除物流和信息流之间的障碍，促进数据共享，改善企业内和企业之间计算机支持的合作工作，实现链路的自动优化选择，从而提高整个集成化物流系统的效率。

2) 决策支持系统。决策支持系统以模型库系统为主体，通过定量分析进行辅助决策。其模型库中的模型已经由数学模型扩大到数据处理模型、图形模型等多种形式，可以概括为广义模型。决策支持系统的本质是将多个广义模型有机组合起来，对数据库中的数据进行处理而形成决策问题大模型。决策支持系统的辅助决策能力从运筹学、管理科学的单模型辅助决策发展到多模型综合决策，使辅助决策能力上了一个新台阶。

20 世纪 80 年代末 90 年代初，决策支持系统与专家系统结合起来，形成了智能决策支持系统（IDSS）。专家系统以定性分析辅助决策，它和以定量分析辅助决策的决策支持系统相结合，进一步提高了辅助决策能力。智能决策支持系统是决策支持系统发展的一个新阶段。

3) 快速反应系统。快速反应系统（QR）可以说是一种经营战略。作为一种经营战略，QR 致力于缩短整个流程的周期和减少库存成本，提高产销同盟整体的核心竞争力。为了实现共同的目标，零售商和制造商通过建立战略伙伴关系，利用 EDI 等信息技术进行销售时点的信息交换以及订货补充等其他经营信息的交换，用多频度小数量配送方式连续补充商品，以缩短交货周期，减少库存，提高客户服务水平和企业竞争力。

二、管理技术

集成化物流的协同管理是多层次、多目标的集成化管理，其管理内容和复杂程度比传统的企业管理都大得多。集成化物流协同管理不是依靠单一的科学管理方法或纯粹的技术手段就能够实现的，只有将管理技术和信息技术有机地结合起来，并贯穿于集成化物流系统的各个环节、各成员企业，才能实现集成化物流系统的协同管理。

（一）系统管理技术

所谓系统管理技术（System Management Technology，SMT），是指用于设计、管理、控制、评价，改善企业从市场研究、产品设计、流程制造、质量控制、物流直到销售与客户服务等一系列活动的管理思想、方法和技术的总和。系统管理技术从管理信息系统、决策支持系统、信息接口技术、计算机辅助设计与制造等多方面为企业提供了开发、利用信息资源和智力资源的方法，从而为集成化物流系统中各成员企业资源的总体优化配置、动态物流产品服务设计、物流网络布局、物流运营流程的缩短提供了技术和方法上的支持。此外，对于集成化物流服务商而言，如何选择成员企业、寻求和评估市场机遇、对市场变化做出迅速反应，都是非常关键的决策，而系统管理技术提供了对这种决策的方法支持。

（二）标准化管理技术

标准化是为了在既定范围内获得最佳秩序，促进共同效益，对实际问题或潜在问题确立共同使用和重复使用的条款以及编制、发布和应用文件的活动。它所确立的条款可形成标准化文件，包括标准和其他标准化文件。针对不同的标准化任务以及为了达到不同的目的，可以采取不同的标准化形式与方法。目前，可供采取的标准化形式与方法主要有简化、统一化、系列化、通用化、组合化、模块化等。

标准化是制度化的最高形式，它可运用于生产、开发设计、管理等方面，是一种非常有效的工作方法。然而，针对具体的标准化对象，标准化的直接目的通常有适用性、相互理解、接口、互换性、兼容性、品种控制、安全性、环保性等。

1. 应用标准化管理技术的“三步曲”

根据世界各国的经验，应用标准化管理技术通常需要经历三个步骤：

一是制定好能确切反映市场需求，令顾客满意的产品/服务标准。这主要是为了解决占领市场的问题，从而确保产品/服务获得市场认可和获得较高的满意度。

二是建立起以产品/服务标准为核心的有效的标准体系。这主要是为了保证产品/服务质量的稳定和生产率的提高，以使企业能够站稳市场，不至于因质量的不稳定而被市场淘汰。

三是把标准化向纵深推进，运用多种标准化形式支持产品/服务开发。这主要是为了使企业具有适应市场变化的应变能力，从而确保企业不仅能够占领市场、站稳市场，还能够适应市场、扩大市场。

从本质上来说，标准化的作用主要是把组织内成员所积累的技术、经验，通过文件化的方式来加以保存，从而将个人的经验（财富）转化为企业的财富，避免由于人员的流动导致整个技术、经验跟着流失。正是因为有了标准化，才能真正做到每一项工作即使换了不同的人来操作，也不会因此在效率与品质上出现太大的差异。

2. 物流标准化的层次

物流标准化是指以物流系统为对象，围绕运输、储存、装卸、包装以及物流信息处理等物流活动制定、发布和实施有关技术、管理与工作方面的标准，并按照技术标准、管理标准、工作标准的配合性要求，统一整个物流系统的标准，并形成标准体系的过程。

物流标准化包括三个层次的内容：

（1）制定物流系统内各分系统的设施、装备和工具的技术标准，以及作业和管理标准。

（2）研究各分系统技术标准、作业标准和管理标准的配合性，统一整个物流系统的标准。

（3）研究物流系统与其他相关系统的配合性，实现物流大系统的和谐一致。

3. 集成化物流协同管理标准化的关键问题

集成化物流协同管理的本质就是将各个分散的流通环节集成化，以追求整体系统的优化，使原有的流通渠道提速、节能，从而确保物流信息、物流运作实现从集成化物流供应链的一头到另一头的连续性、一致性。要做到这一点，必须借助于标准化的方式将“供方—干线物流—配送—需求方”等物流环节有机地连接起来，实施协同管理。为此，需要解决以下几方面的标准化问题①：

（1）物流信息的标准化。物流信息化主要包括两个方面，即设施自动化和经营网络化。设施自动化是指货物的接收、分拣、装卸、运送、监控等环节以自动化的过程来完成。设施自动化涉及的技术非常多，如条码技术、射频识别技术、全球卫星定位技术、地理信息系统等，通过这些自动化技术的设施，可以实

① 舒辉．影响物流标准化发展的四大问题［J］．江西财经大学学报，2003（5）：37－38.

现货物的自动识别、自动分拣、自动装卸、自动存取，从而提高物流作业效率。经营网络化是指将网络技术运用到物流企业运行的各个方面，它包括企业内部管理上的网络化和对外联系上的网络化。只有拥有了完善的企业内部网和外部网，货物运行的各种信息才能及时反馈到内部网的数据库上，这样网络上的管理信息系统就可以对数据进行自动分析和安排调度，自动排定货物的分拣、装卸以及运送车辆、线路的选择等。企业的外部网一般都与互联网对接，用户在互联网上就可以下订单、进行网上支付，并且对自己的货物随时进行查找跟踪。要做到这点就必须对与信息的收集、存储、加工、传递、显示等有关的技术、方法和规程进行标准化，只有这样才能保证信息在整个物流过程中畅通。

物流信息标准分为基础标准和应用标准两大部分。基础标准主要是物流实体的编码（即标识代码）技术标准以及这些编码的数据库结构标准，如商品编码技术标准、托盘编码技术标准、集装箱编码技术标准及其数据库结构标准等；应用标准主要是指自动识别与分拣跟踪技术标准和电子数据交换技术标准。应运用合适的自动识别技术和数据交换技术将 ID 代码所表示的信息自动输入计算机，并及时、准确、有效地传递到相关方，从而通过信息的自动化传递实现自动化的物流。

（2）物流设施、设备的标准化。如果物流环节中各种运输方式之间设备标准不统一，物流器具标准不配套，物流包装标准与物流设备、设施标准之间缺乏有效的衔接，将会导致物流无效工作环节的增加、物流速度的降低和物流成本的攀升，从而影响物流的效率和效益。因此，应对物流的设施和设备实施标准化。

物流基础设施主要包括机场、铁路、道路与航路网络、管道网络、仓库、物流中心、配送中心、站场、停车场、港口与码头、信息网络设施等，它们是构成实体物流网络的重要组成部分，是发展物流产业所必需的基本条件，也是现代物流平台所应具备的物流设施环境。对它们的标准化将有利于实现物流系统的一体化。

物流设备主要包括物流中心、配送中心内部的各种运输工具、装卸搬运机械、自动化作业设备、流通加工设备、信息处理设备及其他各种设备。物流设备的标准化主要包括物流模数、存储规格、容器标准、托盘标准、车厢集装箱标准、包装标准，以及标准化的装卸设备和运输设备等。

（3）物流服务的标准化。物流服务质量的最高水平就是以适当的商品、适当的素质、适当的商品量，在适当的时间，以适当的合理价格运送到适当的地方，和利用适当的信息联系有关商业流程中的各个单位，从而达到高度的顾客满意程度。由于物流服务产品的复杂性和比较抽象性，特别是对与物流过程有关的运输、装卸搬运、风险控制、信息处理等物流功能难以用具体翔实的条文规定来加以详细表述，因而物流服务质量一直无法有效地得到规范化。

然而，从物流服务对顾客的重要性来看，物流服务质量可分为五类：一是对顾客来说不明显的“内在”质量（如增值服务、服务的完整性等）；二是对顾客来说明显的“物质”质量（如商品的完好程度）；三是对顾客来说明显的“非物质”质量（如广告的可靠性、各种文件的编制和传递没有错误、获得服务的难易度等）；四是服务的时间；五是心理质量（如热情、礼貌、周到等）。由于服务结果在较大程度上受接受者主观感觉的影响，因此，物流服务标准化应致力于实现以下目标：一是基于对现行 ISO9000 族质量管理体系补充的观点，确定服务的范围及其交付所需的设备；二是确保所提供的服务对顾客而言是明晰的、可比较的；三是制定相关术语，以便合同的用词是明确的，并为信息系统提供一个清晰的名称；四是优化和简化物流服务市场；五是通过合同方之间良好的沟通方式支持消费者保护。

（三）供应链管理技术

供应链管理（Supply Chain Management，SCM）是对供应商、制造商、分销商、零售商和客户所构成的网络中的物流、信息流、资金流、工作流等进行管理、计划和协调的过程。供应链管理的理念是利用系统的观念，在控制需求和供给基本平衡的基础上，对业务流程、组织机构、企业内外各种资源利用、生产、流通计划与交货、销售、服务及仓库布局、库存量控制等各个方面进行多目标优化。供应链管理的最终目的在于控制物流所需的内部信息流，即信息的发送时间、传递速度、发送者、接收者、质量和可视化，从而与所选择合作伙伴之间实现长远的双赢关系，并将物流和信息流集成到所有参与的公司里，使整个供应链的竞争能力得到提高。

目前，供应链管理技术的相关概念包括合作计划、预测和补充（Collaborative Planning，Forecasting and Replenishment，CPFR），供应商管理库存（Vendor - Managed Inventory，VMI），库存持续补充过程（Continuous Replenishment Process，CRP），客户的快速反应（Quick Response，QR），顾客代表的准时生产（Just in

Time II，JIT II），牛鞭效应（Bullwhip Effect）等。其研究技术主要有供应链建模技术、集成供应链管理、敏捷供应链、供应链伙伴选择等。

（四）协同管理系统/软件

协同管理系统/软件的出现及其广泛应用已经为集成化物流实现协同管理提供了信息技术与管理技术的集成支持。所谓协同管理软件，是指能帮助企业各个职能部门、各个员工，围绕统一的目标，步调一致地执行各项管理活动、完成各项管理任务，最终实现企业目标的管理软件系统。其重点在于提供一个统一的管理平台和畅通无阻的管理“通道”，它体现了三大管理思想：

（1）信息网状思想。在于建立一个立体的、多维的信息获取、共享和使用的环境，无论信息的来源、结构是什么，都可以得到统一的管理，同时协同平台为这些信息节点之间提供立体化的“网状”关联通道，使得从任何一个信息节点都可以到达任意的相关信息节点，极大地方便企业获取完整的、真实的信息。

（2）业务关联思想。在于提供对各个业务环节进行整合的方案，使得协同平台可以对整个业务过程进行管理。

（3）随需而应思想。在于对组织的人、财、物、信息和流程进行充分整合。

第四节　集成化物流协同管理的契约支撑

在集成化物流系统中，虽然集成化物流服务商是整个供应链的盟主，处于一种支配地位，但其他成员企业都具有独立的法人地位，彼此之间一般不存在任何行政上的隶属关系，不过在某些特定的情况下，集成化物流服务商会与某些关键的供应商之间存在资本连接（原则上是只参股不控股）。所以，整个集成化物流系统是靠某种共同利益所产生的凝聚力维系在一起的，成员企业间不存在严格的等级制度，是一种动态联盟。因而，集成化物流服务商的意愿不可能像在一个企业内部那样方便地、无条件地强制执行。为此，要想让成员企业服从管理、听从指挥，集成化物流服务商主要凭借两种手段：一是强调合作，强调长远利益，建立战略合作伙伴关系；二是运用法律手段，通过正式的或非正式的协议实现交易关系的相互协调，即契约管理。由于在集成化物流系统中没有严格的行政隶属关系作为支撑，而“强调合作，强调长远利益”又不具有

规范合作行为的功能，所以真正能使双方合作稳健、运行良好的基础就只能是签订物流契约。

一、集成化物流契约的基本性质

集成化物流服务商与供应商（成员企业）相互凭借它们在某个领域内具有的资源互补性，或能力互补性，或地域互补性，进行互补性协同合作，对各成员企业的资源及能力在时间上、地域上、数量上和质量上合理配合，以最终实现物流总成本最低的“门对门”服务目标。由此可见，集成化物流服务商与供应商（成员企业）之间的关系是“委托—代理”关系。

然而，根据契约理论，集成化物流服务商和供应商之间的合作过程又是一个博弈的过程。双方虽然是“委托—代理”关系，但又是不完全契约关系，原因在于：由于个人的有限理性，外在环境的复杂性、不确定性，信息的不对称性和不完全性，契约当事人或契约的仲裁者无法证实或改变一切，造成了契约条款的不完全性。所以，集成化物流的契约是“委托—代理不完全”契约。

二、集成化物流协同管理的契约体系

在集成化物流系统中，各成员企业因其与集成化物流服务商合作的紧密程度不同，分为核心层成员、紧密层成员和非紧密层成员三个层次，因而所签订的契约内容各具特色，它们共同构成集成化物流协同管理的契约支撑体系。

（一）核心层成员的契约

集成化物流服务商与核心层成员企业之间的关系属于战略合作伙伴关系。因此，核心层成员企业契约的制定，关注的是稳定性、长期性。契约可以包含更多的细节以处理将来出现的不确定性问题和在怎样的原则下使得双方的供需关系得到良好的维护与发展，以及提高双方协作或各自运作的效率。在规划契约时，包括一般性条款和细节条款。一般性条款即一些非操作性的法律问题，如赔偿、保险、不可抗力、保密、解约等内容。因为集成化物流服务商与核心层成员是建立长期稳定契约，因此一般性条款不必重复制定，双方随着合作深入仅需要对新项目的工作范围做出明确的规定。这种做法使契约涵盖的内容更加有条理、更加详尽，减少单方利用契约不完全钻空子的机会，使双方把更多精力放在细节处理上来。

鉴于核心层对于集成化物流服务的重要性，契约中需要明确建立监督供应商表现的评估机制和风险预防机制。例如，组织个人或项目小组参与合作业务，定期或不定期地举行协调会议，达到有效管理流程和处理好双方关系的目的，并通过契约安排实现“激励相容”，以最大的动力激励供应商合作。这种方法可以克服由于服务商极高的监督成本而无法对供应商进行有效监督的问题。

众所周知，契约就是在一定的政策及法律法规的保障作用下表明合作各方权益、义务及职责等的共同遵守执行的、总体的或具体的一致性协议或合同等，其内容包括各方权益及保护、应尽义务与职责、信息使用规则、合作程序、违约责任等方面。在实际运用中，企业之间的契约（协议）可以是正式的，也可以是非正式的。正式的契约一般基于一定的政策及法律法规框架而订立，通常具有强制约束力；而非正式的契约一般基于诚实、信用或惯例等而订立，通常以口头承诺或备忘录的形式存在，这类契约在大多数情况下执行力相对较弱，并不具有强制约束力，但在保持合作关系、保障交易活动正常秩序方面有着积极的意义。因此，在核心层成员企业的契约中，非正式契约将占相当的比例，并且在未来的合作中也将起到不可估量的作用。但是由于在业务往来中随时都联系着双方的利益关系，随时都会有利益盈亏的问题产生，因此在日常非正式契约中应尽量保存好事件进展的所有文字上的证据，并且在日常交涉中也尽量以收到对方的书面确认为最终确认，这样做可以为非正式契约弥补契约的约束力。

（二）紧密层成员的契约

集成化物流服务商与紧密层成员企业之间的关系属于战术层面的合作伙伴关系。所以，紧密层成员企业契约的制定除满足核心层契约内容之外，还应引入“自动履约的契约”，即可利用供应商的性质和专用关系将个人惩罚条款加在违约者的身上。这个惩罚条款包括两方面：一方面是终止与供应商的关系，让对方赔偿经济损失；另一方面是使供应商的市场声誉贬值，使与其合作的未来伙伴知道其违约前科，以至于不相信该供应商的承诺。这种自动履约机制在集成化物流服务商和供应商的委托—代理博弈中表现为一个保证当事人在合作中能够重复博弈的机制和制度。

与核心层的契约相比，紧密层的契约不仅在内容方面更全面、更具体、更详细，而且正式契约也要比非正式契约所占的比例大。由于紧密层成员企业具有某种领域的优势和资产专用性特点，所以在业务分配上要有明确的界定与职能的划

分，在契约中要把责权利细分到点，不同步骤都要有明确的成员承担责任。在利益分配上也是如此，在结算收益上要明确，以免造成分配不均产生中止合作，造成对双方的伤害。随着合作的进展，如果合作满意，双方也能够从紧密层成员上升到核心层成员的层面。因此，在契约设计时应包含可扩展性设计，这样双方就有可能实现自然性过渡，使业务顺畅进行。

（三）非紧密层成员的契约

非紧密层成员企业与集成化物流服务商之间的关系属于项目或任务性的合作伙伴关系。其契约的设计体现了多样化的特点，针对不同类型的供应商，根据不同的物流服务项目而制定出独特的、最为适合的契约格式。对声称自己是低能力水平的供应商，仅与其达成一个报酬固定的契约，该报酬仅可以弥补其运作成本和保留效用，而且报酬与供应商的运作绩效是分离的，但报酬的支付方式可以灵活处理，如采用分次支付的方式等；对声称自己是高能力水平的供应商，则与其达成一个至少包含初始报酬和激励措施的契约，还应包含相应的惩罚措施，而惩罚措施在实质上是对激励措施的一个修正，并对激励措施的自动实施具有保障作用。

由于与非紧密层成员企业的关系属于项目或任务性的合作伙伴关系，因而有可能出现“敲竹杠”的合作危机。所以，应引入事后竞争机制，即有两个以上的供应商，使得供应商在运作过程中实现竞争，规避机会主义行为。同时，对契约的内容应该尽可能做到详细、具体，对诸如操作程序、服务环节、作业方式、作业时间、服务费用、赔偿、保险、不可抗力、保密、解约等细节都应该有明确的界定，特别要避免在契约中出现诸如“在必要时供应商将采取加班作业以满足客户的需求”等泛泛承诺的内容，且契约的形式基本上是正式契约，而不存在非正式契约。

非紧密层成员企业一般是具有一定实力，在某项业务中可与之合作共赢的第三方物流企业。但因业务交往不频繁、合作信任度不高，被列为非紧密层成员。然而，随着相互之间合作的不断发展，相互之间的业务交往频率、合作效率发生变化，与集成化物流服务商关系的分属层次也将会发生变化。因此，在契约设计时应包含可扩展性设计，这样双方就有可能实现自然性过渡，使业务顺畅进行。

本章小结

集成化物流系统实施协同管理需要有一定的前提条件和基础保障。柔性化、集成化、信息化、协调化是集成化物流实施协同管理的基本运行条件。从根本上来说，集成化物流协同管理的运行支撑体系主要有战略支撑、技术支撑和契约支撑。

战略支撑是围绕战略管理全过程，对资源和能力进行整合而形成的对战略管理不可缺少的基础性、决定性力量。根据集成化物流业务的构成和管理要求，其战略内容分为全局性战略、结构性战略、功能性战略、基础性战略四个层次。就集成化物流协同管理而言，其战略支撑体系主要包括明确的支撑服务对象、核心能力、组织转型和整体优化四方面的内容。各成员企业核心能力的互补性和集成性是集成化物流协同管理成功运行的重要战略支撑条件之一。集成化物流对成员企业核心能力的要求主要体现在物流要素能力、物流运作能力和综合管控能力这三个能力方面。目标协同管理、信息协同管理、利益协同管理、企业文化协同管理是增强集成化物流系统群体化核心能力的有效途径。组织转型是集成化物流协同管理有效运作的组织保障。以成员企业为导向、有利于群体化核心能力的形成、建立学习型组织是组织转型的基本要求。目标、制度、活动与技术依然是构成集成化物流系统组织的四大基本要素。组织文化转型、流程再造、组织学习是集成化物流协同管理中实现组织转型的主要途径。整体功效大于单个成员企业功能的简单相加、优良的战略执行力、清晰的层次观是协同管理对整体优化的基本要求。注重以知识为核心的活性要素的作用、结构的破缺是系统优化的源泉、提高系统的动态调适能力、从无层次的混沌中寻找有序和引导环境的变化趋势是集成化物流协同管理整体优化的思路。

信息技术与管理技术是支撑集成化物流协同运作最重要的技术支撑体系。物联网技术、云计算、大数据技术属于基础信息技术。在集成化物流协同管理过程中，信息共享是分层级的，非紧密层成员主要共享作业层信息，紧密层成员可共享作业层信息、策略层信息及相关协调信息，核心层成员共享所有信息。系统管理技术、标准化管理技术、供应链管理技术和协同管理系统/软件是集成化物流

协同管理中主要的管理技术。

在集成化物流协同管理中，集成化物流服务商与供应商（成员企业）之间的关系是“委托—代理”关系，因此，契约支撑体系是保障集成化物流协同管理有效实施的基石。在集成化物流系统中，由于成员企业分为核心层成员、紧密层成员和非紧密层成员三个层次，因而，契约支撑体系是由核心层成员契约、紧密层成员契约、非紧密层成员契约三类契约所组成的，且它们的契约内容各具特色。

第八章　集成化物流协同管理的模式

集成化物流的产生顺应了企业生存发展的需要，是现代物流企业适应市场巨大变化的体现，是企业竞争、协同发展过程中的一种体现。集成化物流节点企业是独立的利益主体，追求自身利益最大化是其目标；同时，为了进一步提高整体的利益，成员之间又存在密切的合作。如果缺乏有效的协同，相互合作完全有可能流于形式。因此，根据不同的集成环境设计一种协同管理模式十分必要。这种管理模式要求具有既能调动合作企业的积极性又能实现主导企业的目标的双重性，要求节点企业在考虑自身利益的同时，必须采取某种有利于对方的协同策略。也就是说，只有建立了协同管理模式，才能最大限度地提升集成化物流的综合竞争力。

第一节　集成化物流协同管理模式设计的基本内容和原则

一、集成化物流协同管理模式设计的基本内容

集成化物流协同管理主要研究集成化物流在处于变革阶段或“临界点”状态时，如何通过施加一定的管理而产生主宰系统发展的序参量，使系统走向有序化而实现协同管理效应。

为此，我们可以把集成化物流协同管理模式设计的内容分为三个层面，即系统的不稳定性分析、序参量的选择与管理和结果反馈。

1. 系统的不稳定性分析

对集成化物流而言，首先要找到导致系统不稳定的因素，这种不稳定性是集

成化物流进行协同管理的机会所在。协同学指出，一个系统之所以有序、稳定或产生整体功能效应大于系统内部各要素之和，是因为系统内部各子系统或要素是按照一定的协同方式活动并有秩序地运动的。相反，一个系统无序、不稳定或难以实现整体功能效应，是因为它的内部运动是混乱的，不能有效地按照协同方式进行活动，是一种无规则的联系。因此，一个处于有序、顺畅、稳定状态的集成化物流系统，其各子系统或要素应该是按照一定的协同方式运动的，而一个处于无序、不稳定状态的集成化物流系统，其各子系统或要素各行其是，不能按照协同方式进行运动。

系统处于不稳定状态或远离平衡状态是协同管理的前提条件。集成化物流的不稳定性来自客户需求的变化以及内外部环境的不确定性影响。

2. 序参量的选择与管理

按照系统论的观点，在系统不稳定状态下其运行呈现出无序状态，各子系统或要素各行其是，不利于系统实现整体功能。如果系统只是失稳，并且越来越不稳定，则系统就会解体，最终将会是系统不复存在。而协同的目的就在于使系统在临界状态通过涨落产生序参量，并在其支配下从宏观尺度上使系统呈现出特有的有序结构和功能模式，进而使系统保持顺畅运转和稳定发展，达到整体功能最佳的效果。

集成化物流在临界点附近时有多个序参量，其中每个序参量都对应着一种潜在的新的有序结构，这就造成了系统在突变分岔点上面临着多条分岔，最后在竞争中取胜的一个或多个序参量，就成为支配集成化物流系统发展的序参量，并代表着整个集成化物流系统发展变化的方向，就会在系统的内部涨落或外在随机涨落中被放大，成为支配集成化物流系统发展的新的结构主体。集成化物流系统的序参量一旦形成，就将具有两种功能，一方面支配其他子系统运动，另一方面为子系统所支持，从而使集成化物流系统产生自组织行为。

3. 结果反馈

在序参量的支配作用下，集成化物流将会从处于变革阶段的无序走向一种新的有序，产生新的时间、空间和功能结构，进而使集成化物流实现整体功能效应。这种整体功能效应就是协同管理达到的一种结果。但这种结果是否就是协同管理所追求的协同效应，还必须通过反馈，把集成化物流达到的结果与协同管理目标相比较而得出结论。如果协同管理达到的结果和协同管理目标相一致或在效果上非常接近，则说明实现了协同效应，如果协同管理达到的结果和协同管理目标不一致，则说明没有实现协同管理效应，需要给予重新评估，重新管理支配系统发展的序参量组，最终实现协同管理效应。

二、集成化物流协同管理模式设计的原则

集成化物流协同管理是适应时代潮流的一种管理方法，为确保所设计的协同管理模式能真实反映和衡量集成化物流运作实际状况，应遵循如下的基本原则：

1. 目的性原则

协同管理追求的中心目标是“1+1>2”的协同效应，其本质要求是实现系统要素的优势互补、聚合放大和功能倍增，而要实现这一目标则要求各种管理要素必须按照一定的协同方式相互作用、协调、同步，产生主宰集成化物流系统发展的序参量，从而支配集成化物流系统向有序方向发展，使集成化物流系统的整体功能最强，产生协同效应。

2. 非线性原则

协同管理要实现协同效应，就需要集成化物流系统各要素之间具有较强的相互联系，而这不是各要素功能的简单加和，必须是各要素之间协同运作、整体功能发挥作用的结果。集成化物流系统各要素之间的相互联系和作用是复杂的，表现出丰富的层次性和交叉的因果性，具有非常明显的非线性属性。

3. 优化性原则

要实现协同管理就必须对各种管理要素进行整合，并综合运用各种不同的方法、工具、手段，促使集成化物流系统内部各子系统或要素相互作用、相互合作和协调，实现一致性和互补性。这本身包含着优化的思想，而且经过对不同方法、工具、手段的应用，能充分发挥各种管理要素的优势，以最终实现整体优化的目的。

4. 互动性原则

协同管理的目的就是要实现协同效应，而依靠单个的要素是难以实现的，必须是各种管理要素相互配合、相互作用，进而导致整体的发展。这种互动性能够产生强烈的非线性作用，进而实现集成化物流系统的协同效应。集成化物流系统中经济效益的“良性循环”、员工的工作态度和工作效果等常常表现出这种互动作用。

5. 支配性原则

协同管理的支配性特征表现为管理要素之间协同运作产生管理序参量，管理序参量又支配整个集成化物流系统的发展，命令其他管理要素整齐划一地参与到集成化物流系统统一的整体行为之中，进而促使集成化物流系统进化成一种新的有序状态。

6. 同步性原则

协同管理的同步性强调在协同过程中，各要素之间的配合必须在时间与空间上具有同步性。时间上的同步性要求协同要素必须依据时间序列的安排，紧密衔接，遵循共同的时间参考；空间上的同步性要求协同要素必须遵循业务流程序列的安排，环环相扣，遵循共同的作业标准。协同管理的同步性克服了子系统或要素之间的不协调，使集成化物流系统形成整齐划一的同步化运动，从无序走向有序。

第二节 集成化物流协同管理的一般模式

一、集成化物流协同管理模式的构建思路

在集成化物流中，由于合作企业主体众多、合作范围广泛、业务分工细化、作业地域无界，集成化物流的管理与传统的物流管理相比，具有全球性、混合性、整体性、不确定性、难以控制的特点。而且由于个性化服务使原有物流需求和供给在实现空间位移时所发生的频率大幅增加，所要求的时间更为精准，以及集成化物流合作伙伴地理上的分布和物流服务的连续性要求，集成化物流必须克服经营服务活动在时间、空间上的差异，按照统一的物流作业计划和物流作业标准保证物流的有效供给。集成化物流相互协同的程度和协同物流服务功能发挥得如何，直接决定了定制物流服务在时间、空间和成本上的市场竞争能力与客户满意度，因而采取有效的物流协同管理，提高集成化物流整体解决方案的质量，对集成化物流协同的成败具有十分重要的作用。

要全面把握、认识和实施集成化物流协同管理，协同管理模式的构建研究是重中之重。因为模式一旦形成，它就会内在地作用于集成化物流自身，使集成化

物流系统处在一定的状态，并按一定的规律影响与支配其生存、发展和变化。

根据上述管理原则和主要内容，设计集成化物流协同管理模式的基本思路如图 8 - 1 所示：

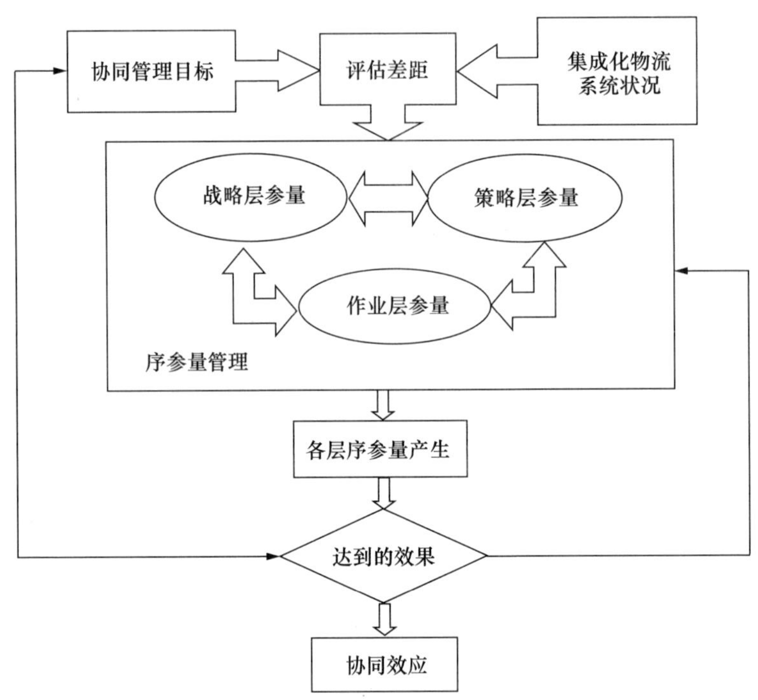

图 8 - 1　集成化物流协同管理模式设计的一般思路

二、集成化物流协同管理模式的分析

针对图 8 - 1 所展示的集成化物流协同管理模式的基本设计思路，我们可以从以下几方面进行剖析：

1. 根据外界环境的变化和物流需求确认协同管理目标

在构建集成化物流协同管理模式时，我们首先必须确立集成化物流协同管理的目标，因为这是我们构建集成化物流协同管理模式的基础和关键，明确了目标才能围绕目标寻求或设计实现目标的方式或手段。集成化物流协同管理的目的就是要在满足客户需求的基础上实现整体功能效应，获得最大化价值。因此，集成化物流协同管理必将围绕客户的物流需求来制定具体的目标，并就此展开规划设计。

2. 审视集成化物流的运行状况

虽然协同管理目标是根据客户实际的物流需求来制定的，追求实现“1 +1 >2”的效应，但集成化物流能否实现这一目标，还需要审视其运行状况，如通过对集成化物流目前所拥有的资源状况、能力水平，以及面临的竞争环境等因素进行审视，认清集成化物流的现实发展水平，找出与集成化物流应该达到的理想水平之间的差距，使资源充分发挥效应。

3. 评估集成化物流现实发展水平与协同管理目标之间的差距

将集成化物流现实发展水平与协同管理目标进行对比，根据对比结果决定协同管理的具体规划与思路。如果集成化物流的现实发展水平与理想发展水平之间非常接近或重合，说明集成化物流本身具有很好的协同状态，不需要进行协同管理；反之，则表明集成化物流要达到其目标，还需要通过协同管理，发挥其功能倍增效应。在这两种情况中，前者表明集成化物流系统本身处于良好的协同状态，不需要进行全面的重新整合，只需要进一步完善、细化，以进一步提升整个集成化物流系统的协同水平；后者则表明集成化物流系统处于不稳定状态，需要实施协同管理。

4. 运用协同管理缩短差距

根据前述的评估步骤，我们可以从宏观上确定集成化物流现实发展水平与理想发展水平之间的差距，差距的大小可反映集成化物流的运行状况。它们之间的关系是：集成化物流的现实发展水平与理想发展水平之间的差距越大，则说明集成化物流的运行状况越差，系统处于不稳定状态；反之，则表明集成化物流系统处于较好的协同状态。实施协同管理的目的正是缩短集成化物流系统现实发展水平与理想发展水平之间存在的这种差距，它的实现有赖于对影响集成化物流协同的序参量的管理。

5. 管理序参量以实现协同管理

协同学理论告诉我们，序参量是系统宏观有序程度的度量，它主宰着系统从无序走向有序。序参量的选择明确了集成化物流的演化发展方向，但集成化物流是否如我们所期望的那样演化发展，还取决于选择的序参量是否能在系统的临界点附近经过竞争“脱颖而出”，真正成为主宰或支配集成化物流发展的序参量。

通过对所选择的序参量施加管理，可以引导它向我们期望的方向发展，产生自组织功能而顺畅运行，最终实现集成化物流系统的整体功能倍增，即产生协同效应。对序参量的管理需要把握以下两点：

（1）在集成化物流处于临界点附近状态时要创造好条件。当集成化物流处于临界点状态时，要积极创造各种有利条件，通过开放和改革等，强化或突出选择的序参量，有意识地促使集成化物流向我们所期望的某一方向发生涨落，从而推动集成化物流系统协同管理的实现。

（2）在集成化物流处于临界点状态附近时要注意控制。当集成化物流系统处于临界点时，要善于把握时机，因势利导，及时控制参量的变化，使集成化物流系统通过涨落向我们期望的分支跃进，朝着协同机制完善的方向发展。在实现这一跃进后，要做好后续工作，继续强化序参量使其产生自组织效应，使集成化物流系统达到新的稳定有序。

需要指出的是，集成化物流系统协同管理的序参量是分层次的，不同层次的序参量只在其所在的层次发生主导作用，而且这种主导作用也并非持续不断的，仅在临界状态时才有可能产生。

6. 结果反馈

在序参量的支配作用下，集成化物流系统将会从无序的不稳定状态走向一种新的有序的稳定状态，产生新的时间、空间和功能结构，进而实现整体功能效应。这种整体功能效应就是协同管理过程达到的一种结果。但这种结果是不是集成化物流系统所追求的协同效应，还要通过对照协同管理目标反馈信息。如果反馈信息表明，达到的结果与管理协同目标一致，则表明实现了管理协同效应；反之，则没有实现，需返回到协同管理实施的开端重新考虑。

第三节　基于规则与流程融合的协同管理控制模式

集成化物流作为一种适应现代物流发展和网络经济要求所出现的新型物流组织模式，其采用的管理控制方式也有别于其他类型的物流模式，是一种基于规则和流程相结合的协同管理控制模式。也就是说，对具体的物流业务运作过程的管理采用的是基于流程的管理控制方式，而对成员企业的管理以及对物流服务的管理则采用的是基于规则的管理控制方式。[①]

一、基于流程的管理控制与基于规则的管理控制的内涵

1. 基于流程的管理控制的内涵及特点

所谓基于流程的管理控制，就是要求在企业运营流程的某一环节，设置一个必须经过高层管理人员或机构、部门的环节，从而保证高层管理人员、机构、部门对此流程所涉及的事项进行管理与控制。

基于流程的管理控制强调的是精益思想，其核心是以客户为中心，尽可能地消除不增值的工作环节，并实现流程的优化。流程管理控制的生命周期是一个闭环，开始于顾客终止于顾客。证实顾客需求是第一步，下一个逻辑步骤是计划组织要达到什么样的需求目标、投产多大量、生产什么产品或者服务以提供给顾客；紧随着计划的是控制，它为已有的性能（流程、资源、人）建立标准。支持这些因素的是知识管理，它依靠组织的学习能力而存在，并且反过来促进组织的创新能力。从创新开始，产生新的解决方案，也是对计划活动的一种反馈，最终的闭环是执行管理，它以平衡的方式把组织产生的不一样的产品送达顾客。

所以，这种基于流程的管理控制方式，明确地规定了流程中的各个组成部分都有相应的职责，各部分之间的分工明确，流程关系设计是刚性的，每一个运作流程就像是一个复杂的机器一样，各就各位，各司其职，不允许有越权与越职的行为发生。一项作业如果没有得到上级的审批是不能完成的，下级无权单独做出决定，之所以如此规定是因为当一个部门或机构出现了问题时，就可能导致整个组织这一流程的中断与事务的耽搁，甚至还有可能影响到其他流程与业务工作的正常进行。所以，基于流程的管理控制是一种刚性的管理控制，只有决策与管理的程序化、标准化及系统化，才能够保证管理的有效性。因此，具有以下特点：

（1）基于流程的管理控制是一种“指挥员—战斗员”的管理模式。要求被管理者必须严格遵守上级的指令行事，不允许有任何自行其是的行为发生，从而确保令行禁止，统一步调。

（2）决策与管理控制的程序化。决策指令的传达采用层层下传的方式进行，不允许越级反映问题与越级处理问题，这确保了整个组织管理的有效性。当然，

---

① 舒辉．集成化物流的管理控制模式探讨［J］．商业经济与管理，2007（2）：17－22.

借助于现代信息技术的支持，上级的指令可以直接到达执行层，从而缩短了指令的传达层次，提高了组织效率，也带来了组织结构的扁平化管理。

2. 基于规则的管理控制的内涵及特点

所谓基于规则的管理控制，就是在放权与授权的同时，制定权力使用的规则，管理控制不需要像基于流程的管理控制那样通过流程去实现，而是重点在于监督规则的遵守与评价在遵守规则的条件下所实现的绩效，这种控制不是在流程的特定环节上进行的，而是在全流程的规则遵守上展开的，只要下级机构遵守规则，控制就好像“不存在”。

基于规则的管理控制强调的是创新的思想，其核心表现为决策重心的下移与决策程序的简化。它是一种类似于“裁判员—运动员”的管理模式，也就是在企业的经营活动中，管理者本身并不直接参与经营活动的决策，而是任由被管理者自主决策并采取相应的行为，但管理者要制定规则，并检查与审核被管理者的行为是否遵守了规则，以及在遵守规则的条件下所实现的绩效。

所以，这种基于规则的管理控制方式，明确地规定了被管理者所拥有的各种权利与义务约束，以及使用这些权利的规则，同时制定了众多的业绩评价考核指标、考核办法以及监管手段，以确保不出现失控的现象。它要求被管理者处理自己的事务，而不是在某个环节上将所处理的事务上报给管理者审批，只要被管理者在经营活动中遵守了规则，没有出现越轨行为，上级部门的管理控制就好像“不存在”。因此，具有以下特点：

（1）基于规则的管理控制是一种“裁判员—运动员”的管理模式。实现了“制定规则者”与“参与比赛者”的相分离，从而有效保证了“比赛”的公平性。

（2）实现了决策重心的下移与决策程序的简化。这种“下移”与“简化”能够有力地保证企业对顾客的需求、对市场的竞争给予及时而有效的反应。

（3）充分地调动了下级机构的主动性与创造性。这种“裁判员—运动员”的管理控制方式使得下级机构具有了自主处理本部门各项事务的权力，从而为自己的创造性能够得到充分的发挥、新的思想能够得到有效的实施提供了保证。

二、实施基于规则与流程相结合的管理控制的必然性

根据流程管理的观点，物流是典型的流程。因为物流的目的在于将物品低成

本有效地运送到有合适顾客的地方，这种工作需要时刻不停地进行，甚至有可能是在全球范围内。所以，集成化物流应该要管理好整个物流流程，而不是如何组织好各个物流功能。① 然而，对于每个物流流程的节点企业而言，它们除了要完成集成化物流组织统一指令的物流活动外，还有其他的物流活动，如需要以集成化物流组织的统一品牌拓展本地区的物流业务和开拓本地的市场，这种拓展活动必须遵守集成化物流组织的统一规则，以防出现任何有损集成化物流系统总体利益的事件。因此，集成化物流系统的协同管理模式必须是一种基于规则和流程相结合的管理模式，只有这样才能既保证具体物流业务能够得到及时有效的执行，又充分地调动节点企业的主动性与创造性。同样，这既是由现代物流的本质要求所决定的，也是由集成化物流系统所固有的组织特征所决定的。

1. 物流业务运作过程实施基于流程的管理控制模式的必然性

对物流业务运作过程实施基于流程的管理控制模式，是由现代物流运作的本质要求所决定的。这是因为：

（1）现代物流的业务是非常繁杂的，从所涉及的物流业务环节看，它可以覆盖从前端的采购到后端的供应等环节，也即作为一个现代物流服务商必须具备满足顾客需求的各种业务能力，如储运、增值服务、报关代理、代理采购、金融保险、售后服务、反向物流等。此外，现代物流服务是在一个必须经过许多环节、需要由许多物流企业组成的物流运作渠道中展开的，其中存在着众多环节与环节、企业与企业之间的各种转换，如从运输工具到仓库的转换，从汽车到火车的转换，从一个运输企业向另一个运输企业（或仓储企业）的转换等，这些转换在现代物流运作中都是不可避免的，也需要耗费大量的物流时间。因而，为了有效地实现对物流市场需求的快速反应，很有必要对这些物流环节实施强有力的监督管理，这就意味着必须做到对物流的每一个流程都进行监督与控制。

（2）目前的动态环境使物流运作和管理复杂化，一种可选方案就是将物流系统分解成若干自行运行的子系统，按分工理论为客户提供服务。因此，为了能够覆盖更为广泛的地域，需要有很多不同的物流服务体（节点企业）共同来完成物流服务任务，这样做的结果就是将原本是一个完整的物流服务操作人为地分为若干个小的物流服务模块。这种服务方式一方面推动了物流专业化和功能化的

① 舒辉. 集成化物流——理论与方法［M］. 北京：经济管理出版社，2005：130.

进程，另一方面给物流的整体运作管理带来了冲突与矛盾。这是因为对一个客户而言，物流服务是作为一个整体出现的，但对集成化物流服务来说，则是由各个成员企业分别提供固定的、不同的物流服务模块来完成的，因而缺乏整体性，这也就使得单个物流服务供应商（即仅提供单一模块化物流服务的供应商）有可能为了实现自身利益的最大化，采取不考虑其他物流服务供应商的运作时间和进程的运作方式。例如，原本一个包裹需要运输供应商在要求的精确时刻到达，而该物流服务商为了追求自身的规模经济，一般要收集很多货物，等达到它们的运载能力极限（如卡车的额定载重量）时才开始启运，也即包裹的运输工作会被延迟到运载工具（如卡车）装满时才进行，其结果是使个体物流运作行为很难与整个物流网络的运作计划和步调保持一致。

要解决物流运作过程中存在的这种冲突与矛盾，就必须做到对整个物流系统的运作流程实施统一的管理，也即实施基于流程的控制管理方式，只有这样才能确保在实施具体的业务运作中，绝对服从指挥中心的统一指挥、统一调度，一切为指挥中心服务，一切以指挥中心的最大利益为自己的利益，从而真正实现物流流程的无缝化运作。

2. 物流服务管理采用基于规则的管理控制模式的必然性

对物流服务的管理采用基于规则（标准）的管理控制模式，是由集成化物流的本质属性所决定的，也是由现代物流的本质要求所决定的。这是因为：

（1）现代物流服务要求有统一的、规范的服务质量标准。众所周知，物流服务是企业自觉自愿的行为，物流企业的基本功能就是为客户服务，而当前阻碍物流外包的最大风险就是客户企业害怕对物流过程失去控制，这实际上反映出客户对物流服务过程的无形性、不可储存性和结果差异性的担忧及恐惧。为消除客户对物流服务过程的担忧，很有必要通过标准（规则）的技术措施来约束、规范各物流服务供应商的物流服务过程，从而为客户获得一致性的物流服务提供技术制度的保证。对物流服务过程实施基于规则（标准）的管理控制模式，实际上是对物流企业的行为即人的行为的约束，而在服务业，人们更多的是通过对人的行为规范来约束企业的行为。通过用标准（规则）来约束物流服务过程，既是保证物流服务质量的重要手段，又能降低服务成本，提高服务的可靠性，同时还完全符合客户的利益。

（2）集成化物流是通过功能整合来为客户服务的，这不仅包括对客户物流

功能的整合、对众多物流服务供应商的功能整合，而且包括对客户的不同标准的设备和设施的整合，以及对客户的不同标准的信息系统的整合。同时集成化物流的使命就是要通过服务为客户提供物流运作的无缝连接，实现“一站式”的物流服务。这就意味着集成化物流必须对其物流网络中众多构成要素之间的流体、载体、流向、流量、流程、流速、流效等流动要素进行内部的和外部的连接，使系统要素之间、系统与系统之间成为无缝连接的整体。① 很明显，要真正有效地做到这点，靠行政手段的方法和力量是难以持续有效地做到的，只有实施基于规则（标准）的管理控制模式，才可能实现事半功倍的效果。

（3）集成化物流组织所要提供的物流服务的对象将是跨功能边界、跨企业边界、跨行业边界、跨区域边界的，因而所要面对的客户需求也将是多种多样的“个性化”需求。对物流服务管理采用基于规则（标准）的管理控制模式，就是要用标准的物流服务模块搭建个性化的物流服务平台，也就是要用局部标准的物流服务模块组合为客户提供个性化的“非标准”服务，用标准的服务流程来整合客户的种种“非标准”需求，从而使整个集成化物流供应链实现高效的无缝连接，用最为有效的方式来最大限度地满足客户对物流服务的各种各样的“个性化”要求。

3. 成员企业管理采用基于规则的管理控制模式的必然性

对成员企业的管理采用基于规则的管理控制模式，这是由集成化物流的本质特征所决定的。这是因为：

（1）用统一的规则来推动集成化物流组织的规范化发展，是集成化物流组织有效发展壮大的必由之路。因为统一的规则对集成化物流组织来说，实际上是行政管理的手段和加盟准入的门槛，以及交流和沟通的平台，唯有如此才能有利于培育物流服务技能的模块化和市场竞争能力的品牌化。

（2）集成化物流的管理具有跨功能边界、跨企业边界、跨行业边界、跨区域边界的特点。这是由于集成化物流组织强调在每一个环节上必须吸纳具有专用性资源的成员企业，特别是强调核心能力和信息扩散与分享，这本身就意味着其管理的复杂性和艰巨性。然而为了适应变化的环境，同时又能满足组织内部有效控制的要求，客观上需要实施基于规则的控制。

① 何明柯．物流系统论［M］．北京：中国审计出版社，2001：358.

（3）集成化物流组织需要以一个整体的身份来参与市场竞争，这就要求在物流市场运作中，在每一个物流环节上的成员企业都必须在一个品牌的基础上，实施管理上的程序化、服务上的标准化、业务上的规范化，而要做到这一点就必须要有统一的规则作为指导和准绳。

（4）集成化物流组织中的成员企业从本质上来说，是一个独立的专业化物流企业，它在没有统一的物流业务时，可照常经营其原有的物流业务，并且可借助于集成化物流的信息平台和资源，在本地区拓展其物流业务服务范围。一旦集成化物流服务商发出物流服务指令时，就必须能够迅速进入物流服务供应链环节，提供相关的物流服务，而要做到这一点就需要有统一的规则来约束。

三、实施基于规则与流程相结合的管理控制的要点

实施基于规则与流程相结合的管理控制模式，必将导致整个组织的控制约束方式发生改变。为了保证这种改变既能实现集成化物流组织的柔性化，又能实现集成化物流组织物流业务运作流程的刚性化，同时还不会导致整个集成化物流组织失控现象的发生，就必须做好以下几方面的工作：

（一）需要有完善的管理制度体系

实施基于规则与流程相结合的管理控制模式，若没有完善的管理制度体系作为支撑是不行的，这极有可能导致集成化物流成员企业根据自身的利益各行其是，出现短期导向和局部利益导向。所以，集成化物流组织的牵头者——集成化物流服务商必须制定出完善的管理制度体系及适当的规则，以确保兼顾短期与长期、局部与整体的利益。这个管理制度体系的框架应该包含四级体系：

（1）一级是政策、组织结构。政策主要包括集成化物流组织的总经营理念和指导性原则、总的经营目标、各部门的指导性原则、遵循的法规、工作方法等。

（2）二级包括部门①职责和制度。部门职责主要包括隶属关系、部门职责和部门权限以及部门组织结构图；部门制度则是各部门的具体制度、规章和管理办法等。

（3）三级是岗位说明、操作规范和业务流程图。

① 这里的部门既指集成化物流组织总部的部门，也指成员企业。

（4）四级是各种应用型表单。

（二）需要有一定的内外部环境支持

实施基于规则与流程相结合的管理控制模式还需要有一定的内外部环境支持，如先进的信息系统、良好的信用环境等。在一个没有信用的环境中，由于自主权已经下放，有可能让下级人员放纵自己的行为而采取不计后果的措施，以实现自身利益的最大化。当然针对这种环境规则可能也要做适当的调整，使其合作比不合作好，遵守规则所得的利益大于违规操作的所得。

此外，先进的信息系统一方面能通过提供存货和运作过程的可见性来消除客户对物流服务无形性、不可储存性和结果差异性的担忧及恐惧；另一方面也能确保对物流流程的全过程实施动态性的可视性监督管理。由于能够更有效地“看清”货物的运作，管理人员将能更加准确迅速地制订计划、实施、控制和评估结果，从而确保整个物流系统实现无缝化运作。

（三）需要有良好的联结纽带

在集成化物流系统中，不同成员企业之间存在着复杂的依赖与博弈关系：一方面，各成员企业为追求共同利益的最大化而通过组织的纽带结成利益共同体的协同关系；另一方面，各成员企业又为追求自身利益的最大化而在组织内外进行相互竞争，甚至在项目合作的过程中还可能出现“敲竹杠”或逃逸的行为。因此，在集成化物流系统中需要建立起有效的联结纽带，而这种有效联结纽带的建立可从以下几方面入手：

（1）依靠忠诚与信用联结。这就要求集成化物流组织的牵头者在遴选成员企业时就应对成员企业的资信信息进行充分了解，保证成员企业的属性与组织的属性和要求相吻合。

（2）依靠共同的组织文化联结。这是因为共同的组织文化意味着成员企业间的社会背景和企业文化比较接近，意味着思维和行为模式的一致性比较高，从而能有效地减少成员间的矛盾和冲突，强化成员企业行为的连续性，保证相互间的信任受到的干扰和破坏最小，有利于维护组织的稳定性。

（3）依靠资源联结。在集成化物流系统中，成员企业之间的凝聚和支配主要是靠拥有的资源来实现的，它们之间呈现某种资源的互补性，或能力的互补性，或地域的互补性。这种互补性使得组织中的每个成员都相信自己能够从组织中获取自己所缺的资源，从而愿意保持长期的合作。

（四）需要有优良的信息协调

在集成化物流系统中，成员企业之间的信息协调是确保集成化物流系统有效运作的核心问题之一。为此，必须做好统筹规划，从软件和硬件方面构建起优良的信息协调机制，以确保在各物流环节之间的协同运作。具体来说，应做好以下方面的工作：

（1）从硬件方面来看，必须建立起一个电子商务合作平台。通过这个"合作平台"，加强成员企业间的信息沟通，通过及时的信息交流，进行实时管理，以协同整个集成化物流系统的运营工作。

（2）从软件方面来看，必须开发出一个基于即时通信技术的商务交流工具。借助于这个"商务交流工具"，在集成化物流系统内建立一个成员企业之间、成员企业与客户之间相互交流的圈子，让所有的利益相关者都能够在这个大圈子里进行更好的交流合作，实现共同发展。

（3）必须实现对物流信息的标准化。只有做到对与信息的收集、存储、加工、传递、显示等方面有关的技术、方法和规程进行标准化之后，才能确保经营信息在整个物流流程中的快速畅通，也才有可能真正实现组织资源的有效共享。

（五）需要有可行的评价体系

实施基于规则和流程相结合的管理控制模式，实质上就是要构建组织管理运作过程中静态与动态、刚性与弹性、程序与非程序的管理控制机制，以有效地、快捷地为客户提供个性化的物流服务。要实施有效的评价就必须建立绩效控制指标体系，并采用正确的考核工具。

（1）采用多元绩效控制。实施基于规则和流程相结合的管理控制模式，就必须彻底改变传统的仅仅基于财务指标的目标控制方式，因为它往往会造成短期导向和局部利益导向的结果。所以，要采用多元绩效控制指标，就必须增加一组能够反映整体导向与长期导向的指标体系。在集成化物流系统中，其绩效评价体系的指标至少应包括战略指标体系、财务指标体系、商品质量管理体系、服务质量管理体系、人事管理体系、精益化管理体系六大管理体系指标，当然在实际应用时，还可进一步细化为一系列的管理要素，以保证有效的度量。

（2）运用生命周期法与平衡计分卡（BSC）等管理考核工具。仅仅运用单纯的财务指标考核工具，往往会导致各业务单元只注重当年的或即期的财务业绩，而不从长远的角度加以考虑。将生命周期法与平衡计分卡等方法在基于规则和流

程相结合的管理控制模式的运行中加以运用，则可弥补此缺陷。

生命周期法主要是从整个生命周期的价值来评价一个业务单元（成员企业、部门）的业绩，而不是在一个时间截面上所实现的财务业绩。[①] 平衡计分卡现在已经发展成为一种战略管理系统，它从财务、顾客、业务流程、员工四个维度来构建绩效评价体系。在集成化物流系统中，财务维度可设置为增加利润、增加收入、降低成本等评价指标；顾客维度有提高客户满意度、开拓市场、缩短运送和等待时间等评价指标；业务流程维度有优化现有流程、流程整合等评价指标；员工维度有运作和流程知识、适当的员工激励和培养、提升 IT 系统等评价指标。

总之，基于规则与流程相结合的管理控制方式，有效地实现了流程的协同与整合，但不主张强制性的一体化管理，这一方面是为了保证物流作业流程的刚性，以真正实现物流服务的“7R”[②] 和“无缝化”；另一方面既是为了保证集成化物流系统中成员企业的自主、灵活与创新，同时也是为了增加集成化物流系统的柔性与适应性。

第四节　实施集成化物流协同管理的思路

近年来，对物流模式问题的研究已经成为国内外学术界与企业界比较热门的话题，人们在实践中已经总结、设计出了三种物流模式决策方案：一是物流联盟方案；二是自营物流方案；三是外购物流服务方案。其中，我们发现对第三方物流和第四方物流经营模式方面的研究比较多而全面。这反映出人们普遍希望能够寻找到一种切实可行的物流运作模式，以真正实现“第三利润源”的目标。

我们知道，物流产业讲究的是经济规模效应和地域覆盖能力。然而，要更快、更有效地实现这种能力，则整合现有物流资源成为必然的主要选择。因此，如何有效地整合资源成为实现高效物流运作的最佳途径之一。我们认为加盟连锁

---

① Nilsson F., Olve N. G. Control Systems in Multibusiness Companies: From Performance Management to Strategic Management [J]. European Management Journal, 2001, 19 (4): 344-358.

② “7R”是指恰当的产品（Right Product）、恰当的数量（Right Quantity）、恰当的条件（Right Condition）、恰当的地点（Right Place）、恰当的时间（Right Time）、恰当的顾客（Right Customer）、恰当的成本（Right Cost）。

物流模式是一种非常适应我国物流产业现状的新型的集成化物流协同管理发展模式，它是借用商业连锁经营的理念发展起来的一种经营模式，是以网络技术为支持，以加盟连锁的形式进行物理网络扩张的网络型经营模式。该模式的核心内容就是以加盟连锁为手段的实体网络布局、以资源力量为工具的加盟企业控制、以基于规则与流程相结合为方式的加盟企业管理、以业务整合为核心的集中采购、以全信息管理为支持的电子商务。另外，还有品牌塑造、文化建设等，都构成了对这一新的企业发展模式的支持。①

一、以加盟连锁为手段的实体网络布局

现代物流产业是一个体现规模优势和地域覆盖优势的产业。从覆盖地域来看，它可能随着顾客市场边界的扩大延伸到全国各地，乃至世界各地；从涉及的物流业务环节来看，它可以覆盖从前端的采购到后端的供应等环节，也即具备满足顾客需求的各种业务功能，如储运、增值服务、海运空运陆运及各环节的报关代理、代理采购、金融保险、售后服务、逆向物流等。面对如此广阔的地域和众多的领域，要真正实现“门到门”的优质物流服务，就必须有星罗棋布的网络，这些网络要能涵盖客户业务要求的每一个区域。因此，要想成为世界级的物流服务商，就必须建立起一个能够覆盖全球范围的物流网络。这种物流网络系统至少应该由四级分层的物流网络所组成，即全球级物流干线网络、国家级物流干线网络、区域级配送网络和市区级配送网络。

我们知道，国际物流巨头的主要竞争力源自它们用几十年甚至上百年的时间建立起来的全球网络，从而形成强大的资源优势和完善的服务体系。如果我国物流企业也按照此种传统发展模式去发展，显然是无法与这些网络化的物流巨人进行竞争的。然而借鉴国外商业运作的成功经验，把连锁经营模式引入我国物流企业的扩张发展中，则能有效地加快我国物流企业实体网络布局的发展速度，用较短的时间走完国外物流巨头百年才能走完的发展道路。

以连锁经营为手段的实体网络布局模式，就是通过采用商业企业连锁经营的方式，重组全球、全国各地中小型成功的物流企业，从而实现以最少的资金、最短的时间迅速完成全球化、全国化的物流实体网络布局。具体做法是：首先，当

① 舒辉．中国物流企业快速发展的新思路［J］．当代财经，2007（5）：56－61.

要在一个地方办分支公司或代理机构时，不是自己派人独立投资，而是将当地成熟的、盈利的公司合并过来，通过品牌授权和连锁经营，实现网络布局的第一步；其次，对具有成长性的、符合条件的分支机构适当注入资金，进行资本连接（原则上只参股不控股①），以进一步提高其运作规模、水平和质量；最后，则是对分支机构业务资源进行整合，从而实现业务一体化运营。通过总部对分支机构分阶段的逐步再造，即经历从人合到资合，再由资合到整合的过程，既加快了实体网络布局的发展速度，又有效地规避了规模扩大的风险。

需要说明的是，实体服务网络的数量和质量（或者说各实体服务网络要做大、做强）都离不开物流需求量的支持。为此，以物流业务的发展来推动物流网络建设的发展，是物流加盟连锁企业实现有效的实体服务网络布局的必由之路，它应该成为加盟连锁物流企业开发分支机构、海外代理网络的指导方针。

二、以资源力量为工具的加盟企业控制

国际企业管理专家 C. K. 普拉哈拉德和 G. 哈默尔指出，企业的核心竞争力体现在以企业资源为基础，依托核心产品的优势，获得超越竞争对手的独特能力及相关产品或服务的领先地位，并不断创造出更多的市场机会。传统企业对各种资源的获取和控制最直接的办法就是借助于资本的力量，通过购并或企业内部产出来实现，但这种内在化的方式并非任何情况下都是必要的或可能的，它涉及内在化的成本以及企业运作的灵活性。当企业为及时捕捉市场机遇而调整经营方向时，资源损失成本往往随调整频率的提高而上升。对物流企业来说，还存在着一个成长速度、规模经济和范围经济的问题。

而借助于加盟连锁这种先进的扩张形式，物流企业的成长速度、资源聚集速度将会比采用传统的内在化方式快得多。这是因为加盟连锁物流发展模式遵循的是从资本控制到资源控制的成长道路，是联合起来走创新之路、走迅速发展之路，从而能够更加快速有效地建立起两个强大的资源网络——物流供应链资源网络和客户资源网络。

正是凭借其能快速有效地形成强大的资源网络，加盟连锁物流发展模式能够

---

① 原则上在发展初期的实施策略是只参股不控股，当然在发展成长的中后期，特别是成熟期则可以实施控股，甚至转化为全资的子公司，顺丰物流的实践经验为此提供了案例。

实现由靠资本的力量去吸引、控制和管理企业，发展成为靠资源的力量去吸引、控制和管理企业，而且这种吸引控制力量还会随着规模的扩大而不断地得到强化。这是因为：

（1）对加盟企业（分支机构）而言，借助于“加盟连锁物流发展模式”这个平台，可共享网络资源，并利用集中采购的优势，实现利益最大化、分配最大化、品牌最大化，获得在当地的价格竞争优势。这种竞争优势随着可以享用的资源的增多而不断地得到加强。因为通过加盟连锁，加盟的企业越多，物流供应链资源网络和客户资源网络也就会变得越加强大，可供共同享用“价值网络”的资源也就会随之“水涨船高”，加盟企业获得的利益也就会越来越多，这样“价值网络”的资源就像滚雪球似的越滚越大。正是加盟连锁物流发展模式这种随着加盟的企业越多，所聚集的资源越大，集中采购所带来的利益就越大的特性，才使加盟连锁物流发展模式能够对加盟企业产生强大的吸引力。

加盟连锁物流企业总部通过先整合加盟企业的资源，再整合加盟企业的客户资源，从而形成两个庞大的资源价值网络——物流供应链资源网络和客户资源网络。凭借资源价值网络的优势，加盟连锁物流企业总部最终可以实现通过资源的力量来控制加盟企业的目标。这是因为作为资源的加盟企业一旦离开了“加盟连锁物流发展模式”这个平台，就意味着生存上的困难。靠资源的力量来吸引、控制加盟企业是加盟连锁物流企业做大做强的成长途径，是与传统企业靠资本的力量去控制和管理企业完全不同的扩张道路。

（2）对客户和客户企业而言，借助于“加盟连锁物流发展模式”这个平台，能充分利用“物流供应链资源网络”和“客户资源网络”的优质资源，从而可享受到集中采购所带来的价格优势。这是由于加盟连锁物流企业总部作为物流服务的协调者，能够有效地聚集众多客户企业的货物，按照各货主（客户）的配送指令，在广大区域进行物流运作和配送工作，这就使得原来按照不同生产厂家、不同商品种类划分的分散的商品物流，能转变为将不同生产厂家的产品和不同种类的商品混合起来运送的聚合的商品物流，从而得以最大限度地发挥商品物流的批量规模效益，大大提高了运货车辆的装载率，真正做到了“物畅其流，物尽其流”。

根据梅特卡尔菲定律，网络规模和网络价值之间存在着平方的关系，也就是说，一个网络的价值以该网络规模的平方为速度开始增加。[①] 因此，对加盟连锁物流企业来说，随着加盟企业数量的增加，其带给加盟企业的效益和带给客户企业的效益也将会以相当可观的速度增长，这将能进一步地吸引更多的企业加入进来。众多企业的加盟，反过来促进了资源网络价值的进一步升值。网络价值的升值，又将会更进一步地吸引更多的企业来加盟，这就使得“加盟连锁物流发展模式”平台进入了这样一个互动的良性循环：“加盟的企业越多，可供享用的资源就越多，集中采购所带来的获利也就越多，这又进一步地吸引更多的企业加盟。”

正是“加盟连锁物流发展模式”能够实现这样一个互动的良性循环，从而确保加盟连锁物流企业总部能够真正地走向从资本控制到资源控制的战略创新之路。

三、以基于规则与流程相结合为方式的加盟企业管理

加盟连锁物流作为一种适应现代物流发展和网络经济要求的新型物流资源整合模式，其采用的管理方式有别于其他类型物流模式的管理方式，是一种基于规则和流程相结合的管理方式。

在加盟企业管理和物流服务管理方面，采用的是基于规则的管理方式。这是一种类似于“裁判员—运动员”的管理控制模式，作为“裁判员”的管理控制者，只负责制定相关规则，明确地规定被管理者所拥有的各种权利与义务约束，以及使用这些权利的规则和具体的业绩评价考核指标、考核办法，同时检查与审核被管理者的行为是否遵守规则，以及在遵守规则的条件下所实现的绩效，而不直接参与经营活动的决策；而作为“运动员”的被管理者，在规则所规定的职责权限范围之内，拥有自我处理自己业务的权力，而不需要凡事都必须经过管理者的审批。只要在经营活动中遵守了规则，没有出现越轨行为，上级部门的管理控制就好像“不存在”。

在物流业务运作过程中，实施的是基于流程的管理方式。这是一种类似于“指挥员—战斗员”的管理控制模式，作为“指挥员”的管理者，根据顾客的需求，计划、组织、指挥、协调各相关物流环节的力量，实施物流服务；而作为“战斗员”的各被管理者，则严格遵照流程分工的原则，按既定的标准化作业程

---

① ［美］沃德·汉森．网络营销原理［M］．成湘洲译．北京：华夏出版社，2001：63.

序执行其相应的物流服务业务。

实施基于规则与流程相结合的管理方式，必将导致整个组织的控制方式发生改变。为了保证这种改变既能实现组织的柔性化，又能实现组织物流业务运作流程的刚性化，同时还不会导致整个组织失控现象的发生，就需要有完善的管理制度体系、优良的信息协调机制、有效的联结纽带、先进的信息系统、良好的信用环境，以及有效的绩效评价体系等作为基础支撑。

四、以业务整合为核心的集中采购

所谓业务整合就是要在整合各分支机构的现有业务和客户资源的基础上，由总部主导开发共同的物流代理服务项目，集合向拥有车、船、场地、飞机等资源的承运人进行集中采购，形成价格优势，从而实现整个企业的整体优势资源共享、优势代理共享、优势约价共享。同时，以加盟连锁物流企业总部为主导开发核心大客户，各分支机构、国外代理机构则主要承担合约运价推广、运价收集、信息反馈和市场开发的职能，在物流网络平台和电子商务的支持下，实现总部与分支机构的整体运营，最终实现企业所有分支机构的业务一体化。这种业务整合既可大大降低运营成本，提高组织业务竞争力，同时又可实现集中采购带来的资源利益，这也是加盟连锁物流企业进行业务整合的根本目的所在。

客户物流服务（包括国内物流服务和国外物流服务）、供应商的集中采购以及物流网开放式服务平台这三大有形资源是有效进行业务整合的关键资源，它们分别在物流市场链中的某一部分链条进行专业化经营，而且这些资源之间存在着很高的相互依存关系：每个资源的成功运营都离不开其他资源的支撑，同时又影响着其他资源未来的发展。从客户需求的角度分析，任何一个物流服务需求订单的完成都是要求在整个物流市场链上提供优质的物流服务，将这三大资源的业务功能连接在一起，恰好能涵盖客户对物流服务全过程的需求。因此，这三大资源的整合，即创造三大资源有机连接的运营机制将使加盟连锁物流企业中各自为政的、分离的业务单元（分支机构）凝结成一个整体，汇聚成合力，形成统一、强大完整的运营体系。而这个完整的操作体系将会为进一步整合社会资源，尤其是整合供应商（船公司、海关、商检、码头等）和直接客户的内部资源奠定基础，进而促进加盟连锁物流企业与供应商、客户之间形成更为紧密的伙伴关系，同时也能促进加盟连锁物流企业总部与分支机构有效地联合起来，形成统一的整体，实现共存共荣、共同发展、合作共赢的目标。

进行业务整合的根本就是要实现加盟连锁物流企业总部与各分支机构的良性互动合作，特别是在供应商资源和客户资源等方面一定要实现信息共享；否则，业务整合就很难进行下去，更谈不上合作共赢了。为此，在业务整合上必须充分把握好以下三个至关重要的方面：

（1）着眼未来。经营企业的根本不在于短期的盈利，更重要的是在于企业的长期成长。因此，应根据各分支机构的不同情况，制定一系列的合作原则，尽最大可能在业务合作、市场开发、资源共享等方面建立起利益协调机制，确保加盟连锁物流企业总部与分支机构共同获益的战略得以长久实现。

（2）开放心态。人生的态度决定事业的高度，心有多大，事业就会有多大。以开放的心态来看待自己的合作伙伴，把客户、供应商和分支机构看作企业的重要资源，是实现加盟连锁物流企业长远发展的基础。如果加盟连锁物流企业内部合作不能公开、透明，大家心里都藏着自己的私利，那么加盟连锁物流企业就无法以整体的优势去共同面对市场竞争的挑战。

（3）主动精神。加盟连锁物流企业的事业发展需要加盟连锁物流企业总部与各分支机构的共同努力。这种共同努力不仅是品牌的统一，也不仅是文化上的认知，还是战略执行的一致和坚定。这就意味着加入加盟连锁物流企业的企业（分支机构）都是企业的主人，在企业的发展过程中都应该以主人翁的精神，为企业的发展主动献计献策，真正做到国家兴亡，匹夫有责，企业发展，人人有责。

业务整合的对内结果就是，加盟连锁物流企业总部与各分支机构完成物流服务业务一体化，建立起统一的、强大的和完整的运营体系，确保实现集中采购的目标。而业务整合的对外结果就是，加盟连锁物流企业总部与各分支机构联合起来，资源共享、一致对外，构筑起加盟连锁物流企业的整体优势，以强劲的市场竞争能力为客户提供低成本的、高质量的、快捷的物流服务解决方案，成为“天天优质、天天低价”的物流行业领域里的“沃尔玛”。

“先做企业内部的业务整合，再做物流产业的整合”，应该是加盟连锁物流企业战略发展的基本方针。

五、以全信息管理为支持的电子商务

加强系统的管理效率是加盟连锁物流企业面临的一个关键性问题。实现高效的关键在于各物流环节之间的协同运作，而协同运作则必须要做到在整个加盟连锁物流企业链成员间建立起电子化的沟通渠道。一方面，以交叉理货为核心的各类现代化仓储设施所涉及的订单、发货单、装箱单和签收单等物流过程的信息处理要通过数字化处理来完成；另一方面，车辆、货物等在途信息也要以数字的形式始终与其他环节保持沟通。这样整个物流链成员间的业务流程将数据化、电子化，再通过有效的方式连接起来，实现物流信息的互动，整个物流系统将变成一个综合的、立体的、全方位的网络，物流将转化为灵活控制的信息流。显然要实现这个目标，就必须实现信息共享，整合所有的物流资源，而要做到这一点就必须要有一个全国性甚至是全球性的电子化的物流信息网络平台。借助于这个物流信息网络平台，可以让所有的用户（物流企业、制造企业、商业企业及消费者等）输入的资料都直接进入数据库，以便进行各种各样的数据处理，所有的数据可以永久储存，所有的用户都可以在这个平台上实现互动经营。

由此可见，如果没有网络技术的支持，加盟连锁物流发展模式是根本无法实现的，这么庞大的一个业务运营系统如果没有很好的信息化系统作支撑，其混乱程度是可想而知的。只有借助于以信息管理为基础的电子商务平台，才有可能实现内部的全信息共享和运输各环节的资源优化配置，提高效益，用以支持管理、支持服务、支持业务操作、支持资源整合、支持集中采购；同时，也才可能对客户实现全信息化的、标准化的物流服务，即能实现为顾客提供国际贸易、国际航运信息服务及货物运输业务网上受理、运输解决方案、网上单据传递、货物动态跟踪、电子报关、网上结算等在线业务，为顾客提供“一体化”的无缝服务。

要建立起这样一个有效的电子商务平台，必须做好以下几方面的工作：

首先，必须建立起一个合作平台，即建立一个电子商务与加盟连锁企业之间的整体网络，以提高加盟连锁物流企业之间的协作效率、信息处理能力和加强彼此间的信息沟通，实现实时管理，提高加盟企业间协同合作的能力和水平。

其次，必须开发出一个基于即时通信技术的商务交流工具，以建立起一个加盟企业间、加盟企业与客户间能更好地相互交流、相互合作的圈子，让所有的物流及相关行业的人士在这个大圈子里能够更好地交流合作，实现共同发展。这个

“商务交流工具”应该具有很强的针对性，且目标范围准确，能够更好地与客户、合作伙伴进行直接、便捷的商务交流。同时，还能够实现以下增值功能：一是按需定制，以满足用户的个性化需求；二是互联互通，能够与更大范围的客户和合作伙伴进行交流。

再次，必须实现加盟企业之间的信息协调。加盟连锁物流企业总部与加盟企业以及各加盟企业之间的信息协调是确保加盟连锁物流系统有效运作的核心问题之一，为此，加盟连锁物流企业总部必须做好统筹规划，即从基于“硬件”的信息协调、基于契约的协调及基于沟通和信任的协调等软件和硬件方面做好充分的准备。①

最后，必须实现物流信息的标准化。在物流实际运营中，必须经常对诸如运输安排调度，自动排定货物的分拣、装卸，运送车辆、线路的选择，用户通过电子商务平台所下的订单、网上支付，对货物的随时查找跟踪等物流管理中的各种信息进行自动分析和及时反馈处理。而要做到这一点就必须对与信息的收集、存储、加工、传递、显示等方面有关的技术、方法和规程进行标准化，只有这样才能保证信息在整个物流过程中畅通。

加盟连锁物流企业正是依托互联网，通过信息化管理，使得其分布在全球或全国不同地域的众多加盟企业和客户/客户企业就如同在一个大楼的众多房间里一样，任何业务都可以协调起来，实行一体化合作。

加盟连锁物流模式作为一种新型的、非常有效的集成化物流发展模式，它是借鉴商业连锁经营理念发展起来的一种网络型经营发展模式，具有快速聚集人才、快速聚集资金、快速聚集客户资源和快速实现做强做大等几方面的独特优势。但需要指出的是，加盟连锁物流企业不同于商业加盟连锁企业的运作可以独立面对市场，它必须是以整体的身份面对物流市场，它在每个物流流程环节需要不同的物流企业来完成特定的物流业务工作，以实现为顾客提供无缝化服务的目标。这就要求从事加盟连锁型运作的所有物流企业必须在一个品牌的基础上，实施在管理上集成化、在运作服务上标准化和在整个业务流程上规范化，这恰恰是集成化物流协同管理的要求。

总之，集成化物流协同管理模式作为一种新型的管理模式，为解决现代物流

① 舒辉．集成化物流——理论与方法［M］．北京：经济管理出版社，2005：183－184.

的“多式联运一体化”运作提供了一种新思路。它强调物流运作的协同和集成，强调信息的共享，从而实现物流服务一系列活动的一体化、可视化。集成是达到协同的一种方式，协同是面对复杂的市场时各个企业之间的协同一致，而基于网络的信息共享则是实现集成化物流协同管理的技术基础。

本章小结

集成化物流协同管理主要研究集成化物流在处于变革阶段或“临界点”状态时如何通过施加一定的管理而产生主宰系统发展的序参量，使系统走向有序化而实现协同管理效应。因此，系统的不稳定性、序参量管理和反馈管理是集成化物流协同管理模式设计的基本内容。目的性原则、非线性原则、优化性原则、互动性原则、支配性原则、同步性原则是模式设计时应遵循的基本原则。

确认协同管理目标、审视集成化物流运行状况、评估集成化物流现实发展水平与协同管理目标之间的差距、运用协同管理缩短差距、通过序参量管理实现协同管理、结果反馈是集成化物流协同管理模式设计的一般思路。

基于规则与流程相结合的协同管理控制模式是一种比较有效的集成化物流协同管理模式，对具体的物流业务运作过程采用基于流程的管理控制方式，对成员企业及物流服务采用基于规则的管理控制方式是该模式的本质特征。完善的管理制度体系、一定的内外部环境支持、良好的联结纽带、优良的信息协调、可行的评价体系是实施基于规则与流程相结合的管理控制的基本要点。

加盟连锁物流模式是一种非常适应我国物流产业现状的新型的集成化物流协同管理模式，其核心内容是以加盟连锁为手段的实体网络布局、以资源力量为工具的加盟企业控制、以基于规则与流程相结合为方式的加盟企业管理、以业务整合为核心的集中采购、以全信息管理为支持的电子商务。

第九章　结论与展望

经过近几十年的迅猛发展，现代物流的内涵不断扩展，技术和管理水平不断提升，服务功能不断完善，正向一个完全新型的集成化、协同化、全球化的多功能物流服务体系发展。而集成化物流作为一种新型的物流整合形式，已经越来越受到学界与实业界的关注，从本质上来说，集成化物流所要实现的无非是资源的整合和信息的共享。如何才能真正地做到，需要实现集成化物流的协同管理，因为要做到有效地整合物流资源，需要有新的思想、新的概念、新的结构、新的模式，更需要有先进的管理理念和科学技术的支撑。整合物流资源必须要有一个系统的管理设计，必须按一定的逻辑、比例关系正确地确定各组成要素的位置、数量与功能，并通过加强对每个节点的沟通与控制来实现一体化运行，这正是实施集成化物流协同管理的根本所在。然而如何才能做到更快、更有效地促进集成化物流的协同管理，这就需要深入地研究集成化物流协同管理的协同机理及其实现模式。所以，正确地认识与把握集成化物流协同管理的演化规律，对加速整合物流资源、培养企业核心能力、实行优势互补、提高物流企业整体竞争力无疑具有重要的理论价值和现实意义。

一、基本结论

本书是在对国内外大量文献进行检索的基础上，通过归纳总结前人对物流管理、供应链管理、协同管理理论的研究成果，并综合国家自然基金课题“集成化物流的协同管理研究（70562002）”已经取得的研究成果，针对前期研究已经解决的问题和有待继续深入探索的工作，最终集中起来进行深入系统的研究所形成的。概述本书研究的理论成果，可得出这样一些基本结论：

（1）集成化物流系统的管理实质上是跨企业的协同管理，是通过建立“竞争→协作→协调→协同”的协同运行机制，使物流供应链环节中的各成员企业产生和谐关系，形成一个紧密的自组织体系。在成员企业间构建起“和谐关系”是集成化物流协同管理的核心范畴，而形成关系、改善关系和改变关系则是协同管理的本质。从成员关系程度演进的角度来看，集成化物流协同管理的演化发展大致需要经历“竞争→协作→协调→协同”阶段，其中“协作→协调→协同”是三个基本相变过程，各相变过程具有各不相同的显著特点。集成化物流协同管理的内容主要涉及物流观念协同管理、物流信息协同管理、物流资源协同管理、物流技术协同管理、物流流程协同管理、物流制度协同管理等方面。

（2）协同学理论适用于对集成化物流的协同机理分析。作为一个社会经济开放型自组织系统的集成化物流，既具有实体的复杂性、结构的复杂性、环节之间交互作用的复杂性等特性，也具有开放性、“竞协”性、层次性、非线性、随机性等一般自组织系统的特征，同时还具有主观能动性、自组织程度自我决定性、环境“适应”和“选择”能动性等独特特征。由于集成化物流是一个非线性系统，所以，自组织过程、以自组织涨落为动力、以序参量为决定因素、以相变为协同演化进程的标志等可用于对集成化物流的协同学描述。从本质上来说，集成化物流系统的协同演化过程就是其原有结构稳定性的丧失和新的有序结构建立的过程，借助于自组织演化模型，可实现对集成化物流系统的自组织演化过程的量化描述，其中集成化物流系统的势函数是分析、判断系统是否处于“协作”、“协调”、“协同”管理态势的有效工具。需要注意的是，在集成化物流系统的演化过程中，外部宏观随机涨落力的作用是不可忽视的，特别是在分岔点时，系统的演化方向是由随机涨落力来决定的。

（3）集成化物流系统协同管理的演化是分层次的，即只有在战略层、策略层、作业层协同管理已经实现后，才能实现整个系统的协同管理。

战略层协同管理是集成化物流系统最高层次的协同管理，主要涉及集成化物流系统协同管理的框架性、整体性、远景性问题，其所关注的是有关虚拟利润（战略价值）、核心能力、资源互补性、企业文化相容度等方面的内容。从状态参量的角度来看，虚拟利润（战略价值）、企业文化相容度是集成化物流战略层协同管理的序参量。借助于双序参量自组织模型可知，在“竞争→协作”和“协作→协调”相变阶段，虚拟利润是主导力量，企业文化相容度是辅助力量；而在“协调→协同”相变阶段，则企业文化相容度是主导序参量，虚拟利润（战略价值）为辅助序参量。

策略层协同管理是集成化物流系统中间层次的协同管理，主要涉及集成化物流系统协同管理的战术性问题，其所关注的是有关信息共享度、资源整合能力、组织沟通能力、协同反应能力、标准化程度、资源投入强度、契约满意度（满意契约）等方面的内容。策略层协同管理演化属于单序参量协同演化，借助单序参量协同演化模型分析可发现，序参量协同反应能力在“竞争→协作”、“协作→协调”、“协调→协同”三个相变过程中都发挥着主导功能。

作业层协同管理是集成化物流系统最低层次的协同管理，主要涉及集成化物流系统协同管理的技巧性问题，其所关注的是有关作业规则/标准、物流效率、物流成本、服务可靠性、服务响应性、业务数据交换效率等方面的内容。作业层协同管理演化也属于双序参量协同演化，由模型分析可知，在“竞争→协作”阶段，业务数据交换效率是主要力量，而作业规则/标准的作用很小；在“协作→协调”阶段，业务数据交换效率起主导作用，作业规则/标准起辅助性作用；在“协调→协同”阶段，作业规则/标准为主导序参量，业务数据交换效率为辅助序参量。

（4）集成化物流系统协同管理的框架结构包含战略层、策略层、作业层和技术层四个层次。战略层属于集成化物流系统的指挥中枢，主要负责统筹规划整个物流系统的物流流程，控制和协调各成员企业间的运作，并负责制定统一的服务标准、操作规程、管理规范等；策略层主要负责管理、协调和控制各操作中心、成员企业间的运作联系及其具体事务筹划；作业层主要根据指挥中心的指令，遵照作业标准要求，执行诸如运输、仓储、装卸、包装、配送、流通加工等具体的物流功能；技术层主要是提供包括软件技术和硬件技术的支撑工作，是集成化物流系统实施协同管理的后台。为确保集成化物流系统正常运作，诸如合作机制、激励与约束机制，以及包括作业流程规范、质量评价标准、信息共享机制等在内的基础规范都是不可或缺的。

（5）实施协同管理需要一定的前提条件和基础保障。柔性化、集成化、信息化、协调化是集成化物流实施协同管理的基本运行条件，战略支撑、技术支撑和契约支撑是基本保障。战略支撑体系主要包括明确的支撑服务对象、核心能力、组织转型和整体优化四方面的内容，其中核心能力的互补性和集成性是集成化物流协同管理成功运行的重要战略支撑条件之一，而组织转型则是集成化物流协同管理有效运作的组织保障；信息技术与管理技术是支撑集成化物流协同运作最重要的技术支撑体系；契约支撑体系是保障集成化物流协同管理有效实施的基石。

（6）集成化物流协同管理模式具有多样性。就一般意义而言，集成化物流协同管理模式设计的内容涉及三个层面，即系统的不稳定性、序参量管理和反馈管理。在进行模式设计时，目的性原则、非线性原则、优化性原则、互动性原则、支配性原则、同步性原则等是应遵循的基本原则，模式的构建思路一般包括确认协同管理目标、审视集成化物流运行状况、评估集成化物流现实发展水平与协同管理目标之间的差距、运用协同管理缩短差距、通过序参量管理实现协同管理、结果反馈六个基本方面。对具体的物流业务运作过程采用基于流程的管理控制方式，对成员企业及物流服务采用基于规则的管理控制方式是基于规则与流程相结合的协同管理控制模式的本质特征，而完善的管理制度体系、一定的内外部环境支持、良好的联结纽带、优良的信息协调、可行的评价体系是实施该模式的基本要点。以加盟连锁为手段的实体网络布局、以资源力量为工具的加盟企业控制、以基于规则与流程相结合为方式的加盟企业管理、以业务整合为核心的集中采购、以全信息管理为支持的电子商务是加盟连锁物流模式的核心内容，它是一种非常适应我国物流产业发展的集成化物流协同管理模式。

二、研究展望

尽管本书以“集成化物流”为研究对象，针对其协同管理内涵、协同管理演化机理、协同管理框架体系与支撑体系、协同管理模式等内容进行了大量的研究工作，也取得了一些研究进展，但依然有许多方面的研究问题需要进行进一步的细化和深化。笔者认为，目前至少有以下几方面的内容值得进一步探讨：

（1）集成化物流/物流服务供应链协同管理的实现机制问题。任何新型管理体系与模式的建立并不是一蹴而就的，需要经历一个较为漫长的过程，集成化物流/物流服务供应链协同管理的实现也不例外。从集成化物流协同管理“竞争→协作→协调→协同”的发展演化进程看，其协同管理的实现机制至少需要涉及协同管理的形成机制、运行机制方面的问题。而这两方面问题的解决，将有助于为我国物流产业整合现有物流资源、优化产业结构以及结构升级、创新物流管理模式提供理论导向。

（2）集成化物流/物流服务供应链有效实施协同管理的途径、方式与策略。

集成化物流/物流服务供应链作为一个组织化和有序化程度更高的人类社会子系统，是一个组织化的连续统一体，能够通过“有意识的管理”这一自组织的更高形式，通过“竞争→协作→协调→协同”的运行过程，“自觉地”实现从无序性的结构到有序性的结构，从低层次的有序性结构再到更高层次的有序性结构，从而实现集成化物流/物流服务供应链结构和功能的整体跃迁。然而，这个整体跃迁过程往往是在诸多条件齐备时才能产生，仅靠集成化物流/物流服务供应链的自身力量去达到这些条件可能需要漫长的时间，甚至是不可能的。若借助于他组织的力量具备这些条件，则能够加快这个整体跃迁过程，避免集成化物流/物流服务供应链盲目的自组织过程大量多余的曲折，因此，将自组织和他组织结合起来可能是一条不错的途径。那么，探讨促进集成化物流/物流服务供应链有效实施协同管理的自组织策略、他组织策略，是一个值得进一步深究的问题。

（3）集成化物流/物流服务供应链协同管理中成员企业的利益分配与补偿机制问题。集成化物流协同管理的最终目标就是实现物流服务供应链上各个节点企业都能同时做到“要停则停，要流则流”的物流服务境界。然而，集成化物流系统所提供的物流服务能否最终达到客户满意的要求，并不是由一个物流环节（如运输、储存、流通加工）所决定的，而是由整个物流供应链上所有相关成员共同努力的行为所决定的。所以，系统成员企业能否真正做到“舍小我，保大我”就成为了一个关键问题，在物流供应链各个节点企业间建立起“利益共享、责任共担”的利益分配与补偿机制可能是较好的解决方案之一。那么，这种“利益共享、责任共担”的利益分配与补偿机制应该是一个怎样的内在构成，是值得未来进一步深入探讨的领域。

（4）集成化物流/物流服务供应链协同管理的实证性研究问题。本书借用协同学理论构建起集成化物流协同管理自组织协同演化模型，用以对战略层协同管理、策略层协同管理、作业层协同管理的演化过程进行分析，以清晰地描述各层次的序参量是如何支配该层次自组织的，这可为企业有效采用他组织手段，促使系统提升协同程度提供决策支持。然而，这仅是本书在理论层面的探讨成果，其真实性还有待于通过实证研究进一步验证与完善。

附　　录

物流服务供应链关键状态参量调研问卷

尊敬的女士/先生：

您好！本研究目的在于识别物流服务供应链协同管理的关键状态参量。贵公司作为物流服务供应链上的重要成员，在物流服务供应链运作过程中起着非常重要的作用。因此，企业对于物流服务供应链协同状态参量的意见对我们的研究非常重要。希望您能根据企业的实际情况，对物流服务供应链协同的各个状态参量的重要性程度进行打分。本研究所获得的所有数据将仅作为学术研究使用。

衷心感谢您的合作与支持！祝工作顺利、万事如意！

江西财经大学工商管理学院

一、基本信息

1. 企业名称（可不填）：________________

2. 企业所有制性质：

A. 国有控股　B. 民营　C. 外商独资　D. 中外合资　E. 其他

3. 企业在供应链中的功能定位：

A. 运输　B. 仓储　C. 配送　D. 技术支持　E. 全能

F. 其他

4. 企业规模（人数）：

A. 1 ~ 50　B. 51 ~ 200　C. 201 ~ 500　D. 501 ~ 1000　E. 1000 以上

5. 您的职务级别：

A. 企业高层　B. 企业中层　C. 企业基层　D. 普通员工

填表说明：本问卷采用 Likert 五级量表，数字 1～5 分别表示该状态参量非常不重要、比较不重要、一般、比较重要以及非常重要。请您仔细阅读下文给出的物流服务供应链协同以及状态参量的定义，并根据您的理解判断各个状态参量对评价物流服务供应链协同状态的重要性程度。

概念界定：物流服务供应链协同是指具有共同目标的供应链各节点企业为了获得"1+1>2"的优势放大效应，通过密切合作建立长期合作伙伴关系的过程。物流服务供应链协同包括相互独立的供应链合作伙伴之间目标一致、信息共享、能力互补、共同决策、资源共享以及建立激励联盟等。

状态参量体系是描述系统状态和特性的一组完备而关键的变量，通过描述这组变量就能够描述出系统的状态。

二、战略层

1. 虚拟利润（战略价值）

A. 非常重要　B. 比较重要　C. 一般　D. 比较不重要　E. 非常不重要

2. 核心能力

A. 非常重要　B. 比较重要　C. 一般　D. 比较不重要　E. 非常不重要

3. 资源互补性

A. 非常重要　B. 比较重要　C. 一般　D. 比较不重要　E. 非常不重要

4. 企业文化相容度

A. 非常重要　B. 比较重要　C. 一般　D. 比较不重要　E. 非常不重要

5. 利益分配机制

A. 非常重要　B. 比较重要　C. 一般　D. 比较不重要　E. 非常不重要

6. 合作伙伴关系

A. 非常重要　B. 比较重要　C. 一般　D. 比较不重要　E. 非常不重要

三、策略层

1. 信息共享度

A. 非常重要　B. 比较重要　C. 一般　D. 比较不重要　E. 非常不重要

2. 资源整合能力

A. 非常重要　B. 比较重要　C. 一般　D. 比较不重要　E. 非常不重要

3. 组织沟通能力

A. 非常重要　B. 比较重要　C. 一般　D. 比较不重要　E. 非常不重要

4. 协同反应能力

A. 非常重要　B. 比较重要　C. 一般　D. 比较不重要　E. 非常不重要

5. 标准化程度

A. 非常重要　B. 比较重要　C. 一般　D. 比较不重要　E. 非常不重要

6. 资源投入强度

A. 非常重要　B. 比较重要　C. 一般　D. 比较不重要　E. 非常不重要

7. 契约满意度（满意契约）

A. 非常重要　B. 比较重要　C. 一般　D. 比较不重要　E. 非常不重要

四、作业层

1. 作业规则/标准

A. 非常重要　B. 比较重要　C. 一般　D. 比较不重要　E. 非常不重要

2. 物流效率

A. 非常重要　B. 比较重要　C. 一般　D. 比较不重要　E. 非常不重要

3. 物流成本

A. 非常重要　B. 比较重要　C. 一般　D. 比较不重要　E. 非常不重要

4. 服务可靠性

A. 非常重要　B. 比较重要　C. 一般　D. 比较不重要　E. 非常不重要

5. 服务响应性

A. 非常重要　B. 比较重要　C. 一般　D. 比较不重要　E. 非常不重要

6. 业务数据交换效率（信息处理能力）

A. 非常重要　B. 比较重要　C. 一般　D. 比较不重要　E. 非常不重要

再次感谢您对本调查的参与！

参考文献

一、中文文献

［1］H. 哈肯．高等协同学［M］．郭治安译．北京：科学出版社，1989.

［2］H. 哈肯．协同学——引论物理学、化学和生物学中的非平衡相变和自组织［M］．徐锡申，陈式刚，陈雅琛等译．北京：原子能出版社，1984.

［3］安德鲁·坎贝尔，凯瑟琳·萨姆斯·卢克斯．战略协同［M］．任通海，龙大伟译．北京：机械工业出版社，2000.

［4］包文娟．供应链系统序参量识别研究［D］．大连理工大学硕士学位论文，2014.

［5］贝塔朗菲．一般系统论［M］．秋同，袁嘉新译．北京：社会科学文献出版社，1987.

［6］蔡淑琴，梁静．供应链协同与信息共享的关联研究［J］．管理学报，2007，4（2）：157－162.

［7］陈淮莉，张洁，马登哲．基于成本和时间平衡优化的供应链协同计划研究［J］．计算机集成制造系统，2004（11）：1518－1522.

［8］陈建华，马士华．基于 DBR 系统的敏捷供应链协同机制［J］．工业工程与管理，2005（5）：27－34.

［9］陈久梅．基于粗集理论的供应链协同效果评价［J］．统计与决策，2007（22）：170－172.

［10］陈钦兰．供应链中企业合作协同的战略因素研究［J］．山西财经大学学报，2007（3）：83－88.

［11］程赐胜，蒲云虎，吴颖．集成化物流选址——路径问题优化模型的算法研究［J］．中南林业科技大学学报，2008，28（10）：113－117.

［12］程世平．基于因子分析的物流能力评价指标研究［J］．商场现代化，2008（4）：31－32.

［13］丁蕊．基于物流服务供应链模式的供应商选择研究［J］．物流科技，2009（11）：40－42.

［14］董超．邮政物流协同管理运作模式研究［D］．江西财经大学硕士学位论文，2009.

［15］董绍辉，张志清，西宝．供应链协同需求预测机制研究［J］．运筹与管理，2010（05）：66－70.

［16］范明，汤学俊．企业可持续成长的自组织研究——一个一般框架及其对中国企业可持续增长的应用分析［J］．管理世界，2004（10）：107－113.

［17］付蓬勃，吕永波，任远，王永明．供应链协同管理模式下的信息共享机制研究［J］．物流技术，2007（6）：88－93.

［18］付秋芳，赵淑雄，基于多目标二层规划的服务供应链服务能力协同决策模型［J］．中国管理科学，2012（12）：61－69.

［19］葛亮，张翠华．供应链协同技术与方法的发展［J］．企业管理，2005（6）：151－156.

［20］桂云苗．需求不确定下物流服务供应链协调［J］．计算机集成制造系统，2009（12）：2412－2417.

［21］郭俊华．并购企业知识资本协同理论研究［M］．上海：华东师范大学出版社，2004.

［22］郭梅．基于模糊粗糙集的物流服务供应链绩效评价［J］．系统工程，2007（7）：48－52.

［23］韩亚欣．供应链协同要素分析及方法选择［J］．CAO/C AM 与制造业信息化，2006（11）：23－25.

［24］郝海，仲从友，时洪浩．不对称信息下两阶段供应链的协同机制［J］．物流科技，2007（12）：94－96.

［25］何明柯．物流系统论［M］．北京：中国审计出版社，2001.

［26］何旭兰．集成化物流协同管理的战略支撑体系研究［D］．江西财经大学硕士学位论文，2007.

［27］赫尔曼·哈肯．协同学：大自然构成的奥秘［M］．凌复伟译．上海：

上海译文出版社，2001.

［28］侯汉平，徐寿波．X方物流分形协同机理与控制研究［J］．物流技术，2006（9）：5－11.

［29］黄琦．供应链成本管理体系研究［D］．江西财经大学硕士学位论文，2006.

［30］黄旭军．基于供应链环境的汽车制造企业同步化物流研究［D］．江西财经大学硕士学位论文，2006.

［31］黄媛媛．供应链协同管理的研究［D］．武汉大学硕士学位论文，2005.

［32］霍红，林青．基于灰关联熵的物流服务供应链绩效评价［J］．物流工程与管理，2012（9）：67－70.

［33］贾广敏．企业战略协同应用研究［J］．价值工程，2013（8）：164－166.

［34］姜振环，高伟光等．软科学方法［M］．哈尔滨：黑龙江教育出版社，1994.

［35］蒋明琳，舒辉，林晓伟．农产品物流云服务协同管理体系研究［J］．中央财经大学学报，2015（4）：73－79.

［36］李朝霞．企业进化机制研究［M］．北京：北京图书馆出版社，2001.

［37］李宏贵．中国企业借鉴协同战略理论研究［J］．现代经济，2007，6（5）：71－73.

［38］李靖．基于绝热消去法的物流网络协同序参量甄别研究［J］．统计与决策，2012（7）：183－185.

［39］李勇，杨秀苔，张异等．论供应链管理中的战略协同［J］．经济与管理，2004（4）：57－60.

［40］李勇，张异，杨秀苔等．供应链中制造商——供应商合作研发博弈模型［J］．系统工程学报，2006，20（1）：12－18.

［41］林晓伟，舒辉，陈明．集成化物流资源整合的协同框架分析［J］．经济管理，2011（2）：147－152.

［42］林晓伟．基于并购整合的物流企业资源系统协同研究［D］．江西财经大学博士学位论文，2011.

［43］刘建波，李柏洲．企业进化系统的序参量探讨［J］．中国科技论坛，2005（4）：85－87.

［44］刘伟华．物流服务供应链能力合作的协调研究［D］．上海交通大学博士学位论文，2007.

［45］陆杉，高阳．供应链的协同合作：基于商业生态系统的分析［J］．管理世界，2007（5）：160－161.

［46］吕晖，叶飞，强瑞．供应链资源依赖、信任及关系承诺对信息协同的影响［J］．工业工程与管理，2011（6）：7－15.

［47］马翠华．基于能力合作的物流服务供应链协同机制研究［J］．中国流通经济，2009（2）：24－27.

［48］马士华，关旭．第三方资金流提供商的采购协同问题研究［J］．工业工程与管理，2009（3）：1－6.

［49］苗东升．系统科学精要［M］．北京：中国人民大学出版社，2006.

［50］潘开灵，白列湖．管理协同机制研究［J］．系统科学学报，2006（1）：25－28.

［51］潘开灵，白列湖．管理协同理论及其应用［M］．北京：经济管理出版社，2006.

［52］庞永．基于序参量的企业协同趋向分析［J］．中国管理信息化，2007（11）：49－51.

［53］戚文婷．集成化物流协同管理运行的契约体系研究［D］．江西财经大学硕士学位论文，2008.

［54］齐秀辉．基于生命周期企业协同能力形成的序参量分析［J］．现代管理科学，2009（11）：81－82.

［55］秦荪涛，李承娟．基于多智能体的供应链协同机制研究［J］．科学管理研究，2004（6）：60－62.

［56］邱国栋，白景坤．价值生成分析：一个协同效应的理论框架［J］．中国工业经济，2007，24（6）：88－95.

［57］饶智勇，温荣生．基于协同神经网络的集成化物流演化的预测模型［J］．科技资讯，2007（35）：97－98.

［58］沈小峰，胡岗，姜璐．耗散结构论［M］．上海：上海人民出版

社，1987.

［59］沈小平. 基于自组织的供应链战略协同机制探讨［J］. 系统科学学报，2011（4）：17－18.

［60］舒辉，何旭兰. 集成化物流的协同管理模式研究［J］. 科技管理研究，2008（9）：44－49.

［61］舒辉，李建军. 物流负外部性及其政府规制［J］. 中央财经大学学报，2013（1）：58－64.

［62］舒辉，李欣蕾. 区域物流发展模式选择的工作机制与调控探析［J］. 经济问题探索，2011（7）：33－37 .

［63］舒辉，林晓伟，蒋明琳. 基于区域货运枢纽的多功能服务型物流运作模式［J］. 现代管理科学，2009（12）：52－54.

［64］舒辉，林晓伟. 集成化物流是现代物流企业的发展取向［N］. 中国社会科学报，2011－04－21.

［65］舒辉，林晓伟. 集成化物流资源整合的序参量分析［J］. 当代财经，2011（6）：77－82.

［66］舒辉，唐洪雷. 集成化物流协同管理的机理探讨［J］. 当代财经，2008（9）：73－77.

［67］舒辉，卫春丽. 农户参与农产品物流金融的模式研究［J］. 中国流通经济，2014（2）：114－120.

［68］舒辉，钟杰. 基于学习竞争模型的集成化物流系统协同演化［J］. 复旦学报，2007（4）：532－536.

［69］舒辉，周熙登，林晓伟. 物流产业集聚与全要素生产率增长——基于省域数据的空间计量分析［J］. 中央财经大学学报，2014（3）：98－105.

［70］舒辉，周熙登. 基于集成视角的农产品物流系统协同机理［J］. 中国流通经济，2013（8）：34－38.

［71］舒辉，周熙登. 江西省农产品邮政物流模式构建［J］. 农业经济与管理，2014（2）：53－58.

［72］舒辉，周熙登. 区域物流产业总体发展模式初探［J］. 中国流通经济，2010（9）：22－25.

［73］舒辉，朱力. 基于闭环供应链的农产品逆向物流研究［J］. 统计与决

策，2011（8）：65－67.

［74］舒辉．集成化物流——理论与方法［M］．北京：经济管理出版社，2005.

［75］舒辉．集成化物流的管理控制模式探讨［J］．商业经济与管理，2007（2）：17－22.

［76］舒辉．集成化物流研究［D］．江西财经大学博士学位论文，2004.

［77］舒辉．集成化物流运作模式的探讨［J］．经济管理（新管理），2005（4）：50－56.

［78］舒辉．加速我国现代物流业发展的整合模式［J］．中国流通经济，2005（8）：14－17.

［79］舒辉．论集成化物流的组织结构［J］．科技进步与对策，2004（5）：100－102.

［80］舒辉．论现代物流的资源整合［J］．郑州航空工业管理学院学报（管理科学版），2004（12）：86－88.

［81］舒辉．论政府在推进中国现代物流发展中的定位［J］．管理观察，2008（9）：73－77.

［82］舒辉．区域物流发展模式选择影响要素分析［J］．当代财经，2010（12）：71－75.

［83］舒辉．试论集成化物流的管理模式［J］．当代财经，2006（7）：101－104.

［84］舒辉．试论集成化物流的协同管理［J］．标准科学，2009（10）：13－17.

［85］舒辉．完善我国物流基础平台的对策探讨［J］．中国标准化，2003（3）：24－26.

［86］舒辉．我国物流产业发展的瓶颈问题探讨［J］．江苏商论，2003（6）：11－12.

［87］舒辉．影响物流标准化发展的四大问题［J］．江西财经大学学报，2003（5）：37－38.

［88］舒辉．政府对物流产业管制问题的探讨［J］．商业研究，2004（12）：179－181.

[89] 舒辉. 制约我国物流企业做大做强的三大要素 [J]. 江苏商论, 2005 (4): 37-38.

[90] 舒辉. 中国物流企业的成长模式 [J]. 改革, 2005 (8): 88-93.

[91] 舒辉. 中国物流企业快速发展的新思路 [J]. 当代财经, 2007 (5): 56-61.

[92] 舒彤. 供应链协同的供应商选择与销售预测 [M]. 长沙: 湖南大学出版社, 2009.

[93] 孙斌. 产业集群创新系统的序参量研究 [J]. 统计与决策, 2009, 282 (6): 140-142.

[94] 孙永军, 郑水英, 潘晓弘等. 协同生产管理中生产资源集成化建模方法 [J]. 中国机械工程, 2003 (12): 2102-2105.

[95] 唐洪雷. 集成化物流系统协同演化机制的研究 [D]. 江西财经大学硕士学位论文, 2007.

[96] 唐晓波, 黄圆媛. 协同学在供应链协同中的应用研究 [J]. 情报杂志, 2005 (8): 75-77.

[97] 王贵友. 从混沌到有序——协同学简介 [M]. 武汉: 湖北人民出版社, 1987.

[98] 王汉君. 冷链物流协同选择与序参量计算模型 [J]. 求索, 2010 (11): 24-26.

[99] 王红梅, 史成东. 供应链协同管理的绩效评估 [J]. 计算机工程与应用, 2009 (1): 234-237.

[100] 王雨田. 控制论、信息论、系统科学与哲学 [M]. 北京: 中国人民大学出版社, 1986.

[101] 魏宏森, 曾国屏. 系统论——系统科学哲学 [M]. 北京: 清华大学出版社, 1995.

[102] 沃德·汉森. 网络营销原理 [M]. 成湘洲译. 北京: 华夏出版社, 2001.

[103] 吴大进. 协同学原理和应用 [M]. 武汉: 华中理工大学出版社, 1990.

[104] 吴建华. 传化股份的供应链协同管理 [J]. 企业管理, 2012 (11):

72 - 74.

[105] 吴今培，李学伟. 系统科学发展概论 [M]. 北京：清华大学出版社，2010.

[106] 吴彤. 自组织方法论研究 [M]. 北京：清华大学出版社，2001.

[107] 吴先金，梁培植. 供应链协同机制设计探讨 [J]. 中国市场，2008 (2)：126 - 128.

[108] 夏锦文，舒辉. 基于集成化物流核心能力的协同管理分析 [J]. 科技管理研究，2008 (7)：266 - 268.

[109] 夏锦文，舒辉. 集成化物流的信息共享模式研究 [J]. 情报杂志，2008 (2)：46 - 49.

[110] 夏锦文，舒辉. 物流系统演化的协同学分析 [J]. 商业研究，2009 (12)：190 - 192.

[111] 肖敏. 供应链金融的协同管理研究 [D]. 江西财经大学硕士学位论文，2008.

[112] 徐浩鸣，康姝丽，徐建中. 面向客户的中国企业供应链纵向协同研究 [J]. 工业技术经济，2003 (3)：67 - 72.

[113] 许金立，张明玉. 农产品供应链协同机制研究 [J]. 管理现代化，2011 (2)：49 - 53.

[114] 薛红，薛军. 连锁零售企业精益物流供应链协同管理综合绩效评价 [J]. 中国物流与采购，2012 (21)：66 - 67.

[115] 鄢飞，董千里. 物流服务供应链节点协同关系及生长演化机理分析 [J]. 北京交通大学学报（社会科学版），2012 (10)：58 - 64.

[116] 鄢飞，董千里. 物流服务供应链协同运作机理分析 [J]. 统计与信息论坛，2009 (8)：53 - 58.

[117] 杨浩军. 第三方物流服务质量评价指标体系构建之我见——基于供应链管理视角 [J]. 技术与市场，2009 (11)：30 - 33.

[118] 杨瑾，尤建新，蔡依平. 供应链企业在协同知识创造中的合作决策研究 [J]. 科学学与科学技术管理，2006，27 (4)：149 - 154.

[119] 杨文涛. 物流企业的协同发展 [J]. 物流技术，2003 (3)：24 - 25.

[120] 叶金国. 技术创新系统自组织论 [M]. 北京：中国社会科学出版

社，2006.

［121］伊·普里戈金，伊·斯唐热．从混沌到有序：人与自然的新对话［M］．曾庆宏，沈小峰译．上海：上海译文出版社，1987.

［122］于海斌，朱云龙．协同制造［M］．北京：清华大学出版社，2004：45－131.

［123］于辉，陈飞平．基于供应链协同的汽车制造企业入厂物流模式选择［J］．系统工程理论与实践，2011（7）：1230－1239.

［124］余力，左美云．协同管理模式理论框架研究［J］．中国人民大学学报，2006（3）：68－73.

［125］俞燕．基于多代理系统的供应链协同机制研究［J］．物流技术，2008（1）：75－77.

［126］曾健，张一方．社会协同学［M］．北京：科学出版社，2000.

［127］曾文杰，马士华．供应链合作关系相关因素对协同的影响研究［J］．工业工程与管理，2010（2）：1－7.

［128］曾文杰．基于合作伙伴关系的供应链协同影响因素研究［D］．华中科技大学博士学位论文，2011.

［129］张辰彦．物流服务供应链协同问题探讨［J］．科技与管理，2007（5）：33－37.

［130］张翠华，任金玉，于海斌．供应链协同管理的研究进展［J］．系统工程，2005，23（4）：1－6.

［131］张翠华，任金玉．新一代的供应链战略：协同供应链［J］．东北大学学报，2005（11）：57－60.

［132］张翠华，周红，赵森．供应链协同的因素模型及对我国的启示［J］．现代管理科学，2005（6）：53－54.

［133］张翠华．非对称信息下基于惩罚和奖励的供应链协同机制［J］．中国管理科学，2006（3）：32－37.

［134］张家明．基于多智能体的制造联盟协同采购体系研究［J］．武汉理工大学学报，2009（10）：137－139.

［135］张令荣．供应链协同度评价模型研究［D］．大连理工大学博士学位论文，2011.

［136］张文修，吴伟志等．粗糙集理论与方法［M］．北京：科学出版社，2006.

［137］张修志，夏志杰，黄立平．基于 EIP 的供应链信息共享模式研究[J].情报杂志，2007（3）：61 –63.

［138］郑红玲，鲁丽丽．协同物流的内涵及效应研究［J］．合作经济与科技，2010（6）：94 –96.

［139］钟杰．集成化物流协同管理模式研究［D］．江西财经大学硕士学位论文，2007.

［140］钟祖昌．供应链子系统协同机制［J］．中国物流与采购，2008（2）：66 –67.

［141］周金宏，汪定伟．分布式多工厂、多分销商的供应链生产计划模型［J］．信息与控制，2001，30（2）：169 –172.

［142］周玫，仲昇．试论集成化物流协同管理系统的目标体系设计［J］．企业经济，2009（3）：39 –41.

［143］邹辉霞．供应链协同管理——理论与方法［M］．北京：北京大学出版社，2007.

二、英文文献

［1］Ansoff H. I. Corparate Strategy［M］. Penguin Books，1987.

［2］A. V. Lukanin. Linguistic Synergetics and Neural Network Approach［J］. Automatic Documentation and Mathematical Linguistics，2008，42（2）：103 –106.

［3］Bernhard J. Angerhofer，Marios C. Angelides. A Model and a Performance Measurement System for Collaborative Supply Chains［J］. Decision Support Systems，2006（42）：283 –301.

［4］Bhattacharjee S.，Ramesh R. A Multi – period Profit Maximizing Model for Retail Supply Chain Management：An Integration of Demand and Supply – side Mechanisms［J］. European Journal of Operational Rcscarch，2000（122）：584 –601.

［5］Bikram K. Bahinipati，Arun Kanda，S. G. Deshmukh. Horizontal Collaboration in Semiconductor Manufacturing Industry Supply Chain：An Evaluation of Collaboration Intensity Index［J］. Computers & Industrial Engineering，2009（57）：880 –

895.

[6] Bowersox D. J. , Closs D. J. , Stank T. P. How to Master Cross – Enterprise Collaboration [J] . Supply Chain Management Review, 2003, 7 (4): 18 –27.

[7] Brian Fugate, F. Sahin, J. T. Mentzer. Supply Chain Management Coordination Mechanisms [J] . Journal of Business Logistics, 2006, 27 (2): 129 –161.

[8] Chen Frank, Drezner Zvi, Ryan K. Jennifer. Quantifying the Bullwhip Effect in a Simple Supply Chain: The Impact of Forecasting, Lead Times, and Information [J] . Management Science, 2000 (46): 123 –129.

[9] Cui Lianguang, Hertz S. Networks and Capabilities as Characteristics of Logistics Firms [J] . Industrial Marketing Management, 2011, 40 (6) : 1004 –1011.

[10] Dirk de Wart, Steve Kremper. 5 Steps to Service Supply Chain Excellence [J] . Supply Chain Management Review, 2004 (1): 28 –36.

[11] Ellram L. M. , Hendrick T. E. Partnering Characteristics: A Dyadic Perspective [J] . Journal of Business Logistics, 1995 (16): 41.

[12] F. Haghighat. The Impact of Information Technology on Coordination Mechanisms of Supply Chain [J] . World Applied Sciences Journal, 2008 (3): 74 –81.

[13] Haken H. Information and Self – organization [M] . New York: Springer – Verlag, 1998.

[14] Helo P. T. Dynamic Modeling of Surge Effect and Capacity Limitation in Supply Chains [J] . International Journal of Production Research, 2000, 38 (17): 4521 –4533.

[15] Hui Shu, Li Wei, Xideng Zhou. An Optimal Policy for Two – stage Imperfect Production System with Random Machine Unavailability [J] . Bio Technology: An Indian Journal, 2014, 10 (12): 6332 –6340.

[16] Hui Shu, Xideng Zhou. An Optimal Policy for a Single – vendor and a Single – buyer Integrated System with Setup Cost Reduction and Process Quality Improvement [J] . International Journal of Systems Science, 2014, 45 (5): 1242 –1252.

[17] Hui Shu, Xideng Zhou. An Optimal Policy for an Integrated Supply Chain with Investment in an Imperfect Production System [J] . IJACT: International Journal of Advancements in Computing Technology, 2012, 4 (23): 568 –575 .

[18] Hui Shu. A New Model of Integrated Logistics Management [J]. Proceedings of the 4th International Conference on Innovation & Management, 2007: 2209 - 2213 .

[19] Hui Shu. Discussions on the Allied Chain - like Operation Pattern of Logistics [J] . Proceedings of 2006 International Conference on Logistics and Supply Chain Management, 2006 (12): 105 - 109 .

[20] Hui Shu. Market Conditions of Synergetic Evolution of the Integrated Logistics Systems [J] . Proceedings of the Third International Conference on Management Science and Engineering Management, 2009 (10): 91 - 94.

[21] Hui Shu. The Synergetic Mechanism Analysis of the Integrated Logistics System [J] . Proceedings of 2008 International Conference on Management Science and Engineering Management, 2008 (10): 185 - 192 .

[22] H. G. Johnson. Comparative Cost and Commercial Policy Theory for a Developing World Economy, Wicksell Lectuers [M] . Stockholm: Almqvist & Wisksell, 1968.

[23] Jae - Hun Kang, Yeong - Dae Kim. Coordination of Inventory and Transportation Managements in a Two - level Supply Chain Int. J. [J] . Production Economics, 2010 (123): 137 - 145.

[24] Jr Jung Lyu, Jyh - Hong Ding et al. Coordinating Replenishment Mechanisms in Supply Chain—From the Collaborative Supplier and Store - level Retailer Perspective, Int. J. [J] . Production Economics, 2010 (12): 221 - 234.

[25] Kauffman S. The Origins of Order: Self - organization and Selection in Evolution [M] . Oxford University Press, 1993.

[26] Kaufman A. , Wood C. H. , Theyel G. Collaboration and Technology Linkages: A Strategic Supplier Typology [J] . Strategic Management Journal, 2000, 21 (6): 649 - 663.

[27] Lai Kee - Hung, Wong C. W. Y. , Cheng T. C. E. A Coordination - Theoretic investigation of the Impact of Electronic Integration on Logistics Performance [J]. Information & Management, 2008 (45): 10 - 20.

[28] Lamming R. Squaring Lean Supply with Supply Chain Management [J] .

International Journal of Operations & Production Management, 1996, 16 (2): 183 -196.

[29] Lee, Hau L., Padmanabhan V., Seungjin Whang. Information Distortion in a Supply Chain: The Bullwhip Effect [J]. Management Science, 1997, 43 (4): 546 -558.

[30] Lei Xu, Benita M. Beamon. Supply Chain Coordination and Cooperation Mechanisms: An Attribute - based Approach [J]. The Journal of Supply Chain Management, 2006 (8): 4 -12.

[31] Lin J., Lin T. Object - oriented Conceptual Modeling for Commitment - based Collaboration Management in Virtual Enterprises [J]. Information and Software Technology, 2004 (46): 209 -217.

[32] Lyu J. A Preliminary Study of Collaborative Management: Models of Networks Sustainability [J]. Proceedings of the 32nd International Conference on Computers and Industrial Engineering, Limerick Ireland, 2003 (8): 11 -13.

[33] Manthou V., Vlachopoulou M., Folinas D. Virtual e - Chain (VeC) Model for Supply Chain Collaboration [J]. International Journal of Production Economics, 2004 (87): 241 -250.

[34] Mei Caoa, Qingyu Zhang. Supply Chain Collaboration: Impact on Collaborative Advantage and Firm Performance [J]. Journal of Operations Management, 2011 (29): 163 -180.

[35] Ovalle O. R., Marquez A. C. The Effectiveness of Using E - collaboration Tools in the Supply Chain: an Assessment Study with System Dynamics [J]. Journal of Purchasing and Supply Management, 2003 (9): 151 -163.

[36] Pankaj Chandra, Marshall L. Fisher. Coordinated Production and Distribution Planning [J]. European Journal of Operational Research, 1994, 72 (3): 503 -517.

[37] Ramanathan U., Gunasekaran A., Subramanian N. Supply Chain Collaboration Performance Metrics: A Conceptual Framework [J]. Benchmarking: An International Journal, 2011 (6): 856 -872.

[38] Simatupang T. M., Sridharan R. The Collaboration index: A Measure for

Supply Chain Collaboration [J]. International Journal of Physical Distribution & Logistics Management, 2005, 35 (1): 44 - 62.

[39] Stephan Vachona, Robert D. Klassen. Environmental Management and Manufacturing Performance: The Role of Collaboration in the Supply Chain, Int. J. [J]. Production Economics, 2008 (111): 299 - 315.

[40] Togar M. Simatupang, Ramaswami Sridharan. An Integrative Framework for Supply Chain Collaboration [J]. The International Journal of Logistics Management, 2005 (16): 257 - 274.

[41] Türkay M., Oruc C., Fujita K., Asakura T. Multi - Company Collaborative Supply Chain Management with Economical and Environmental Considerations[J]. Computers and Chemical Engineering, 2004 (28): 985 - 992.

[42] V. P. Maslov, T. V. Maslova. Synergetics and Architecture [J]. Russian Journal of Mathematical Physics, 2008, 15 (1): 102 - 121.

[43] Xiaolong Xue, Yaowu Wang et al. Coordination Mechanisms for Construction Supply Chain Management in the Internet Environment [J]. International Journal of Project Management, 2007 (25): 150 - 157.

[44] Xiuhui Li, Qinan Wang. Coordination Mechanisms of Supply - chain Systems [J]. European Journal of Operational Research, 2007, 17 (9): 1 - 6.

[45] Yonghui Fu, Rajesh Piplani. Supply - side Collaboration and Its Value in Supply Chains [J]. European Journal of Operational Research, 2004, 15 (2): 281 - 288.

[46] Zimmer K. Supply Chain Coordination with Uncertain Just - in - Time Delivery [J]. Production Economics, 2002 (77): 1 - 15.

后　记

对集成化物流协同管理的研究源于我在做博士论文期间的选题与写作过程，但当时由于博士论文写作时间紧张，仅仅针对集成化物流的内涵理念与方法展开了探讨，而未能就“集成化物流协同管理”的理论进行专题性的深入探索。博士毕业后，在从事教学与科研的过程中开始专注于收集、整理有关“集成化物流系统”和“协同管理”等方面的研究成果与研究进展，并尝试进行类似的探索性研究。2005 年国家自然科学基金项目“集成化物流的协同管理研究（70562002）”的成功立项，为全面开展这方面的研究提供了契机与基础。经过课题组成员三年多的努力探索后，研究取得了一定的成果。在公开发表 20 篇学术论文（其中，ISTP、EI 检索的论文有 6 篇）和完成 4 篇硕士学位论文的基础之上，通过了国家自然科学基金的审核并结题。

尽管此时“集成化物流的协同管理研究（70562002）”已经圆满结题，但由于在建立“用序参量表示的集成化物流系统协同管理的数学模型”方面存在着诸多不足，特别是在“按不同的演化阶段及不同的管理层次来识别集成化物流系统协同管理的序参量体系，以实现分层次、分阶段建立起用序参量表示的集成化物流系统的协同管理模型”方面的研究没能有效地开展，致使无法及时形成一个较为满意的研究成果体系。

在经历七年持续努力的探索研究之后，本书终于能够在国家自然科学基金项目研究成果的基础上，经过重新整理、排序、深化、扩展，形成了以“集成化物流协同管理：机理、体系与模式”为标题的成果体系，并得以正式出版。

在本书的撰写过程中，查阅了大量有关供应链管理、物流管理、集成化物流、协同学（管理）、协同管理等方面的文献资料，在此要向这些资料的所有者或作者表示诚挚的感谢。除了直接参考的文献外，本书的许多内容和思想主要来源于本人撰写或与他人合作撰写的数十篇学术论文的研究成果，以及我的硕士研究生学位论文、博士研究生学位论文中的相关研究成果。在此，我要特别感谢曾经合作研究的团队成员，以及我的硕、博研究生唐洪雷、钟杰、何旭兰、戚文婷、肖敏、董超、林晓伟、周熙登、仲昇，他（她）们的研究工作为本书的撰写、出版打下了基础。此外，要特别感谢我的博士研究生林晓伟同学对本书数据处理工作所提供的支持。

衷心感谢家人、友人，他们的默默支持和鼓励是我的精神支柱。

虽然本书已经完稿并交付出版，但书中的不足之处甚多，错误和不妥之处也在所难免，恳请广大读者批评与指正，以作为我继续研究的方向。“路漫漫其修远兮，吾将上下而求索！”

舒　辉

2017 年 6 月于南昌